校訂現代語訳

巴里籠城日誌

維新期日本人が見た欧州

渡正元 著

校訂現代語訳 横堀惠一

著者　渡正元肖像（原著より）

普仏戦争関係地図

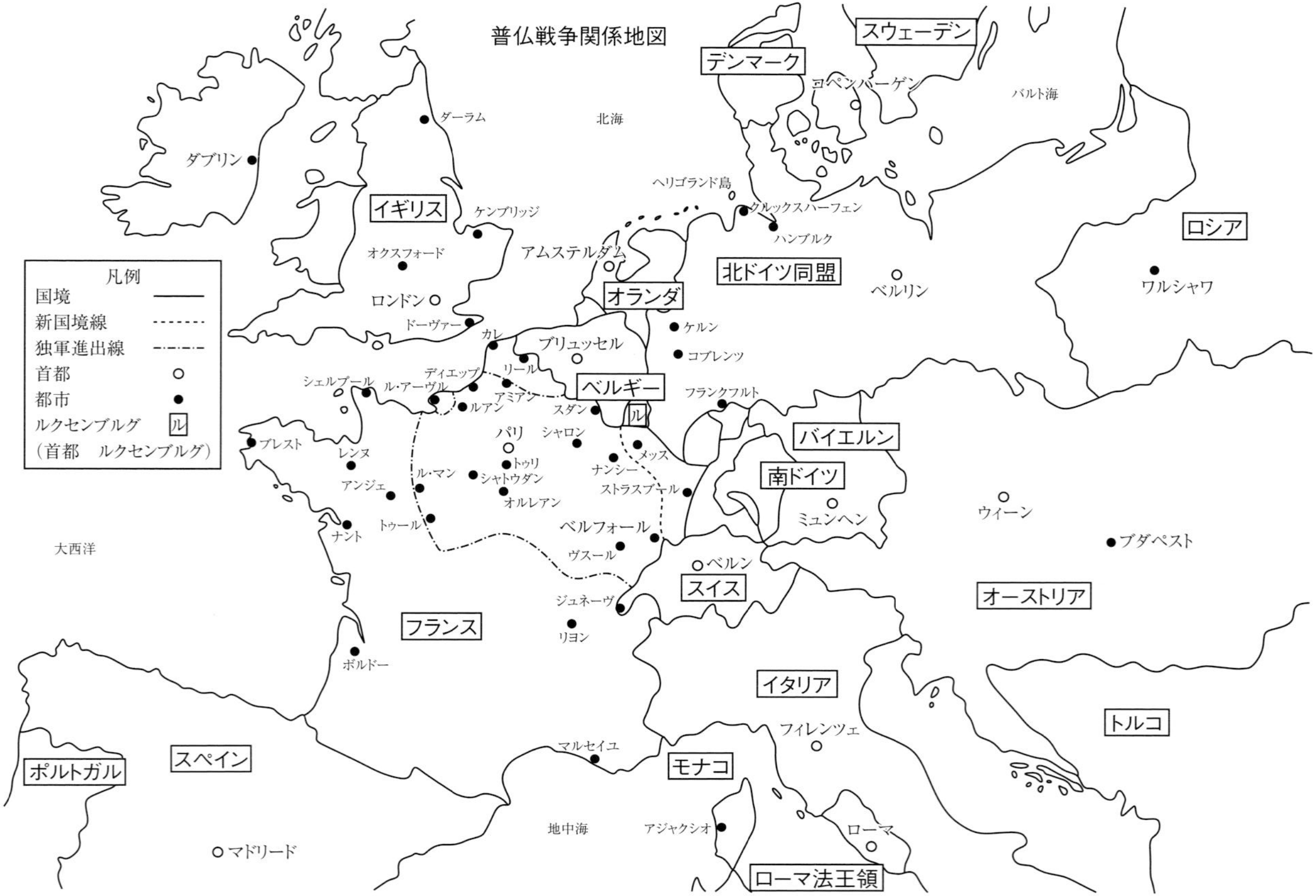
凡例
国境
新国境線
独軍進出線
首都
都市
ルクセンブルグ ル
（首都　ルクセンブルグ）
イギリス
ダブリン
ダーラム
ケンブリッジ
オクスフォード
ロンドン
ドーヴァー
北海
デンマーク
スウェーデン
コペンハーゲン
バルト海
ヘリゴランド島
クルックスハーフェン
ハンブルク
ロシア
ワルシャワ
アムステルダム
オランダ
北ドイツ同盟
ベルリン
ケルン
コブレンツ
カレ
ブリュッセル
リール
ディエップ
シェルブール
ル・アーヴル
アミアン
ベルギー
フランクフルト
ルアン
スダン
ル
バイエルン
ブレスト
パリ
シャロン
トゥリ
メッス
南ドイツ
ナンシー
レンヌ
ル・マン
シャトウダン
アンジェ
ストラスブール
オルレアン
ミュンヘン
ウィーン
トゥール
ナント
ベルフォール
ブダペスト
大西洋
ヴスール
ベルン
スイス
オーストリア
ジュネーヴ
フランス
リヨン
ボルドー
イタリア
トルコ
フィレンツェ
マルセイユ
ポルトガル
スペイン
モナコ
地中海
アジャクシオ
ローマ
マドリード
ローマ法王領

仏独国境周辺地図

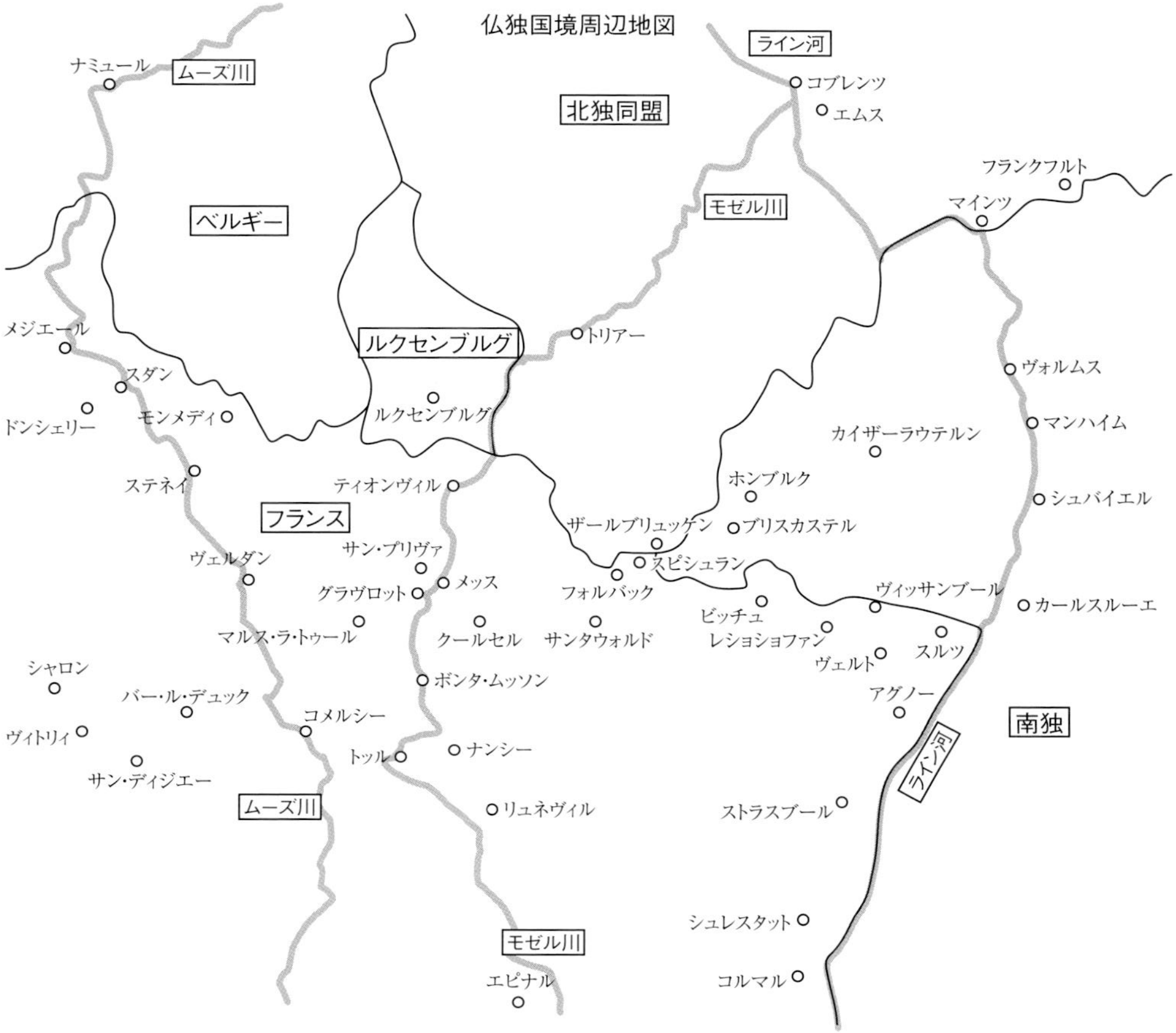

ムーズ川
ナミュール
ベルギー
ルクセンブルグ
北独同盟
ライン河
コブレンツ
エムス
モゼル川
フランクフルト
マインツ
メジエール
スダン
ドンシェリー
モンメディ
ルクセンブルグ
トリアー
ヴォルムス
マンハイム
カイザーラウテルン
ステネイ
ティオンヴィル
ホンブルク
シュバイエル
フランス
ザールブリュッケン
ブリスカステル
ヴェルダン
サン・プリヴァ
スピシュラン
メッス
グラヴロット
フォルバック
ヴィッサンブール
カールスルーエ
マルス・ラ・トゥール
クールセル
サンタウォルド
ビッチュ
レショショファン
ヴェルト
スルツ
シャロン
ボンタ・ムッソン
バー・ル・デュック
アグノー
コメルシー
南独
ヴィトリィ
トゥル
ナンシー
ライン河
サン・ディジエー
ムーズ川
リュネヴィル
ストラスブール
シュレスタット
モゼル川
エピナル
コルマル

パリ市内概略図

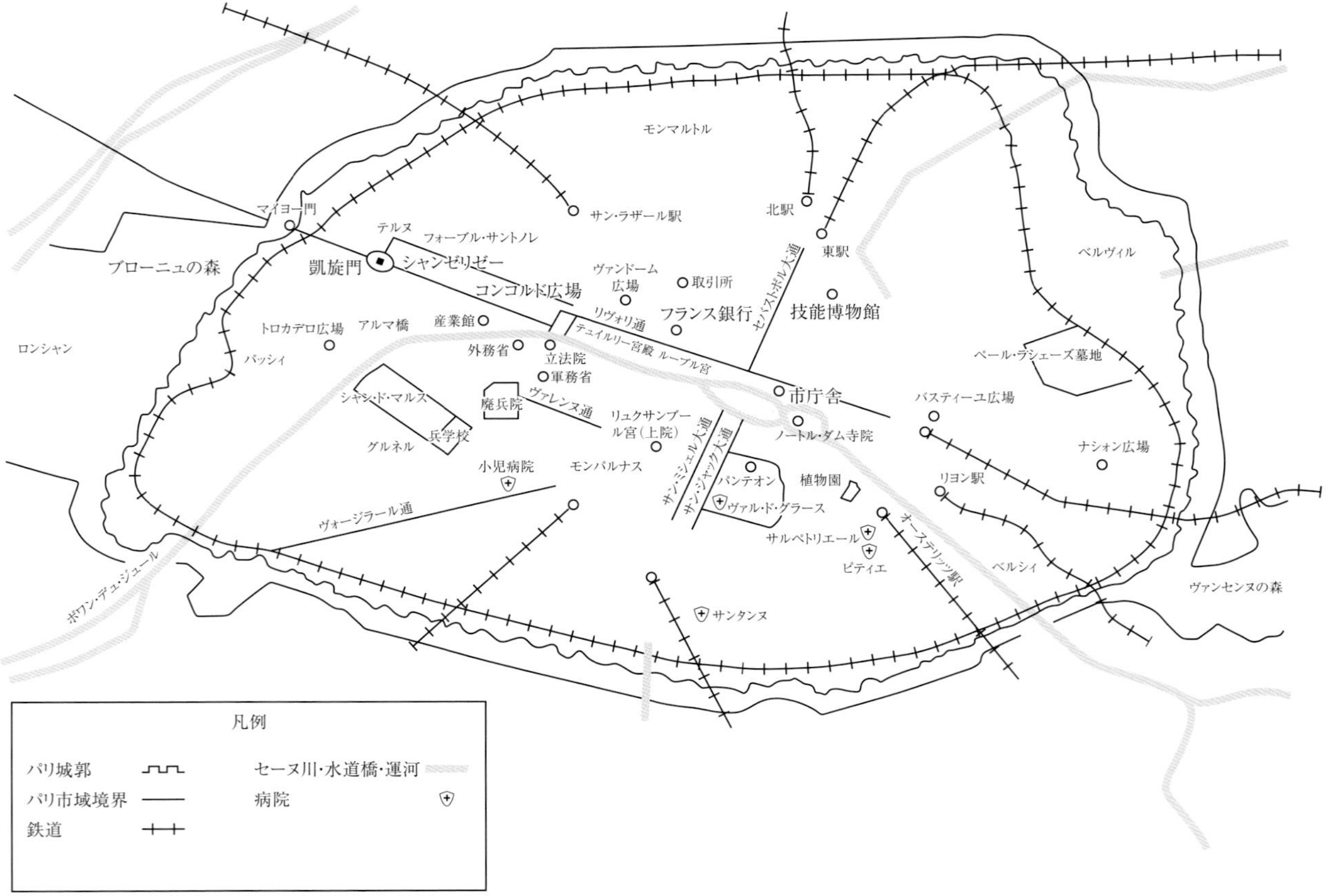

モンマルトル
サン・ラザール駅
北駅
東駅
ベルヴィル
マイヨー門
テルヌ
フォーブル・サントノレ
ブローニュの森
凱旋門
シャンゼリゼー
ヴァンドーム広場
取引所
コンコルド広場
リヴォリ通
フランス銀行
セバストポル大通
技能博物館
トロカデロ広場
アルマ橋
産業館
ロンシャン
パッシィ
外務省
立法院
テュイルリー宮殿
ルーブル宮
ペール・ラシェーズ墓地
軍務省
市庁舎
バスティーユ広場
シャン・ド・マルス
廃兵院
ヴァレンヌ通
リュクサンブール宮（上院）
ノートル・ダム寺院
兵学校
グルネル
サン・ミシェル大通
サン・ジャック大通
ナシォン広場
小児病院
モンパルナス
パンテオン
植物園
リヨン駅
ヴォージラール通
ヴァル・ド・グラース
オーステルリッツ駅
サルペトリエール
ピティエ
ベルシィ
ポワン・デュ・ジュール
ヴァンセンヌの森
サンタンヌ
凡例
パリ城郭
パリ市域境界
鉄道
セーヌ川・水道橋・運河
病院

パリ包囲戦図

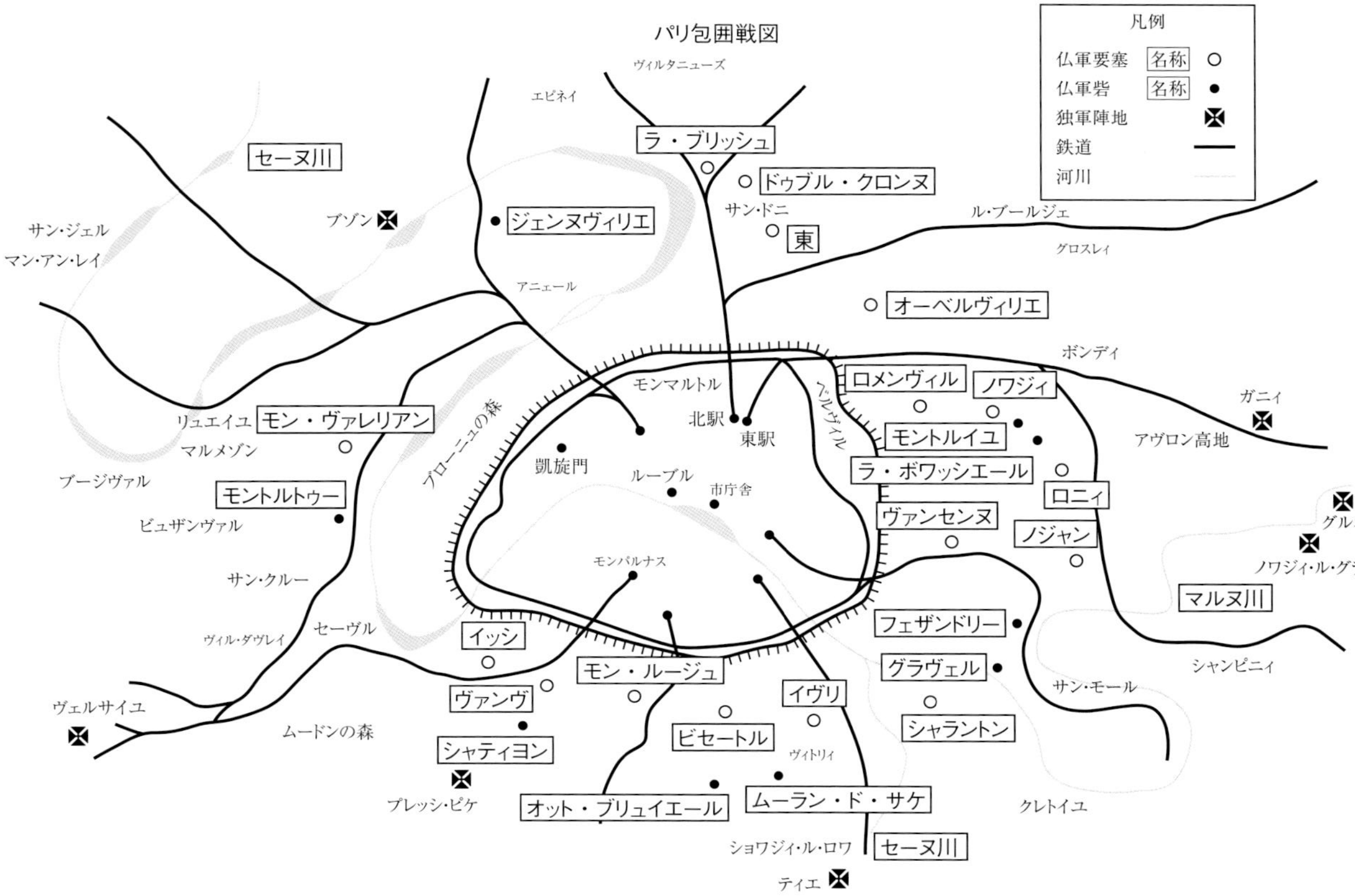
凡例
仏軍要塞 名称 ○
仏軍砦 名称 ●
独軍陣地
鉄道
河川
ヴィルタニューズ
エピネイ
ラ・ブリッシュ
ドゥブル・クロンヌ
サン・ドニ
東
セーヌ川
ブゾン
ジェンヌヴィリエ
サン・ジェル
マン・アン・レイ
アニェール
ル・ブールジェ
グロスレイ
オーベルヴィリエ
ボンディ
ガニィ
アヴロン高地
モンマルトル
北駅
東駅
ベルヴィル
ロメンヴィル
ノワジィ
モントルイユ
ラ・ボワッシエール
ロニィ
ヴァンセンヌ
ノジャン
グルネイ
ノワジィ・ル・グラン
マルヌ川
シャンピニィ
リュエイユ
モン・ヴァレリアン
マルメゾン
ブージヴァル
モントルトゥー
ビュザンヴァル
サン・クルー
セーヴル
ヴィル・ダヴレイ
ブローニュの森
凱旋門
ルーブル
市庁舎
モンパルナス
イッシ
モン・ルージュ
ヴァンヴ
シャティヨン
プレッシ・ピケ
ムードンの森
ヴェルサイユ
ビセートル
イヴリ
ヴィトリィ
オット・ブリュイエール
ムーラン・ド・サケ
ショワジィ・ル・ロワ
セーヌ川
ティエ
フェザンドリー
グラヴェル
シャラントン
サン・モール
クレトイユ

目次／巴里籠城日誌　校訂現代語訳

解題　『巴里籠城日誌』の時代背景と歴史的価値

鹿島 茂

歴史家にとって、記憶という変容フィルターをかけられた回想録よりも、その時代の「いま」が直接に保存された日記のほうが真正性という点において、はるかに好ましいドキュメントである。中でも注目を集めているのが、ある歴史的事件に偶然立ち会った外国人の日記で、近年、日本の研究者が外国の図書館や古文書館に出向いて、こうした外国人の残した日記や手紙を発掘してくるのが流行にさえなっている。

その逆のベクトルに当たるのが、大仏次郎が『パリ燃ゆ』で『ゴンクールの日記』とともに参考にした本書『巴里籠城日誌』である。『巴里籠城日誌』は一八七〇年の三月三日から一八七一年三月三一日までパリに滞在して、パリ民衆の動向を詳しく記録した日本人留学生・渡正元《わたりまさもと》の日記であり、外国人として立ち会った普仏戦争とパリ・コミューン（ただし、こちらは初期のみ）の経緯ばかりか、情報に翻弄され、食糧難に苦しむ市民の日常が具体的な数字とともに詳しく綴られているため、歴史的ドキュメントとしての価値がきわめて高いからである。

著者の渡もその点は十分に認識していたらしく、一八七一年の三月に大山弥助（巌）や品川弥次郎などの軍事視察団がパリを訪れたさいにこれを提出し、出版の価値ありと認められたので翌年に『法普戦争誌略』というタイトルで出版したと明治四年旧暦一月一日の日付を持つ「付言」で述べている。しかし、その出版部数は限られていて、一般の目には触れなかったこともあり、その約四〇年後、一九一四年に第一次世界大戦が勃発すると、渡はこれを一部語句を訂正して『巴里籠城日誌』として同年一〇月に東亜書房から再刊した。本書は、その漢語混じり文を渡の末裔たる横堀惠一氏が横浜市立大学名誉教授・松井道昭氏の協力を得て、現代語に書き換えたものである。

だが、そもそも渡正元というのはいかなる人物であったのか？

渡正元は一八三九（天保一〇）年に安芸藩の武士・田中善平政辰の三男・六之介として生まれた。一八五九年からは渡氏を名乗るようになる。蘭学を学んだのち仏学に移り、明治維新後の一八六九年九月に横浜を出帆してまずイギリスに渡り、翌年の三月三日からパリに移って勉学を開始しようとしていた矢先、普仏戦争が勃発したのである。

江戸末期には、徳川昭武に随行した渋沢栄一を始め、パリに長期滞在していた日本人は決して少なくなかったが、明治維新で政権が交替すると、留学生も総入れ替えとなり、新時代の留学生がパリにやってくるようになった。その先駆けとなったのが、明治政府に巧みに取り入って初代在仏名誉総領事の肩書を得たモンブラン伯爵の学僕として一八六九年に渡仏した前田正名（後の農商務省大輔）である。渡正元は、おそらくこの前田正名に継ぐ古手のパリ留学生であり、本書の付録とした『漫遊日誌』の一八七一年三月三〇日の項には前田を訪れたあと、パリに到着したばかりの西園寺公望と会ったという記述があるばかりか、翌三一日には、（パリ到着後前田の紹介で知己を得た）モンブラン伯爵の居城であるベルギーのインゲルムンステル城を訪れたという記述も見いだせる。

また、渡が滞在していたのはボンネー氏という人物の経営するパンシオン（下宿屋を兼ねたバカロレア準備の私塾）であり、後に西園寺が下宿したミルマン氏のパンシオンに移ったというのも日仏交流史の観点から見て貴重な情報というほかはない。

ちなみに、渡は、パリ・コミューン終結後、サン・シール校に入学したが、体調不良により退学し、日本に帰国して陸軍少佐から法制官に転じ、最終的に勅選の貴族院議員となっている。本書の出版を契機として、研究者の注目を集める人物となることはまちがいない。それはさておき、本書の歴史的価値について言及しておくと、それは、なんといってもプロイセン（プロシャ）軍によって包囲されたパリに半年以上とどまって日常生活を詳しく記した籠城日誌の細部に存在する。しかし、いきなりそう書いても、フランスの歴史に詳しくない読者は、本書の細部のどこがどのようにして面白いのか理解に苦しむかもしれないから、以下、普仏戦争の経緯とからめながら、読みどころを拾っていきたいと思う。

普仏戦争の遠因は、ナポレオン戦争の敗北を機にナショナリズムの顕揚と国力の充実を目指してきたプロイセンが、自らの主導によるドイツ統一を目指すようになったことに求められる。

宰相ビスマルクはまず一八六六年六月にオーストリアに戦争を仕掛け、これをサドワの戦いで撃破したが、それに先立ち国際的孤立を防ぐため、ビアリッツに滞在していたフランス皇帝ナポレオン三世のもとを訪れ、ベルギーとルクセンブルクのフランス併合を匂わせて局外中立の約束を取り付けることに成功した。八月に講和条約が締結されると、ビスマルクはオランダとイギリスを介入させることでナポレオン三世の領土拡大の野心を挫いたのである。

その結果、フランスは領土拡大に失敗したばかりか、オーストリアの恨みを買い、さらにはイギリスやオランダからも警戒心を持たれるという醜態を演じることとなる。サドワで負けたのはオーストリアではなくむしろフランスだったという意味で、フランス史では、これを「サドワの敗北」と呼ぶ。

この「サドワの敗北」を機会にナポレオン三世はプロイセンの脅威に目覚め、軍制の改革に乗り出し、プロイセンに負けない常備軍を作ろうとしたが、立法議会の強い反対にあい、軍拡案は完全に骨抜きにされてしまった。その責任はナポレオン三世自身にあった。というのも、ナポレオン三世は一八六七年に権威帝政から自由帝政に移行するプログラムを自ら実行に移し、議会に強い権限を自ら与えてしまったばかりか、新聞・出版に表現の自由を保証するという大きな「失策」を犯していたのだ。

そして、ナポレオン三世のこの二つの「失策」は一八七〇年に至って大きな影響を及ぼすことになる。

きっかけとなったのは、スペインで女王イザベル二世が追放され、政府が各国に新国王候補を打診したことにある。有力候補となったのはホーエンツォルレン＝ジグマリンゲン家のレオポルド親王だった。ヴィルヘルム一世は従弟の擁立に乗り気ではなかったが、ビスマルクはこれぞフランスに戦争を仕掛ける絶好のチャンスと見て、積極的に話を進めることにした。

というのも、自由帝政で「報道の自由」を得たフランスのジャーナリズムは、レオポルド親王がスペイン国王となったら、神聖ローマ皇帝でスペイン王も兼ねたカール五世がフランス王フランソワ一世と対峙してフランスを挟撃した一六世紀の構図が再現されると主張して、ビスマルクの「フランス挟み撃ち陰謀」を言い立てるはずと踏んだからである。

ビスマルクの読みは見事に的中することとなる。

この年の一月に成立したばかりのエミール・オリヴィエ内閣は、秩序派と共和派の中間的党派であったため、左右の挟撃にあいやすい体質があったのに加えて、外交的戦略がほとんどなく、世論に流される傾向があったからだ。

まず最初に狼煙をあげたのは、ナポレオン三世の自由主義的改革で、政府攻撃の自由を得たフランスの共和派ジャーナリズムだった。共和派は、政府打倒のチャンスと見て弱腰を強く非難し、レオポルド親王がスペイン王位を辞退しない限り、開戦に踏み切るべしと戦争熱を煽り立てた。

これと連動するかたちで右の最強硬派を形成したのが皇后ウージェニーと外相のグラモンで、二人は要求が聞き入れられなければ開戦も辞さずと右からオリヴィエを責め立てた。つまり、右も左も世論は開戦派だったのであり、オリヴィエもナポレオン三世もまったく開戦の意志がないのに、世論に突き動かされて戦争に進んでいったのである。

これを知ったビスマルクは、フランスに戦争を仕掛ける絶好のチャンス到来と喜び「ガリアの雄牛が闘牛士の赤い布を見て興してきた」とほくそ笑んだ。

こうして危機が高まる中、グラモン外相から訓令を受けた駐プロイセン大使ベネデッティが保養地エムスに滞在中のヴィルヘルム一世のもとを訪れ、レオポルド親王にスペイン王座を放棄するよう要請してほしい旨を伝えた。ヴィルヘルム一世はこれを了承し、レオポルド親王の父親に王座断念を命じたとスペイン政府に打電したのである。

オリヴィエ首相は戦争は回避できたと安堵したが、好戦派のグラモン外相とウージェニー皇后はこの措置に飽き足らず、ベネデッティにもう一度ヴィルヘルム一世のもとに赴いて確約を取ってくるよう命じた。結果的にはこれが命取りとなる。

というのも、ベネデッティが七月一四日の朝重ねてヴィルヘルム一世のもとに赴いて確約の件を切り出すと、鉱泉から戻ったばかりのヴィルヘルム一世は驚いて、問題はもはや解決済みだとして確約を拒んだからである。そして、ベネデッティがしつこく午後にもう一度会見を申しこむと、今度は副官をベネデッティのもとに送り、これまで通りで変更はないから会見の必要はないと伝えさせ、その旨をベルリンにいるビスマルクに打電したのであるが、この最後の「会見を拒否した」という一文がビスマルクにうまく利用されてしまったからである。

すなわち、電報を受け取ったビスマルクは開戦の機会は失われたかと天を仰いだが、すぐに考え直すと、あたかもベネデッティ大使がヴィルヘルム一世から会見拒否という侮辱を受けたかのように電報を短縮して新聞各社に配信したのである。

この知らせが翌朝、朝刊紙の『北ドイツ新聞』に載ると、フランスは上を下への大騒ぎとなった。パリの夕刊紙はプロイセン国王の侮辱を言い立て、開戦を強く主張したので、夜にはコンコルド広場に集まった大群衆が「ベルリンへ！　ベルリンへ！」と叫び立てながら立法院のあるパレ・ブルボンを取り囲むという事態に発展してしまったのである。

こうしてジャーナリズムという世論に誘導されたオリヴィエ内閣は開戦という選択肢しかなくなり、この夜から翌一五日にかけて開かれた立法院に軍事予算の可決を求めることになる。予算案は二四五対一〇で可決され、フランスは戦争に踏み切ったが、オリヴィエ首相は「戦争という大きな責任を軽い気持ちで引き受ける」と言って演説を締めくくり、三日後の一八日に宣戦布告書をベルリンのビスマルクに届けさせたのである。

さて、以上の状況説明を頭に入れて『巴里籠城日誌』を読むと、興味はまた格別のものとなるのではなかろうか？

「七月一四日　今夜、私が市中の様子を見ると、パリの広い通りの所々に市民が集まり、通れない。皆、ただ戦争の噂話ばかりしている。馬車も通れない。街中に巡査（セルジャン・ド・ヴィル）が数百名出て、取り締まっている。

このタ方から先発の諸部隊が続々と、出発する。出陣の場所が二ヵ所でシャロン兵営とラインである」

ところが、翌日からは不思議な記述が現れる。

「七月一五日　今日、仏使節が露、墺に出発するという。その意図がわからない」

「七月一六日　一一時、帝が出発するはずだったが、できなかった。（中略）今朝、仏皇太子（今年一四歳）と軍務大臣ル・ブフ将軍がシャロン兵営まで出陣すると伝えたが、できなかった」
「七月二一日　帝の出発が来る二五日であるという」
「七月二八日　今朝一一時、帝が出発したという。秘密にし、知らせなかった。道路の群衆を恐れたためである。皇太子も同じ状況だったという」

こうした記述は、突然の開戦で、戦争準備ができていなかったフランス側の混乱した状況を如実に示している。すなわち、開戦決定と前後して動員令が下ったが、ナポレオン三世は宣戦布告してから近隣諸国と同盟関係を築こうとする泥縄式の方針を取り、オーストリア、ロシア、イタリアに特使を派遣して同盟を呼びかけたが、どの国からも捗々《はかばか》しい返答が得られぬまま、いたずらに時間を失っていったのである。

また、膀胱疾患に苦しむナポレオン三世の体調が不良でとても出陣には耐えなかったことも遅滞に拍車をかけた。

しかし、一番の問題は軍隊の動員態勢がまったく整っていなかったことにある。一五日早朝の下院演説で、戦争準備を問われた陸相のル・ブフは「兵隊のゲートルのボタン一つも欠けてはいません」と大見得を切ったが、実態はおおいに違っていた。というのも、動員を受けた兵士は現住所からはるかに離れた原隊に行き、そこで制服や装備を受け取ってから、各自に前線に向かうという方法が採用されていたため、集合地であるシャロンやメッスにはいつまでたっても部隊が全員そろわなかったからである。

そのことを誰よりも痛切に実感したのはメッスの駅に到着したナポレオン三世だった。

駅前にはうずたかく積み上げられて放置された武器弾薬、食糧の山。到着した兵士は自分の部隊がどこにいるのかわからず右往左往しているばかり。総司令部の将校の中にはパリから妻や愛人を同行してきた者さえいた。

ナポレオン三世は絶望して、ウージェニーに手紙を書いた。

「なにもかも予想外だ。兵員も足りない。これではわが軍はあらかじめ負けたようなものだ」

じっさい、八月二日にザーレブリュッケンで戦闘が始まり、初戦でフランス軍がささやかな勝利を収めたあとは、文字どおり、雪崩のような敗戦が続いた。四日にはマク・マオン軍のドゥエー旅団がヴィッサンブールの戦いで惨敗し、ドゥエー将軍は戦死。六日にはマク・マオン軍が大敗し、メッスの総司令部にいたナポレオン三世は後退戦の指揮をバゼイヌ元帥に託して、残存部隊を集めて皇太子とともにシャロンまで退却せざるをえなくなったのである。

では、パリではこれらの相次ぐ敗戦はパリではどのように受け取られていたのだろうか？

『巴里籠城日誌』を追っていくと、意外にも詳しくかなり正しい戦報が記載されているのに驚く。

一つは戦争の初期には官報がそれになりに正直に敗戦を伝えていたためだが、もう一つはロンドン経由でパリにドイツの新聞が入ってきており、これが渡のいるパンシオンで読めたことが大きい。

「八月八日　ロンドンからの八月六日付ベルリンの新聞報道が次のとおり。

八月六日午後四時半の報告による。ヴェルトでの戦いで仏軍前衛司令官マク・マオン元帥が大軍を率い、数回の戦闘の後、わが普軍に制圧され、ビッチュに退却した」

同じことは敵方についてもいえて、ベルリンではベルギー経由で入ってくるフランスの新聞を読んで政府も市民もかなり正確な情報を得ていたのである。情報管制という思想が生まれるのはまだ先のことなのだ。

やがてフランス軍の相次ぐ敗北の知らせを受けてパリは動揺し、八月九日にはエミール・オリヴィエ内閣は総辞職して、パリカオ（クザン・モントーバン）将軍を首班とする内閣が誕生した。渡正元は内閣交替を新聞記事から転載したあと、八月一〇日の日誌にこんな感想を書き留めている。

「考えれば、この内閣改造は、元は、パリ市民が騒ぎ、求めたからだ。つまり、仏国民の国政への関心がこのように高い。欧州の中で国民を制御することが難しいのは、仏国が筆頭だという」

また、八月一二日の日誌には、他の文献では見られないような観察もしたためられている。パリ市内の銀行で、おそらく、不安に駆られた市民が取り付け騒ぎを起こさないよう、政府が先手を打って、紙幣の銀貨との交換に応じる措置を講じたことがしたためられているのである。

「今日午後、私はこの銀行に行き、紙幣を交換しようとしたが、数万名の人々が群れをなし、広大な銀行を取り巻く様子は、まるで梨の実に群れる蟻のようだ」

『巴里籠城日誌』に対しては、日本の研究者から新聞の翻訳記事ばかりで資料的価値に乏しいという指摘があるが、こうして逐条的に詳しく読んでいくと、どの資料にも見いだせないような臨場感が強く感じられるところが少なくないのである。

では、この間、ナポレオン三世とマク・マオン軍はどうしていたのだろうか？　留守政府を預かるウージェニー皇后の強い反対でパリに戻ることもかなわず、またメッスに残ったバゼイヌ軍と連携して反撃に転ずることもかなわず、しかたなくスダン（セダン）の要塞に引きこもったのだが、あっという間にプロイセン軍に包囲され、九月三日、ついに降伏のやむなきに至った。フランス皇帝がプロイセンの捕虜となってしまったのである。

九月四日、この知らせがパリに伝わるや、立法府の共和派議員はナポレオン三世の廃位を宣告し、市庁舎に赴いて共和国の樹立を宣言した。

これについて、渡正元は、知人であるレスピオー大佐が同じパンシオンに戻っているのを幸いに、疑問をぶつけてみる。すなわち、皇帝が捕虜になったから共和国を宣言したとしても、戦争が終わって皇帝が帰れば再び帝政に戻すのが道理ではないか、と。

すると、レスピオーはナポレオン三世は再びフランスに入ることはできない。戦争は彼が起こして敗れたのだから、民衆は深く恨んでおり、ナポレオン三世の罪を許さないのだと答えた。

これに対し、正元は、戦争はプロイセンが長年準備してきたものであり、「今度の敗北は必ずしも帝の罪といえない」と反論し、皇帝の高齢化もあってフランスが戦争準備を怠ってきたことも確かだが、直接の原因は、むしろ次の点にあるとする。

「わが日本の魂では、もし国の帝が敵の虜となれば、全国民が憤り、その身を忘れ、仇に報いる。ところが、文明の開化が極まれば、人心がこのようにその節操を失う。思えば、これが当然生ずる弊害なのだろう」

正鵠を射た指摘である。実際、フランスは第二帝政における高度経済成長で国民生活のレベルが総じて上がっていたが、「希望」が「実質」をはるかに上回っていたため、国民の間にフラストレーションが広まり、その結果、国民が「気晴らし」のための戦争を望んだという見方もできなくはないのだ。戦争の原因として「文明の開化」を見た渡の慧眼はなかなか鋭いといわざるをえないのである。

このように、今回、優しく口語訳されたおかげで、われわれは、『巴里籠城日誌』の随所にセバスチャン・メルシエのような「同時代の歴史家」の目を見ることができるのだが、しかし、同時代の証言としての白眉はやはり、日常の中の細部への着目だろう。

そうした観察眼は、メッスの要塞に籠もったまま動こうとしなかった野心家バゼイヌ元帥の裏切りと国防政府の無能のおかげで、パリが半年に渡ってプロイセン軍の包囲を受け続け、民衆が究極の飢餓にさらされるようになると、さらに鋭くなる。

たとえば、一二月六日の日誌。

「先日以来、市内所々に犬、猫、鼠の多くの畜殺者が店を開いた。そして今日、犬の肉が最も高価で、その腿肉一本の値が八フラン（日本の一両二分二朱）という」

一二月一四日の日誌には続けてこうある。

「今市内では多くの畜殺人が犬、猫、鼠を畜殺し、肉を売る。犬、猫の肉は、殊に値段が高く、また一匹の鼠の肉は、その値段が一フラン余りで日本の金貨の一分に相当する」

どうやら、この頃になると、日誌を後日の参考のために残そうという意志が渡の心に生まれてきたらしく、歴史証言者としての意識も明敏になり、具体的な数字へのこだわりを見ることができる。

このように、いちいち列挙していくときりがないのでこの辺でやめにするが、最後に、歴史愛好家の立場からこのエディションの優れた点を指摘しておくと、それは次の点に尽きるだろう。

すなわち、今回、編者が渡のテクストを詳しく検証してどの部分がどの新聞からの引用であるかを同定したことがじつに大きな利点をもたらしているということだ。そのために、渡自身の観察した事実や印象が新聞記事の引用の大海の中からくっきりと浮かび上がることになったからである。つまり、『巴里籠城日誌』は、もとより普仏戦争中の籠城記録としては一級の歴史資料であったが、新たな編集によりもう一度あらたな「生」を得て資料として蘇ったということなのである。

読者が、大仏次郎の『パリ燃ゆ』などの歴史資料と突き合わせながら読むならば、新たな発見がなされることは請け合いである。本書の出版を契機として、仏訳版が出されることを切に期待しよう。

（かしま・しげる／仏文学者、明治大学教授）

序文　『巴里籠城日誌』校訂現代語訳にあたって

横堀惠一

この書は、渡正元《わたりまさもと》著『巴里籠城日誌』（大正三年一〇月一三日、東亜堂書房）の校訂現代語訳である。

著者渡正元は、天保一〇年旧暦正月二三日（西暦一八三九年三月八日）、安芸藩（現在の広島県）の武士・田中善平政辰の第三子・六《ろく》之《の》介《すけ》として生まれ、安政六（一八五九）年渡氏と称した。蘭学、仏学を学び明治維新後、大阪河口運上所、生野鉱山勤務と続いて、明治二年七月二九日（一八六九年九月五日）三〇歳で、横浜を出帆、同年一〇月三日（同年一一月五日）、イギリスに渡り、翌明治三年二月二日（一八七〇年三月三日）、フランスのパリに移り、学生として過ごしていたところ、同年七月に始まったフランスとプロイセンその他ドイツ諸邦との戦争（いわゆる「普仏戦争」）に遭遇し、パリに留まり、ドイツ軍による「パリ包囲」（フランス側から見れば「パリ籠城」）を経験した。戦争後、サン・シール陸軍兵学校に入校したが、体調不良により、中退し、しばらく欧州での軍事情勢調査等に従事したのち、明治七年七月八日に帰国した。同年八月一九日、陸軍省参謀局第一課分課勤務となり、一二月八日陸軍少佐に任じられ、明治九年一月七日、正元と改名し、同年二月八日、三等法制官に任命された。その後、官職を幾つか経て、明治一八年一二月、元老院議官となり、明治二三年九月二九日、帝国議会開設に伴い、勅選の貴族院議員となり、大正一三（一九二四）年一月二八日、死去した（享年八四）。

渡正元は、普仏戦争中のパリ籠城の際、後日のため、パリやフランスの戦況や政治動向だけでなく、市民生活の状況も記録した日誌を大山弥助（巌）ら日本軍事使節団一行に提出した。それが明治四年頃出版された『法普戦争誌略』である。その四五年後、大正三（一九一四）年第一次世界大戦が勃発し、渡正元は、同書を一部正誤の上、『巴里籠城日誌』として再刊した。この『巴里籠城日誌』は、普仏戦争についての日本人の観察として、例えば、大仏次郎『パリ燃ゆ』（初出昭和三六年一〇月「朝日ジャーナル」）にも引用されるなどこれまでにも注目されている。一四〇年以上も昔の事件を扱う『巴里籠城日誌』が注目されてきたのは、その内容が明治初期の開国直後の日本人が見た「西洋」の姿と当時の一日本人の「西洋」への見方を伝えるものとして価値があると考えられたからであろう。

なお、渡正元は、『巴里籠城日誌』の他に、海外渡航を始めた明治二年六月六日（旧暦）以降の私的な記録として、『漫游日誌』（全七輯）（平成一二年三月、田中隆二・齋藤義朗校訂、広島市立大学。以下『漫遊日誌』という）と仏文の la Petite Histoire de la Guerre entre la France et la Prusse (juillet 1870-mars 1871) を残している。本書においては、天候等適宜、『漫遊日誌』の記録で補った。また、『漫遊日誌』には、パリ・コミューンの鎮圧頃から、パリに戻っての観察（パリ・コミューン事件発生後の騒乱期には、渡正元は、恐らくフランスの知人の助言もあり、イギリスに一時滞在していた）やフランスに渡る前の「ロンドン見聞略誌」も収められており、あわせてそれらの現代語訳を本書に収めた。

『巴里籠城日誌』は、漢語表現も多く、また、組織、機構、官職等現代で通用している用語と異なるなど現代人には、読み難い。このため、私ら著者の曽孫を中心にその現代語訳化を行う動きがあり、その中から本書が作成された。本書の作成には、同じく曽孫である真野文子氏の現代語訳案を参考に、横浜市立大学名誉教授・松井道昭先生からの当時の時代背景、仏独関係等のご教示の下に、私、横堀惠一が引用のフランスの官報、新聞等の原典との対照、その他フランス、ドイツの情報等を参照して、現代語訳の本書を完成させた。松井先生には、また、本稿に先立ち共著の形で『横浜市立大学論叢』（社会科学系列第六七巻一・二合併号～第六八巻二号及び人文科学系列第六七巻二・三合併号～第六八巻三号）に平成二八年一月から連載する機会を頂いた。本稿はその修正版であり、松井先生と真野文子氏に御礼申し上げる。

鹿島茂先生には、内容の濃い「解題」をご執筆頂き感謝申し上げる

なお、『巴里籠城日誌』には、誤植等が残る他、引用原典と対照の結果、誤記、誤訳、計算誤りが判明し、あわせて正した。校訂とする理由である。引用部分は、いずれも抄訳であるが、あえて指摘していない。地名人名は、できるだけ現代語に則して標記した。ただし、英語読みの時はそれに従った（例「パリ・コミューン」）。

現代語訳に際しては、「及び」などの法令用語も口語化に努めた。

原本の写真は、複製が難しく省略した。原本の地図は誤りもあり、省き、改めて訳者作成のものを加えた。

（　）内は、国名の註記を除き、著者・渡正元の註である。本文中の註番号は全て訳註であり、各巻末にまとめた。また、原本には現代では不適切と思われる表現があるが、そのままとした。

付言

私がこの書を作り始めた時は、見聞したことのほんの一部をただ記録し、後日忘れないようにした。そのため、詳細にわたらず、ただ概略を挙げただけであった。その後、数日が経過し、休戦中のある夜、箱の中を見ると、既に数巻に及んでいた。そこで、考えた。私が将来帰国し、暇な時に、校閲し、清書し、一巻にまとめ、政府の方々に差し出せば、当時の事情を知らせるうえで一つのお役に立つであろうと。そこで、再びこれを布箱に収めた。

しかし、今日、思いがけず、本国の軍事視察使ご一行にパリの旅館でお目にかかることができた（普仏戦争が起きると、わが政府は薩・長・土、肥の士族〈大山弥助、品川弥二郎、林有造、池田弥一〉の四氏を軍事視察員として派遣された。四氏は、終始独軍本営におられたが、偶然、パリの休戦開城の日に、食料輸入の列車でパリに入られた）。そこでさらに考えた。この書は、事情を述べることが主であり、文字の修飾を必要としない。たとえ私が再三書き改めても、せいぜい字句の変更に留まり、本来の内容の拙さを変えられない。そこで、章句を改竄し、報告が遅くなるよりは、むしろ草稿のまま、すぐ差し出す方がよい。その結果、この冊子を取り出し、これを一行に託し、あえて政府の方々に提出したものである。

私がこの間、記録や新聞を抄訳し、本書を編集するに当り、重複や余計な表現、多少の誤謬があるのは避けられない。今これを政府の諸氏に差し上げるには、校正した方が良いと考えた。しかし、私は、この地に留学し、在学中で、学科の日課が当然多い。学課の合間の僅かな時間を得、初めて、記録や新聞を手に取り、軍隊の挙動、政府の事情、人民の状態、市内の形勢、様々の事柄を一つひとつ詳しく調べ、夜中まで机上に集め、やっ

（明治四年旧暦一月一日付）

と、これを編集した。その上、私は、無知で、文学の心も文才もないので、蚊が山を背負うようなものである。さらに、時おり、街を歩き、師や友人と交際し、日数も不足する。このため、私が今、この書を読み返すことも、校正もできず、ただ、非難には、まずはお詫びするしかない。

私は、この書の編集を西暦七月一一日に始め、今日、二月一九日に終え、約八ヵ月間が経過した。旅行のため、記録が詳しくないことが数回ある。また、自ら努め励み、日課を欠かさないようにと願ったが、病に妨げられ、きちんとした記載でないことも数度に及ぶ。しかし、戦争の経緯については、七月上旬からこの二月下旬に至るまでの間、パリ市内で毎日発行する諸新聞は、多く集め、蓄えた。私が後日、この書に追加、補完するためであるが、急にこれを見直し、書き改められない。その責めをお詫びすることが二つ目である。

この書の中で、私が一学生として傲慢のそしりを恐れず、たびたび当時の形勢を余計に論じたところがある。これもまた、後日の参考に役立てようと、あえてしたことで、身の程知らずの罪を逃れられない。また、私は、僻地の成熟の遅い一人の浅薄な見識で、一日の状況を述べるが、翌日起こる変化がどうかはわからない。遠い昔に書いたことを今日見て、恥じ、悔いる。まして、今日書くものを将来見ると果たしてどうであろうか。そうではあるが、私は、今あえて自分を重くは罰しない。過去のことは咎めないという理由で、私のささやかな真心を表す。これが謹んで世間の非難に詫びることの三つ目である。

明治四年羊正月一日　仏国パリ市中北部　学校内で書く。

安芸　　渡　六之介

跋（明治四年三月九日付あとがき）

（国名の漢字表記は本文の例による）

普国と仏国との間の戦争の原因は、当然、一朝一夕のものではないのは、当然である。以前、一八一〇年代、仏国のナポレオン一世が欧州を踏み荒らした時には、独国に兵を進め、ベルリンに前後二回にわたり侵入し、その軍の威力を挫いた。その様子は、まるで兵士を腹這いにさせ、その首にまたがり、乗るようなもので、かろうじて、その国家を存在させただけであった。ここに、当時の仏国の権威や武力を見ることができる。それ以来、普国は、一日として恨みを永く忘れず、憤激し、努め、励み、歳月をかけて軍を強化し、次第にその国力を養い、ほぼ五〇年が経った。

近頃、独国各領邦がまとまり、統一した後に、その軍事力が大いに振るい、その武名も大きく上がった。一八六六年（今から五年前）墺国と戦い、その勝利を得た日には、その武威が欧州に轟き、世界を震わせた。そこで、普国は、今や仏国を倒し、永年の怨を晴らし、その武威を欧州に広めようとした。そのため、既に長い間その隙を狙ってきた。他方、仏国は、傲慢になり、普国王の甥が西国国王になる約束を壊そうとした。普国は、もともと、長い間、仏国を攻撃しようとしてきた。しかし、その時は、この内々の約束のようなことには拘らず、すぐにその望みに応じ、これを破談にした。なぜならば、普国がその時、仏国の望みを拒み、あえて西国と内縁を結べば、仏国は、必ずこれを周囲の各国に相談し、協力してこれを拒もうとするであろう。欧州の事情として、隣国がその領地を広めたり、協力をすることを嫌う。勢いで連合し、土地を分割すれば、普国は、大義名分を失い、不正をしたとして、欧州周辺国の軍に攻めこまれるだろうと判断し、その約束を破棄した。そしてひそかに考えた。今、仏国には国内の乱れの兆しが出ており、さらにナポレオンが周囲との開戦の糸口を探そうとすれば、その流れは必ず戦争になるだろう。彼が増長し、わが国に無礼を働く日を待とうと、落ち着いて軍備を整えた。

案の定、七月一二日、仏国は、傲慢な使節を送り、強く迫った。普国は、その機会を捉え、これを拒絶した上で、隣国が乱暴な無礼をわが国に行い、今日、状況が切迫し、わが同盟・連邦は協力してその侵略を防がねばならないと独全国に告げた。このように大義名分を求め、国民の憤激鼓舞にやむなく応じるという形にした。その対応は、当時の仏国が傲慢に軍隊を勝手に動かすこととは、全く反対であった。その軍隊の方向性が異なり、一方は、驕り、他を凌ごうとし、他方は、防いでこれを拒もうとするものであった。その可否、得失が互いに裏表の関係となった。開戦後、普軍が一度の戦いで敵の国内に入り、さらには、仏国の王城に迫り、パリを囲むことになり、仏国が使節を英、露、墺、伊などに派遣し、和平の調停を頼んだ。しかし、各国は口出ししても対処できないことをわかっていたので、沈黙し、手をこまねいて、あえてこれに対応しなかった。そのため、仏国は、その方策を失い、自ら講和を申し出たが、普国は、これに対し、境界の二地方と五〇億フランの金を得なければ、撤兵が難しいといった。なぜかといえば、このたびは、仏国がわが独国の領土に、戦争を仕掛けて以来、量りきれないほどの鮮血を流し、数多くの兵士、人民を殺した。既に失われた国の財産は、数えきれない。そこで、今この賠償金を得られなければ、普国王が同盟国の人民に謝る言葉がない、と断固として答えた。仏国は、これに応ずることを望まず、再び籠城し、交戦した。一月二八日、城中では食糧が尽き、開城し、和睦を求めた。そうして賠償金は、当然、普国の望みどおりとする。これにより、普国の長期策略は、すべて成功し、その武威は、今日周囲の国に輝いた。これは皆、普国ビスマルク首相が雄大な策略に出た結果である。他方、仏国の事情は、全くこれと反対だ。ナポレオンの晩年の老衰をおくとしても、不幸にも仏国未曽有の汚名、永遠にわたる大きな辱めを招いた。果たして時の運であろうか。

仏国側のパリ城に籠った兵は、全部で七〇万人、そして城外に配備した大砲は、全部で一六五〇門、また、その銃砲は、いうまでもなく極めて珍しく精巧であり、その城郭が堅固であることは、世界で並ぶものがないといえた。しかし、一三〇日余りの籠城後、ついにはその食料が尽き、城を出ていって和睦を求める結果となった。

私は、このことから改めて知った。古人がよくいうが、戦争の勝敗を決めるのは、そもそも人であり、武器ではないということだ。ああ、それを理解していれば、こうはならなかったであろう。

私は、今夜ここにペンを置き、この『普仏戦争誌略』を終える。時は、西暦一八七一年三月九日、即ち、わが国の明治四年辛未正月一九日夜、仏国パリ城北部の学校内で記す。

安芸　渡　六之介

小序

顧みれば、今を去る四五年前、私は、偶然、学生として仏国のパリにいた。その時、普・仏両国間の平和な国交が破れ、両軍が戦場で対峙するという騒乱となった。私は、この機会を捉え、両国の戦闘の形勢と仏全国の様子、それにパリ市内の状態とを視察するため、なおもパリに留まり、籠城し、その講和開城の日まで約八ヵ月間を過ごした。この間、日夜、見聞の概要を記録し、また、官報、新聞の要点を取り纏め、溜めた結果、数冊の日誌になった。そこで内心、これを完成させ、帰国後に政府に進呈するか、または追加訂正しようかと、考えていた。

偶然、開城の日に、パリに来られた本国の軍事視察団一行にお目にかかった。視察の一行は、これを一読され、視察上非常に有益な文書であるとして、これを政府に提出するよう促された。そこで、未完成の原稿ではあるが、その字句を訂正する時間もなく、一行に差し上げ、そのご意向に従った。これが当時政府において刊行された『法普戦争誌略』とされるものである。

しかし、今年八月、思いがけず、欧州の空に戦雲が漲り、列強が互いにその国力を挙げて戦い、ほとんど欧州全体を大軍が踏みにじるところとなり、実にこれまでにない一大動乱だという。この時期に当り、過去の普仏戦争の事情を私に尋ねようとする人が多い。

また、私の旧著を再刊し、世に出せば、当時の状況をありありと見ることができ、今日の参考になるだろうとして、私に勧める方もまた少なくない。旧著は、もとより、そのような評価には値しないが、黙ってそのままにしておけない事情もあり、その誤謬を訂正し、書名を『巴里籠城日誌』と改め、新たに刊行することとした。世間の多くの賢人の皆様がこれを見て、時局を理解する

（大正三年九月再版序文）

上で少しでも役立てば、私の本来の希望としても十分である。ささやかに刊行の趣旨を一言述べる次第である。

大正三年九月

渡正元　記

巻の一

一八七〇年七月（和暦明治三庚午年六月）[1]

仏（仏蘭西・フランス）国と普（普漏斯・プロイセン）国との間で一事件が起こり、両国の平和が破れそうになった。パリの立法院で連日、討論したが、情勢が緊迫し、戦争になるしかなくなり、仏使節が普国の首府ベルリンに向かった。[2] 七月一一日（和暦六月一三日）のことである。

この背景は、次のとおりである。一昨年、西（西班牙・スペイン）国で革命[3]があり、女王イサベラ二世[4]を退位させ、国内から追放した。このため、同女王夫妻は、幼い一人息子とともに、パリのシャンゼリゼ通りに移り住んだ。王位が空いた西国では、大臣たちが協議し、特に指導者のプリム元帥が共和制への移行を企てた。ナポレオンがこれを拒み、西国人が協議し、国王をモンパンシェ公にしようと決めた。モンパンシェ公が、前代のブルボン[5]家の仏王ルイ・フィリップの息子で、西国女王の妹の婿として、同国に住んでいたからである。しかし、仏帝は、またも、これを強く拒んだ。仏帝は、一昨年追放された女王の一人息子[6]を幼くても、補佐し、国王にし、同国で古くから有名なシャルル・カン王[7]の血統を継がせようとした。しかし、プリム元帥[8]たちは、それを嫌い、四方に新たな国王の候補者を探した。

また、ナポレオンが西国の共和制樹立を拒むのは、自分の内臓の中に悪い虫が生まれ、ついには身体をかみ破ることを深く恐れたからである。既に昨年から仏国も一時動揺し、君主制を共和制に変えようと民衆が大騒ぎし、密かな帝の暗殺の企てもあった。[9] 昨年の七月と今年の一月が最も危険であったが、帝は、その乱暴な連中を処罰し、有力指導者の一人であったエミル＝オリヴィエ氏を首相にした。オリヴィエ氏は、政府に加わった後、以前の主張と大きく違い、深く帝を助け、君主制に力を尽くした。

しかし、その残党が未だに解散せず、ますます共和制を唱え、代わる代わる騒乱を起こし、帝の暗殺を謀り、大砲を密かに宮中に隠したり、暗殺者を送ったり、動きが非常に激しかった。帝は、これらを全て鎮め、広く国中に発表し、今年五月二一日（和暦四月二一日）、その跡継ぎ[10]に帝位を継がせる制度を固めた。[11]

他方、西国では、英（英吉利・イギリス）国に王位の継承者を求め、断られる。また、葡（葡萄牙・ポルトガル）国への要請も断られ、ついに、普国に王族レオポルド＝ホーエンツォレルン親王への王位継承を申し入れたところ、普国がこれを承諾した。仏帝は、これを聞いて普国に迫り、既に成立したその約束を破棄させた。以前、一八六六年、普国が墺（墺地利・オーストリア）軍に勝ち、領土を広げた。ナポレオンがこれを良く思わず、普国への開戦の機会を長年狙っていた。

そして仏国では、平和が長く続き、人々が政治に飽き、官民ともに事件を待ち望んでいた上、ナポレオンが既に高齢で、国民から政治への異論も出て、騒がしくなり、帝の権威もやや落ちた様子となった。そこで、帝がこの機会を捉え、戦争を起こし、国の内外の情勢を一新しようとしたのだろう。今年六二歳の帝には、もしまだ余命があっても、その機会は今しかない。これが帝の深謀遠慮であろう。そのため、今回の西国と普国の間の縁談を拒み、全てその意を通した。その上、帝は、普王族が将来も西王位に就かない、との約束を求め、もし断れば戦争になると伝え、その返答に七月一四日の一二時までの四八時間、二日間の期限をつけた。しかし、今度は、普王がこの使節を受け付けず、平和的交渉をせずに追い返し、会うことも許さなかった[12]ので、仏帝はすぐ戦うことにした。これがこの戦争の始まりの概略である。一八七〇年七月一四日（和暦明治三年六月一六日）のことである。

一八七〇年七月一一日（明治三年六月一三日）[13]

仏政府と立法院の議決で仏使節がベルリンに向かった。仏軍に動員の命令が下る。シャロン兵営の陸軍司令官に出陣準備を命じた。シャロン兵営では、仏国が毎年歩兵、騎兵、砲兵三軍の大演習を行う。

七月一二日[14]

この頃、政府は、軍備をしきりに整えた。また、パリ市民が軍の出発の時を待ち、耳を開き、その様子だけを覗いていた。

七月一三日[15]

今日は、変わった情報がなかった。

この夜、市街を歩き回り、様子を見たが、街の路上では人々が集まり、議論が騒々しい。

七月一四日[16]

午後、普国の状況報告があり、普王が使節を受け付けず、断固として追い返し、謁見を拒み、交渉が決裂したとされた。[17]この夕方、帝が直ちにそれぞれの軍に出陣命令を出した。

今夜、私が市中の様子を見ると、パリの広い通りの所々に市民が集まり、通れない。皆、ただ戦争の噂話ばかりしている。馬車も通れない。街中に巡査（セルジャン・ド・ヴィル）が数百名出て、取り締まっている。

この夕方から先発の諸部隊が続々と、出発する。出陣の場所が二ヵ所でシャロン兵営とラインである。ラインは、仏国と独（独逸・ドイツ）[18]国との境にある大きな河の名である。パリを出発する全部隊は、まずこのシャロン兵営に集り、それから配置により、ラインやそのほかに向かう。中にはパリから直接ラインに出陣する部隊もあった。この夕方から東駅と北駅二ヵ所からの鉄道で兵隊を大体一度に二〇〇〇名運ぶ。兵士や士官は、みなル・ブフ軍務大臣に引き渡される。

今日、マドリードから西国が出兵を準備すると電報があった。[19]

七月一五日[20]

仏国でシャロン兵営に一〇〇大隊の歩兵を送った。[21]今日からパリとベルリンの間の電信と書簡往復の郵便が全て禁止された。今日の新聞は、仏国が五万名の兵士を出す、[22]と伝える。今日、帝の従弟ナポレオン親王が伊国（イタリア）に行く。[23]その理由がわからないが、ナポレオン親王は、伊王の婿である。

今日、仏使節が露[24]（露西亜・ロシア）、墺に出発するという。その意図がわからない。

今日、オリヴィエ法務大臣（首相）[25]が五億フランを借り入れ、軍費に充てるという。[26]
今日までの仏軍出陣が既に一五万名と記される。
昨夕六時半、パリ駐在ヴェルテル普大使[27]にパリから帰国のため、仏政府が通行証を渡した。[28]
今日の新聞は、西国が軍を仏国境のピレネ山麓に出したという。今日、仏軍もピレネの傍に四万名を出し、トロシュウ将軍が率いた。[29]
七月一六日[30]
一一時、帝が出発するはずだったが、できなかった。
最近、仏海軍が普国の北海とデンマーク海[31]に盛大に出発した。[32]
今朝、仏皇太子（今年一四歳）と軍務大臣ル・ブフ元帥がシャロン兵営まで出陣すると伝えられたが、できなかった。
七月一七日[33]
帝の出発が来る二〇日と決まったと言い伝えられた。
今日の出発の兵は、数万名である。[34]
七月一八日[35]朝
ヴェルテル普全権大使がパリを出発した。[36]
今日、仏軍の出陣が数万名、この頃、東駅と北駅二ヵ所から毎日約一万名余り兵士を運んだという。[37]
七月一九日[38]
今日、英使節がパリに着く。[39]これは、開戦しようとする両国を仲裁するためであったが、両国ともにその勢いを止められず、説得できなかった。[40]
今日、仏、また一万名余り兵を出した。[41]
七月二〇日[42]
今日までの仏軍出兵が三五万名と記す。噂話では、露で普国を応援するため、既に出兵の可能性があるという。[43]識者がいうには、今もし露軍が普国を援ければ、英、墺、伊等が仏国を援けるだろう。しかし、それでは、欧州の一大事件となるので、根拠のない噂であると。
七月二一日[44]
帝の出発が来る二五日であるという。[45]
七月二二日[46]
仏軍が日々、一万名余り出陣すると記す。
七月二三日[47]

英使節がなおパリに留まるという。
七月二四日から二七日まで[48][49]
仏軍の出陣が日に一万名と記されるだけである。
七月二八日[50]
今朝一一時、帝が出発したという。秘密にし、知らせなかった。道路の群衆を恐れたためである。皇太子も同じ状況だったという。[51][52]帝留守の間、皇后ウジェニーを一時摂政に任命し、国政を全て委ねるという。[53][54]帝が出陣中、皇后を補佐する一一名の大臣が国璽尚書・法務兼宗教大臣エミル＝オリヴィエ、外務大臣グラモン公爵、内務大臣シュヴァンディエ＝ド・ヴァルドローム、財務大臣スグリ、軍務大臣臨時代理ドジャン少将・子爵、[55]農業・商務大臣ルーヴェ、海軍兼植民地大臣、リゴード・ジェヌイー提督、公共事業大臣プリション、教育大臣メージュ、文学科学美術大臣モーリス＝リシャールと国務院長無任所大臣ド・パリューである。
七月二九日[56]
今日の新聞は、露軍の出兵準備という以前の報道が全く嘘で、今回、欧州各国が局外中立の決定をしたという。[57]
七月三〇日[58]
諸部隊の配置が決まり、各々が地域を分け、駐屯するという。
七月三一日[59]
さらに、諸部隊が連なり、普国境のライン河の両岸に陣取るという。今日、パリから兵士が一万名余り出陣したと記す。[60]今日、国境での両軍が配置を既に終え、互いに戦闘開始の機会を狙う状況という。
八月一日[61]（和暦七月五日）
帝の本陣をメッスに置いたという。[62]このメッスは、普に接する仏領にある、最も堅固な要塞であるという。
八月二日[63]
午前一一時、普仏国境、ザールブリュッケンで双方が砲戦し、[64,65]午後一時まで二時間で終わった。今回の戦争の手始めである。帝がメッスの本陣でなおも次の日の軍への命令を出すと、夜中にパリに電報があった。
八月三日[66]
戦闘がなく、終日敵と向かい合ったという。今日出発の軍が一万名余り。
八月四日[67]
今朝の新聞では、一昨日の戦いで仏士官一名、歩兵が一〇名戦死したという。[68] 負傷者の数や普軍の損害がまだ詳しくわからない。
八月五日[69]
一二時四五分発表。両国の境、ヴィッサンブールに出陣の前衛アベル＝ドゥエィ将軍[70]の陣に普軍の前衛隊が急襲し、双方激戦し、仏兵が大敗し、ドゥエィ司令官が銃撃で戦死した。[71,72] この知らせが夕方五時半には既に新聞に載った。ドゥエィ将軍は、今年六二歳だという。

詳報。[73]

この戦いでは、普軍約八万から一〇万名が夥しい数の大砲を出し、仏軍ドゥエィ将軍の陣を急襲した。[74] 仏軍が僅かに八〇〇〇から一万名で、必死に防戦したが、多数の大砲が連発され、一度に死傷者が出た。ドゥエィ司令官が厳しく指揮し、諸部隊を出し、力戦した。しかし、その大砲が僅かに三門であった上、普大砲隊が絶え間なく無数の大小の砲を連発し、仏軍の中央が大敗し、ドゥエィ将軍が戦死し、第二陣の指揮官モンマリー将軍もまた負傷した。この時、仏軍の前衛隊であるチュルコ隊[75]（アフリカの黒人部隊）は、もとより勇壮な一部隊であったが、大いに苦戦した。味方の死傷者を踏み越え、剣付銃で突撃したが、哀れにも皆普軍の無数の「ミトライユーズ」（近年発明された回転式連発の珍しい砲）[76]の激しい射撃で死体を並べたという。

今日の戦いでの仏軍の大敗は、夜、パリ市中に広まり、人心が大いに乱れ、一とおりではない騒ぎとなった。私が市街を見渡すと、この広い街区も人々が群れ集まり、通行できなかった。

今夜一一時過ぎ、ブールヴァール・デジタリヤン通りの両替屋に数十名が押し寄せ、その戸口を壊した。この両替屋は、元は普国の取引先で、近頃、密かにベルリンに内通し、これまで数万フランを送ったからだという。夜中の騒動が大きくはなかったが、巡査が出て、鎮めた。その両替屋が翌日から門を閉め、「この家は仏人が住み、今まで普人が住んだことはない」と大書した紙を前に張った。

八月六日[77]

前日の敗戦でパリ市中が騒然とし、人々が不安に駆られ、議論が大変盛んであった。

ところで、パリの取引所は、取引相場が立つ集会所で国の内外の新聞を公布し、政府の命令、新しい決まりなどを張り出し、人々に見聞させるところでもある。

今日午前、何者の仕業か、この取引所に張紙をし、今日、仏軍前衛隊の総司令官マク・マオン元帥が普兵と戦い、大勝し、二万五〇〇〇名を捕らえ、大砲四〇門を奪い、昨日の敗戦に報復したと書いた。この張紙の内容が次第に伝わり、昼には市中の皆が躍り上がって喜び、家々はその戸口に仏国旗を立て、祝う声が一時は市中を揺るがせた。しかし、午後になり、これが全くの嘘であることが明らかになり、人心が再び動揺した。この取引所の前から数千名の狂いじみた群衆がオリヴィエ大臣の邸宅に駆け付け、窓の下に蟻のように集まった。そして、偽りの文書を発表する取引所を速やかに閉鎖し、また、無用に間違った情報を書き、人心を煽る悪者を厳しく罰するよう求め、群衆が大声で叫んだ。大臣の邸宅から一名の士官が出て、群衆に対し、「今日は何者かが、取引所に張紙し、虚偽の情報を流し、人心を惑わせた。この者を速やかに探索することは無論、今後は、このような虚偽情報が流布しないよう政府が禁止する。また、今後、政府が入手した報せは、善悪の内容を問わず、直ちに発表する。ただし、取引所の廃止は大問題であり、オリヴィエ大臣もすぐには判断できない。政府の会議や世論に諮る必要がある。当面は、人々が互いに尽力し、国土を守るべき時である。どうか速やかに解散し、国の幸を祈ってほしい」と述べた。

これが午後三時半、群衆は次第に離散したが、夕方五時半に約三〇〇〇名が再び大臣邸の門前に集まり、前のように今日の虚偽の情報を書いた者の氏名を知りたく、さらに、オリヴィエ大臣本人がわれわれに答えてほしいと言った。オリヴィエ氏がすぐに戸を開け、「今の皆の訴えを私は詳しく聞いた。今後、私が受けたいろいろな報告は、どんなことでもすぐ発表する。しかし、すぐに発表できないものもある。それは、軍の命令や兵の動向であり、これを発表すると電信で瞬時に敵地に伝わり、わが軍の損失を招くことも考えられる。偽情報を流した犯人を既に捕らえたが、私自身がまだ氏名を知らない。もし私がその氏名を知ったとしても、その罪状を取り調べる前には、公表できない。そこで、このような大集合が何回も起きれば、自分たちが乱れ、敵に勝利を与えることになる。どうか速やかに解散してほしい」[78]と答えた。こうして群衆は、次第に立ち去ったという。

この夜、パリ市中に、次の趣旨の市民への宣言が発表[79]された。

諸氏は、憎むべき行動で驚かされた。

犯人はすでに捕らえられ、司法当局に通知された。政府は、今後このような恥ずべきことが再び起きないよう厳しく措置する。祖国の名により、諸氏の英雄的な軍の名により諸氏が冷静に、我慢強く、秩序を守るようお願いする。パリの混乱は、敵のプロイセンにとっては一つの勝利となる。今後、確かな報せがあれば、ことの如何にかかわらずに、良しにつけ悪しきにつけ、すぐに諸氏に知らせる。団結し、わが軍の勝利だけを想い、願い、感じよう。

八月七日[80]

市中に次の要旨の宣言[81]が発表された。

従来私たちが入手した確かな知らせは、無条件で公表してきた。今夜、次の急報を得たので知らせる。

八月六日、夜一二時半メッス発によれば、司令官マク・マオン元帥が一戦を失い[82]、フロッサール将軍がザールで撤退を余儀なくされた[83]。

八月七日、未明三時三〇分メッス発によれば、先発隊マク・マオン元帥がかなりの普兵と戦い、一戦を失った後、軍隊を引き上げたと、レーグル将軍から報告があり、午後一時頃、ザールで戦闘[84]が始まったが、夕方、わが軍は高地に引き上げた[85]。

また、市内に布告があり、政府の銀行金庫に蓄えていた一億フラン余りの金貨・銀貨を今日から市民の希望に任せ、紙幣と交換するという。考えると、この頃パリの両替屋が一一〇〇万フラン余りの仏貨幣を買い入れ、普国に輸送しているという噂があった。そうでなくても、政府が軍の費用をすでに五億フラン出し、この先の出費が計り知れないという風評があり、人々は紙幣を金銀に換えようと密かに議論する。そこでこの発表があったのだろう。

この夜、市街の所々に摂政皇后ウージェニーの仏国民宛の宣言[86]が張り出された。

仏国民へ　このたびの初戦にわが軍は、不運にも敗戦の苦痛を味わった。しかし、耐え忍び、今後必勝することを望もう。仏国の旗を守るため、危機の際は、私が先頭に立つ。良き市民に秩序を守るようお願いする。

今回の戦いが起き、人心が落ち着かず、毎晩、市内の若者が三〇〇、五〇〇から一〇〇〇、二〇〇〇、三〇〇〇名とあちこちで集まり、国旗を先頭に立て、戦勝の歌を歌い、市中を練り歩く。

今夜、私も市中に出ると、大通りの二ヵ所に兵隊が集まり、市中の騒動や人々の集会を禁じていた。例の巡査隊も数百名出て、非常事態に備えていた。私が歩いている途中、騒いでいる四、五名を捕らえたのを見た。

八月八日[87]

市中に、普国民や全ての独各邦人にこの時期、市内在住を固く禁止するという発表があった[88]。

また、八月七日付、要旨以下の四ヵ条のウージェニー摂政皇后の勅令（軍務大臣・内務大臣副署）が発表[89]された。

ナポレオンは、神の恵みと人民の総意により、仏帝として、閣議を経て、次の命令を出す。

一、全ての三〇歳以上四〇歳までの強健な市民で、現在、常駐の国民衛兵に所属しない者は、常駐国民衛兵隊に編入される。

二、パリ国民衛兵隊を首都防衛と要塞防御の任務につかせる。

三、現在、遊動国民衛兵隊に属さない三〇歳未満の者を遊動国民衛兵隊に編入するための法案を提出する。

四、内務、軍務の二大臣が各自の権限に従い、本命令を執行する。

昨夜、王宮内チュイルリー宮殿で諸大臣が会議した。同時刻、立法院も開会した。今日、左の議席で、国民衛兵召集を決議したが、中央の議席で議論があり、明九日午後一時に再議と決まった。この日の出席は、一六〇から八〇名と記録する。他の案件は省略する。

今日までの仏軍戦死者が既に二万五〇〇〇名に達したと記録された。

ロンドンからの八月六日付ベルリンの新聞報道[90]が次のとおり。

八月六日午後四時半の報告による。ヴェルトでの戦いで仏軍前衛司令官マク・マオン元帥が大軍を率い、数回の戦闘の後、わが普軍に制圧され、ビッチュに退却した。わが司令官フォン・ボーゼ将軍が負傷し、双方の被害が大きい。

八月六、七日マインツ発報告による。王太子指揮の普軍がマク・マオン、カンロベールとド・ファイイ三元帥指揮の仏軍と戦い、大勝し、士官一〇〇名を含む捕虜四〇〇〇名、大砲約三〇門、ミトライユーズ六門、軍旗二本を奪った。わがフランソワ将軍が戦死、ロイテル大佐が負傷、死傷した士官が多かった。

八月七日マインツ発報告による。当日、フリードリッヒ・カール普親王がホムブルクからブリスカステルに戻り、シュタインメッツ将軍がズルツバッハとザールブリュッケン[91]の間にいる。

ヴィルヘルム普王からベルリンの王妃宛八月七日付電報による。何という幸運か。このたび、フリッツ[92]によるわが軍の大勝利。神の思し召しに栄光あれ。大砲約三〇門、仏国旗二本、ミトライユーズ六門の戦利品に加え、捕虜四〇〇〇名を得た。

マク・マオン仏軍前衛総司令官が負傷したとの報告があった[93]。

今日、発表の八月七日夜九時半、本陣メッス発報告[94]による。レシュショフェン近くのフレシュヴィレーの戦いでコルソン将軍戦死、ラウー将軍失踪[95]、大砲隊を大きく失う。総司令官マク・マオン元帥がド・ファイイ将軍隊と連絡中。メッスの強力な防衛準備中。

ナポレオンからの同七時五〇分発報告[96]による。諸部隊がヴォージュに向かう、夜中は静か、戦闘がなかった。

八月九日[97]

午後二時前、立法院[98]の会合が始まった。大臣や議員が着席後、議論が特に激しく、ひどく混乱した。オリヴィエ大臣が発言してもなかなか結論が出ず、グラモン大臣が何か一言発したが、他の議員はが敢えて聞かない。ついに左翼の議員一同がオリヴィエ大臣の席に迫ったが、大臣はこれを防げず、右翼の議員が助けて席を退かせた。その混乱は、言いようがない。議長も退席し、会議は一旦、休憩した。三時にピカール氏が議長となり、討論を進めようとしたが、騒ぎはまだ収まらない。議長はこれを鎮静させようと、非常に苦労した。五時半になり、オリヴィエ大臣は皆に向かい、今日の議論に、政府はすぐには従えない。なお議論するために、再び六時に会議を開こう[99]と述べ、議員、大臣がともに退席した。また、六時になり、オリヴィエ大臣、ヴァルドローム内務大臣、その他大臣がともに席に着き、再び会議が始まった。この時、ジュル＝ファーヴル氏が進み出て、休憩前に決議しなかった二点、即ち、パリ市民の武装と新たな国民衛兵の編成と今まで討論した立法院での防衛委員会の設置をともに決議してほしいと言った。この時、ピカール[100]氏が進み、まず、独身または寡夫で子がない者だけを軍に召集するとの法案を提案すると言った。この会議中、ほかの議題も多く討論されたが、理解し難かった。最後にオリヴィエ大臣が壇上に上り、各大臣の辞職を願い出て、皇后が受領し、さらに将軍パリカオ伯爵が新たな首班に指名され、パリカオ伯爵がこれを受けたと述べた。この時、既に六時半だった。再開は、次の日午後一時と決め、各自退席した。

立法院前の兵隊屯集警護と人民群衆の図（原本図を修正）

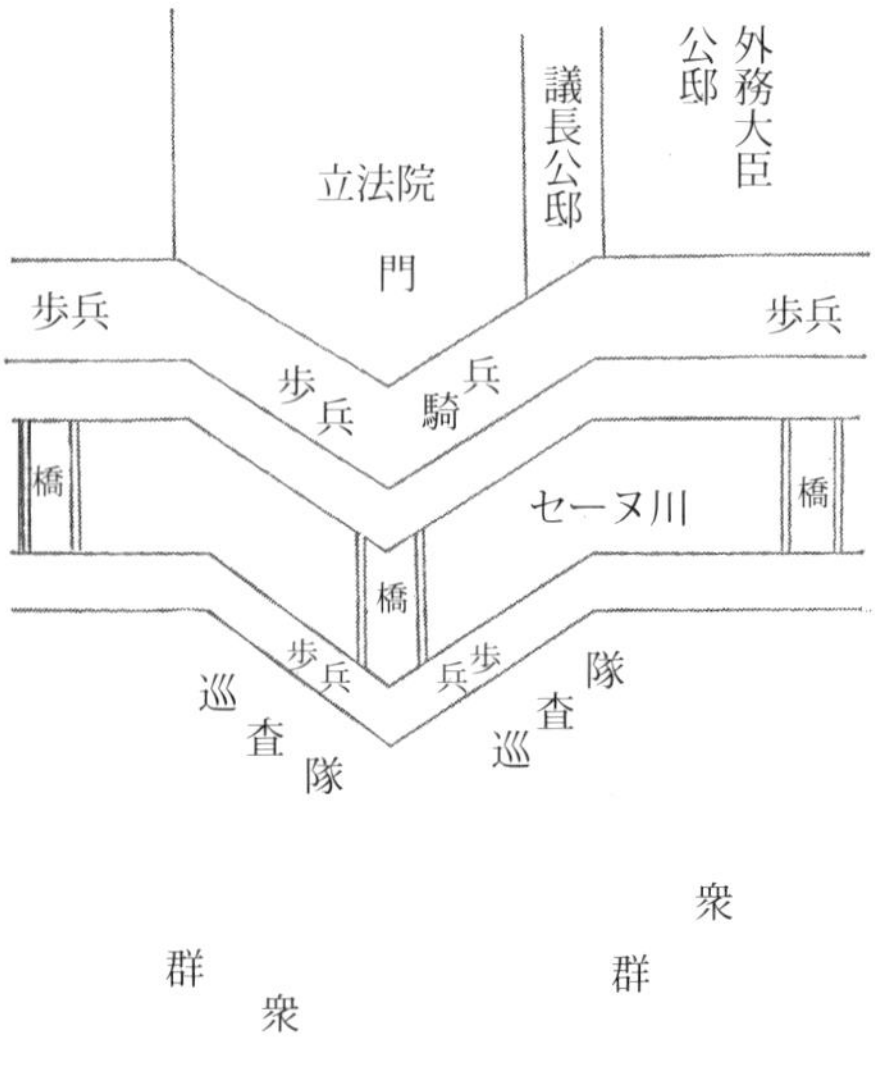

　今日は、立法院の周囲や前の橋[101]の上に数万名が蟻のように集まり、議論の様子を聞こうとした。その混乱は言いようがない。

今夜、私が市中に出て、その状況を見ると、街路のあちこちに兵士が集まり、群衆を制し、暴徒による非常事態を警戒していた。

八月一〇日[102]

今朝、多くの兵が出陣した。一時から立法院の会議が始まった。私は、またこれを見ようと行ったが、今日は政府が厳重に手配し、立法院の前二、三〇間〈訳者註：約三六から五五メートル〉と橋の前後数ヵ所に歩兵や騎兵が集結し、通行を固く禁じた。また、例の巡査隊も出て、人々をこの近辺に近づかせなかった。そのため、この日、群衆は立法院前に集まれず、遠く離れ、勝手に話していた。[103]しかし、厳重な警備は、全て昨日の騒動によるものだ。こうなっては私も立法院に近づけず、ただ、この状況を見ただけだった。

今日から市街を国民衛兵隊が巡回し、非常事態を警戒する。この頃、市内の騒動が甚だしいためである。この部隊の服装が違うグループが一つあった。各々の自己負担であるという。

市中所々に、「パリカオ将軍が組閣し、新たに各大臣を選任するよう、皇后の命令を受けた」との発表[104]が張り出された。

昨朝、トロシュウ将軍が西国国境の陣地から帰った上、メッスの帝の本陣に出発した[105]という。

今日、前任の大臣が全員辞任した。[106]その人名は、総理オリヴィエ、外務グラモン、内務ヴァルドローム、財務スグリ、軍務ドジャン、商農ルーヴェ、公共事業プリション、教育メージュ、国務院ド・パリューで、海軍大臣は、そのまま留任する。

同時に次の新任大臣一〇名が拝命[107]し、美術大臣[108]の任命は先送りされた。軍務パリカオ、内務シュヴロー、財務マーニュ、法務グランペレ、商農クレマン＝デュヴェルノア、海軍リゴー・ド・ジェヌーイ、公共事業ジェローム＝ダヴィッド、外務オーヴェルニュ公、教育ブラム、国務院ビュイッソン・ビヨー。

八月九日夕九時二五分本陣メッス発の報告[109]による。今日、先陣のバゼイヌ元帥の軍に大きな戦いはなかった。こちらから騎兵が偵察した。味方の死傷者もごく僅かである。

同一〇日朝八時三〇分発の本陣発報告による。今朝、帝が各陣地を視察した。食糧は、四八時間で集結地に満ちた。大砲部隊の装備は、日ごとに増加し、各部隊が休止し、出撃の合図の命令を待つ。[110]

八月一〇日付市中への発表[111]による。このたび前の諸大臣が退職し、新たに一〇名の大臣を任命し、今後の形勢で、政策が事態に適さなければ、再び人選を改める。新任一〇名の大臣が各々その職務に従い、政策を行う。今回の改革で、美術大臣の職を当面空席とする。

考えれば、この内閣改造は、元は、パリ市民が騒ぎ、求めたからだ。つまり、仏国民の国政への関心がこのように高い。欧州の中で国民を制御することが難しいのは、仏国が筆頭だという。

市中に張り紙の、負傷者救済協会婦人委員会の呼びかけ[112]

神の名、祖国の名、われらの子、われらの兄弟、戦場で名誉の死を遂げた勇敢な兵士、敗れたとはいえ勇者である者の名で、われらは全ての仏人の心に訴える。厚意で、金銭、布類、シャツ類、毛布、フラネルの衣類などが欲しい。前線の市からの援助、村からの心のこもった寄付だけでは、われらの大事な負傷者にはまだ足りない。必要なものが足りない。時間がない。寄付を産業館(パレ・ド・ランデュストリ)[113]に送って欲しい。

昨九日、夕方八時パリカオ将軍、枢密院の議員数名、両議院の議長、セーヌ県知事と警視総監を皇后の命令で城内チュイレリー宮殿に集め、皇后が内閣改造に関する会議を主宰した。夜通し討論し、翌朝五時に終わったという。また、翌朝八時、城中で再び会議し、今朝一〇時、一〇名の大臣がそれぞれの職に任命されたという。[114]

今日の報道で、普軍が既に仏国の国境内側に深く侵入したという。今回、戦争の初め、普国内の仏人は、皆追放された。しかし、今パリに普のスパイが約二〇〇〇名残っているという。先日も、仏国でも命令を下し、独各国の人民を追放したが、そのまま国内に留まる者が、なお多いという。この意味がよくわからない。

八月一一日[115]

八月一〇日夕方四時五〇分、本陣メッス発の報告[116]による。フレシュヴィレーでの戦いの詳細は、不明であるが、マク・マオン元帥は、乗っていた馬を倒された、夕方到着の予備の騎兵一旅団とファイイ将軍指揮下の一師団が撤退を救援した、この日、敵軍の追跡ははじめよりも激しくなかったと。

前日、仏全国に次の内容の法律を発布した[117]。本日、立法院が全会一致で、わが軍に感謝するとともに、軍が祖国によく仕えていると宣言した。二五歳から三五歳までの未婚または妻を失い、子がなく、遊動国民衛兵に属さない国民は、この戦争中は、皆軍隊に召集される。軍当局は、軍団ごとに必要な手段を直ちに指示する。一八六八年二月一日の法律の要件に従い、この戦争中は、四五歳までの旧兵士の志願の申し出または交代を許す。この戦争中は、健康な者は、年齢に関係なく入隊を許す。一八七〇年の徴兵対象者は、一八三二年二月二一日の改正法で兵役を免除される者に該当しない、人口調査票に記載された若者全てとする。各県ごとに徴兵審査会を組織する。

そのほかの内容は、省略する。

八月一二日[118]

八月一一日夕八時二一分発、本陣メッス発の報告[119]による。今日は終日雨が降り、戦争がなかった[120]。諸軍がメッスに集結し、補給と救援を受けた。マク・マオン元帥とファイイ将軍の軍隊が秩序だって退陣した。バゼイヌ元帥が部下の諸隊を視察した。

市中に張り出しの政府声明[121]。

政府の戦況の公表努力にもかかわらず、誤った雑音が流布している。誤った情報を市民が信じないよう、内務省が総司令部から受けた諸電報は、すぐに首都の二〇区役所に通報されている。区役所が貼った帳票と内務大臣が確認したとの署名がない、撒き散らされた情報は、全て公的なものではない。

去る四日のヴィッサンブールの戦闘の一部始終[122]。

八月四日朝七時、ヴィッサンブール市にて仏前衛隊の内、第七四大隊へ普軍が突然数門の大砲を連発し、市中に放火し、襲撃を始めた。この場所の指揮官ドウェイ将軍は、第五〇、七五歩兵大隊などを率い、ヴィッサンブールとスルツの間に陣を構えていたが、初めに普兵と戦った時、ドウェイは敵軍の数がわからず、三連隊で戦い、敵の計略に陥り、多くの兵士を死傷させた。敵の将軍が普のフリードリッヒ・カール親王[123]で、その前陣六万名と仏軍四〇〇〇名とが戦い、ドウェイは厳しく指揮し、苦戦した。この戦地はヴィッサンブールの前で元来、森林が多く、仏軍の騎兵や歩兵が自由に動けなかった。このため、将校も指揮が思うに任せなかった。九時になり、引き上げる合図をしたが、仏兵の苦戦はなおも続いた。ついに大半が敵に討たれ、三連隊で合わせて僅か数百名となり、まとまってスルツに退軍した。この日、司令官ドウェイ将軍は、大いに働いたが、大変苦戦し、弾丸に腹を打ち抜かれ、惜しくも戦死した。また、その残った兵は、スルツに引き上げる時、マク・マオン元帥に率いられ、アグノーに向かったという。この事実は当日の戦いで負傷し、パリに戻った仏兵から得た情報による。この日の普軍の襲撃は、いわゆる朝がけであるという。

現在、パリ市在住の普国と独各邦の人民は約四万名と推計される。[124]今回の戦争では、この人々に今日から二日間内の市内から市外への退去を命じた。[125]

今日、兵を召集する通達があった。[126]今、二〇歳から三五歳までの独身で、子のない元兵士全てが召集される。

パリ市の銀行（仏中央銀行）の事情。

今回、仏国で戦争が起こり、市中では、金貨、銀貨が乏しくなり、かつ人々が紙幣を金、銀に換え、金銀だけを貯えている。これまでは、パリ市内には多くの両替所があり、その交換は、自由だったが、今は、これら両替所が皆門を閉ざし、いよいよ両替の人気が高まり、争って政府の銀行に行き、交換を頼む者が多く、その混雑がかなり甚だしい。今日午後、私はこの銀行に行き、紙幣を交換しようとしたが、数万名の人々が群れをなし、広大な銀行を取り巻く様子は、まるで梨の実に群れる蟻のようだ（この銀行はおよそ四方が一町[127]余りの大きな建物である）。この門の前に兵隊や巡査が数百名出て、その雑踏を制し、非常事態に備えた。その交換の方法として、一万フラン以上の紙幣を換える者は表の本門から、それ以下の者は脇の門から出入りする。しかし、一万フラン以下の両替の者が最も多く、脇門の方では男女数万名、だれもが先を争って進入しようとする。この時は、警備兵が強くこれを制し、ようやく小さな道を開き、先後の順番に従って二、三〇名ごとにわけ、一時間に三、四度出入りさせ、群集がその門に乱入するのを抑えようと大いに努力していた。

さて、銀行の中に入ると、交換所を五ヵ所に分け、一〇〇〇フラン以下、一万フラン以下、一〇万フラン以下、またそれ以上と、金額で交換所を分けている。この門の中に通路が曲線状に作られ、次々に順番を待って、進まなければならず、むやみに進めない。これは混雑を防ぐための仕組みであり、その規律が最も厳しい。交換される貨幣は、全て新しい五フラン銀貨である。交換する人が初めに門に入る時は、片手に紙幣を握り、とても軽く簡単だが、出る時は銀貨の袋を持ち、重くて大変苦労する。私は、もともと一書生であり、所持金が僅か七五〇〇円分の銀貨である。それでも、門を出る時は、手に重く感じた。この日は、午後一時から三時まで待ち、やっとこの紙幣を換え、数万名の群衆の中を抜け出した。現在、紙幣を換えるため、毎日この銀行に人々が何百万名集まるかわからない。そして交換されるのは、皆新しく丸く大きい銀貨である。思うに、このたび、仏政府はどれほど鋳造したのだろうか。その数は本当に計算しきれない。普段は市中にこの銀貨はとても少ない。重く、持ち運びに不便だからだ。しかし、この戦争以来、市中には銀貨が多く、従来の金貨がとても少ない。

八月一三日[128]

朝八時四五分発本陣メッスからの電信で報告[129]。

昨夜モゼルの谷間で敵兵が散見される。分遣隊が一時ポンタ・ムッソンを占領した。マルグリット騎兵旅団が追い払い、敵兵約三〇名を捕らえた。多くの普スパイを捕まえ続ける。

内務大臣からの発表。

新しい法務大臣のグランペレが一昨日メッスで帝と会談したが、数時間しか、メッスに滞在しなかった[130]。

仏国内ナンシー市から東への鉄道が遮断され、ストラスブール、エピナル、リュネヴィルの三市に行けない。[131]

八月一二日付ソーネ・ロワール県マルリエール知事の同県民への呼掛け。[132]

高慢な暴君の軍が祖国の地を踏みにじった。危機にある仏国を、その雄々しき子らは守らなければならない。私は模範として、私の息子二名を軍に送り、私の身を、全ての仏国民が負うその国に尽くす最高の犠牲として捧げる覚悟を決めた。そこで、ソーネ・ロワールの子らよ、勇気を持て。諸君の大隊を組織し、敵を死に追い込む大隊としよう。前線に進みたい志願者は、皆、郡庁所在地に行き、ほかの書式は不要で、怖いもの知らずの名簿に救国のため、身を捧げるとの約束に署名してほしい。来てほしい。君だけで十分だ。君の生活必需品と交通費は保証する。君の農園、畑、家庭を壊そうとし、侮辱と恥をもたらす憎らしい敵が間もなく来る。堕落していない者は、皆、発とう。発て。君の旗を高く掲げよ。勝利の後に、皆から君がソーネ・ロワールの義勇兵に参加したと誇らしく言って貰えるように。

一八七〇年八月一二日

八月一四日[133]

朝九時半内務大臣発表[134]による。昨日、パリとナンシー市の間の電信が切断された。その夜、トゥル市の部局は、ナンシー市が敵騎兵の分遣隊に占領された様子と報告した。今朝、東部鉄道会社がこのニュースを確認した。

今日、パリの一つの病院に負傷士官三三名が入院した。その名は省略する。[135]

セーヌ県アルフレッド＝ブランシュ副知事の市中への告示。[136]

八月一七日付法律が施行され、二一歳以上の地区の居住期間が一年以上の市民で、まだ常駐国民衛兵隊に入っていない者は、皆、区役所に今日から三日の間に出頭し、申告すること。

八月一〇日のベルリンの新聞（ただし、ロンドンからの報道）[137]による。普王妃が自ら、仏捕虜の士官や兵士たちに特別の配慮を施し、下着類やそのほかの必需品を与えている。また、普婦人救済委員会が仏捕虜に清涼飲料やたばこを与えている。今、ベルリンの鉄道の駅では、婦人が捕虜のために秘書を勤め、仏国向けの手紙を送る手伝いをしている。

また、ベルリンでは、仏捕虜への係も全て婦人を採用する（これは、男子は全て軍隊に出ているからである）。

八月一五日[138]

八月一四日六時本陣メッス発の通報[139]による。昨日、前衛隊の司令官マク・マオン元帥は、三万三〇〇〇名の兵士を率い、一六万名の普軍と戦い、三時間費やしたが、その後双方ともに弾薬が尽き、銃剣で接戦した。この時、仏兵は飢餓がひどく、ついに大敗した。

八月一四日夕六時、パリ発表の戦況報告による。敵兵がヴィニュウに侵入し、今夕には、サン・ミエルに侵入するだろうとムース県知事が知らせた。[140]

諸方面から敵軍がいよいよ進撃するという注意報が絶え間ない。

シュヴロー内務大臣発表のモゼル県知事の一四日八時一〇分メッス発報告[141]による。同日二時、帝が皇太子とともにメッスを退き、ヴェルダンに陣を移した。この出発の前に帝がこの市中に以下の宣言をした。

私は、侵略者と戦うため、諸君から去るに当り、この偉大な都市の守りを諸君の愛国心に委ねる。諸君は、外国人がこの仏国の要塞を奪い取るのを許さないであろうし、軍に匹敵する献身と勇気を見せるだろう。私がこの街の中で受けた歓迎への感恩の気持ちを持ち続け、より幸せな時期に戻り、諸君の気高い行為に感謝したい。

昨一四日午後一〇時一〇分ロンジュヴィル発、帝の皇后宛電報[142]による。わが軍がモゼル河の左岸を越え始めた。朝の偵察で敵影を認めなかったが、軍隊の半ばがその河を越えた時、普軍の大軍が襲撃し、四時間戦い、普軍は、大損害を受けて退いた。

昨一四日夕六時四五分トゥル市発郡長の内務大臣宛報告[143]による。同日午後二時、当市から一五〇〇メートル（日本では一二五町のこと）の近くに普軍が侵入し、わが胸甲騎兵と憲兵と敵の槍騎兵が戦った。味方憲兵が一名戦死し、一名が行方不明である。この時、遊動隊と国民衛兵が城壁に急いで駆けつけた。[144]

ベルリンの新聞が白（白耳義・ベルギー）国から届いた。

八月一四日 ベルリン発の報道[145]による。メッスからポンタ・ムッソンに鉄道で移動した仏国の一大隊は、今朝、わが軍がその市に進入するやいなや、慌てて武器・弾薬などを捨てて退いた。ナンシー市では、仏軍は、この地を捨て、退却した。普軍の騎兵は、この市の北の鉄道を取り壊した。またほかの騎兵がメッス近郊の仏前衛部隊用の秣《まぐさ》を奪った。

今日のパリ市の新聞夕刊[146]によれば、一三日、北海（独国の北方の海である）でヘリゴランド沖の仏艦隊司令官が明日から仏海軍が北海南方の独北西部の沿岸が封鎖されることをヘリゴランド政府とクックスハフェンの英領事に公式文書[147]で通報し、中立国の艦船に出航まで一〇日間の猶予を与えた。

八月一四日のケルン（仏国と普国との境界にある地域である）[148]からの報道[149]による。今までパリ市在住の独人四〇〇〇家族が戒厳令後、パリから追放され、昨日当市に到着したという。

最近、パリ在住の独人に、二日の間に仏国から退去するよう急に命じた。そこで、この戦闘地域を挟み、一つは白国から、もう一つはスイスから、二方面に沿った二本の鉄道で退去することになった。また、仏政府が仏領内の鉄道の乗車賃を通常の半値とするよう命じたが、退去した独人は皆、通常の値を払って帰ったという[150]。

八月一六日[151]

本暁、三時一六分発ムーズ県知事の急報[152]による。多数の普槍騎兵が、コメルシーで目撃された。バー・ル・デュック市に向かった。そのため、今朝、当市からの鉄道を遮断させた。

今朝六時一〇分ヴェルダン郡長発の報告[153]による。昨一五日、終日、メッスとヴェルダンの間で轟く砲声が聞こえた。この方向から来た者によれば、明け方から大戦闘があり、前日の戦闘で、普兵が四万名余り戦死した。昨日午前中、ヴェルダンの近く二八キロメートル（日本で約二里半余り）の自分の郡の境界で戦闘があった。この地点で、敵兵が南方に引き上げるのが目撃された[154]。

今日、帝は、またヴェルダンの本陣を引き上げ、シャロンに陣を移したという。前衛司令官マク・マオン元帥が兵をシャロンの近くに引き上げたという。普軍の進入の激烈だったことがわかる。

八月一五日付仏銀行の告知[155]による。仏中央銀行は、現在難しい形勢のもとで通貨供給に全力で努力している。既に過去一ヵ月余りの間、二億六五〇〇万フランの紙幣を流通させ、このうち一五〇〇万フランが五〇フラン紙幣、五〇〇〇万フランが一〇〇フラン紙幣である。また、通用中の少額紙幣の印刷とともに、より多くの使用のために、新たに二五フラン紙幣を印刷する。そのほか、同時期、一億三〇〇万フランの少額貨幣を諸地方に出し、また、パリ市の取引のために、二億三三六〇万フランの金貨・銀貨を出した。労働者への賃金支払のための通貨供給の要望に応え、本行のクロワ・デ・プティ・シャン通りの新支店で、特別の業務を月曜日、火曜日、水曜日の午後一時から三時までと木曜日、金曜日の一二時から午後二時まで行う。

八月一七日[156]

昨日一六日夜一一時メッス発報告[157]による。同日、終日、敵二師団が、わが軍を脅かそうとして追い払われた。同夜、帝は、シャロン兵営に到着し、大軍を編成している。

この二、三日間、普軍の勢いが大いに盛んであり、仏国の地に深く攻め入り、既にメッスとヴェルダンの間で戦いを開始した。帝は、昨日までヴェルダンに本陣を置いたが、敵兵が近づき、その攻撃が激しくなり、また引き上げ、シャロンに陣を置いた。普軍の奮闘がわかるだけである。

メッスの元帥司令官昨夕三時一五分発報告[158]による。同日、グラヴロットの傍で激しい戦闘があり、味方が優勢であったが、その損害は、大きかった。

昨一六日メッス近郊に戦闘があった。仏軍が第三と第四軍団で、その勢力は大体四万名である。恐らく普兵は、大いに被害を蒙り、その数は一万八〇〇〇から二万名に達するが、仏兵の死傷者はとりわけ些少であった。また、ある報告書では、普の死傷者数は三万名に上るという。

当日の戦いでは、死傷者数は仏兵が少なく、普兵が多いとの差があった。それは、仏軍がメッスに陣地を並べ、数百の大砲や数門のミトライユーズを配置し、その陣構えがよく整っていたからである。
今日、パリに帰った負傷兵が語るには、本月五日の朝、仏軍の諸部隊で、朝食中であったり、河に入り、水泳などをしたりしている時に、普国の大軍が不意に襲来し、激しく攻めた。この時、チユルコ（いわゆる黒人隊）がすぐ水中より飛び出して裸で終日戦闘し、その勇敢さが特に際立っていた。しかし、仏兵の死傷者、そして捕虜は、甚だ多かった。[159]
八月一八日[160]
バゼイヌ元帥の昨一七日夕 四時発電報[161]による。昨一六日、ドンクールとヴィオンヴィルの間で、終日普軍と戦闘した。敵兵を退け、占領した位置で昨夜を明かした。数時間、弾薬を大きく補充するため、行動を止めた。前面の敵は、フリードリッヒ・カール親王とシュタインメッツ将軍の二名である。
ヴェルダン総司令官昨夕八時五分発の報告[162]による。昨朝九時、フリードリヒ・カール親王指揮の軍団が非常に激しく、わが軍の右翼を襲撃した。わがフォルトン将軍の騎兵師団とフロッサール将軍の率いる第二軍団が落ち着いて戦った。同七時にルノンヴィルからの左と右の縦隊の軍団が続け様に参戦し、夕暮れまで戦った。敵は大軍を用い、何度も反撃を試みたが撃退された。また、夕暮れ頃、新たな一軍団がわが軍の左翼を包囲しようとしたが、味方は、全て陣地を守り、敵にかなりの損失を与えた。わが軍の損失も深刻であった。バタイユ将軍が負傷。戦いの最中に、槍騎兵の一連隊が元帥の本部に突撃し、護衛の二〇名が戦力外となり、指揮官の大尉一名が戦死した。夕八時、敵兵が全戦線から退却した。戦闘に加わった兵士は一二万名と推定される。
補足 今日、両軍の負傷者を多数ヴィルシーに輸送した。[163、164]
パリ在住の独国民で、家屋の所持者、在住期間の長い者などで、パリ在住継続を願う者は、これを許す[165]とパリ市中で発表された。
考えると、仏国は、今度の戦争でその始まりから万事をかなり公にし、敵国民の市内在留を禁じなかった。戦況報告書もすぐに発表した。まことに、その処置が公明のようであるが、戦闘には大きな害になるだろう。その理由は、パリ市中に朝夕出る壁書、戦況報告、新聞などが出次第、すぐ羽が生え、敵地に飛んでいき、敵軍が動かなくても、市内の事情を知り、その機会をつかみ、莫大な利益を得ると思うからである。

昨日一七日からトロシュウ将軍がパリ総督と市内防衛の総司令官となった[166]。このため、この都市の諸命令が皆、この人から出る。パリ城外の総司令官は、バゼイヌ元帥とマク・マオン元帥の二名である。仏国数百名の将軍がいても、今日、仏国ではただこの二将の胸の内から全仏軍を率い、戦う者として命令が出る。また、市内の城郭を警備し、パリ城の浮沈を左右する任を担うのは、トロシュウ将軍である。また、これを補佐し、軍政の重要事項を扱う者がパリカオ将軍である。この三、四名の将軍に任せる以外、仏国は、ほかに手段がない。仏帝すら、全軍の指揮をとることができない。全てバゼイヌ、マク・マオンの両元帥に全軍を統率させている。

内務大臣は、昨一七日、オムニビュス（普段市中を往来する人が乗り合う鉄道馬車である）会社に対し、パリ市外の要塞の工事と兵器の装備のため、一五〇〇頭の馬を徴用した[167]。

ルクセンブルグ市[168]一六日朝八時五〇分発報告[169]による。昨一五日、普前衛軍がモゼル河を横断し、仏後衛軍を襲い、仏軍が救援し、メッスの大砲の射程内に押し返した。普軍が約二万八〇〇〇名の兵を失い、五〇〇〇名が捕虜となった。昨日の戦闘は、大体メッスとナンシーの間であった。

去る一五日の後は、仏軍がしばしば勝ち、大いに、旗色がよく、総司令官バゼイヌ元帥が軍の中でも第一等の指揮官として、その威名が殊に轟いた。

八月一九日[170]

昨夕五時発、本陣からの軍務大臣報告[171]による。一六日の戦闘で、ラドミロー将軍の軍団は、最右翼の前衛にあり、その第七三歩兵大隊が普軍槍騎兵大隊を破り、その軍旗（騎兵大隊の徽章である）を奪った。騎兵が数回にわたり、非常に果敢な突撃をした。その一つの戦いで、ルグラン将軍が師団の先頭に立ち、突撃し、戦死した。モンテギュ将軍は、行方不明となった[172]。普軍でもフォン・

ドェリング将軍とヴェデル将軍の二将が戦死し、グリューテルとラウフの二将が負傷した。騎兵隊司令官アルブレヒト親王（普王の兄弟で、齢六〇余りという）が戦死したという。[173]日暮れ時になり、これまで敵が占領した地を取り返した。翌一七日朝、グラヴロットの近辺で、後衛の軍隊の幾つかで戦いがあった。昨一六日の戦いで動員した普軍は、一五万名であったと見込まれる。味方の損失は、未だ正確にはわからない。

八月一五日、メッス市外メゾン・ルージュから戦闘中、巡り歩いた士官の報告[174]による。昨一四日暁三時、諸隊の戦闘が始まり、朝五時頃、銃や大砲の射撃音が天地を動かした。[175]私は、この中で専ら巡り歩いていた。その日、軍の中で、最も期待されているバゼイヌ元帥が諸軍の総指揮官だった。帝の陣から一〇〇メートルの距離で、それぞれの将軍が諸軍を指揮した。同日、普軍は、わが二つの軍の中間に陥り、多くがメッスから射撃する砲弾で倒れた。最後に、私は、戦闘中の軍隊から出て、流れ弾の中で辛うじて道を通ってきたので、戦いの状況を見ず、ただ双方の砲弾が空中に飛ぶ音だけを聞いた。ようやくある土地に出たところ、そこはバゼイヌ元帥の部隊だった。少しの間この地に留まったが、弾丸が夥しく、雨のように降った。私は、兵隊とともにメッスを出たが、道中の困難が非常に多かった。

八月二〇日[176]

シャロン兵営今夕六時発報告[177]による。昨日、帝が馬で数部隊を巡回した。兵隊がどこでも帝を取り囲み、前進したいと要望した。

内務大臣の発表[178]によるシャロン兵営の本陣にいる仏軍一六万七〇〇〇名の内訳が二万七〇〇〇名 マク・マオン元帥、四万名 ファイイ将軍、三万名 フェリクス＝ドウェイ将軍、[179]七万名[180] ヴィノワ将軍である。この兵隊は、マク・マオンの援軍として備えるものである。

パリ市街に発表のパリ総督トロシュウ将軍の八月一九日付宣言[181]は、次のとおり。

パリ国民衛兵隊、遊動国民衛兵隊、パリの陸海軍部隊と戒厳令下の首都の全ての防衛者へ。国の危機の最中、私は、今度新たに、パリ総督と戒厳令下にある首都の防衛を担う諸軍総司令官に任じられた。名誉も大きく、私への危険も大きい。パリが包囲の苦痛を耐えるため、わが軍の財産である愛国心による猛烈な努力で立ち向かうという諸君の意識に期待する。

長い間の繁栄と享楽が公徳心と国の雄々しさを弱めるものではないことを、世界万国に知らせるのには、またとない機会である。諸君は、ライン軍の輝かしい模範を目の当りにした。ライン軍は、英雄的な戦闘で、三倍の敵と戦い、国中の賞賛を得、感謝が満ちた。彼らは、死者に対し喪に服した。

パリの兵士諸君。

私は、今日の私の希望と力の源である緊密な連帯のもとで、私の命全てを諸君に委ねる。私は、良くわかっている諸君たちの勇気や忠誠心を改めて求めない。しかし、国民に諸君の服従、強力な規律、立派な振る舞いや態度で、諸君に課せられた責任を深く感じていることを国民に示してほしい。皆の模範となり、勇気づけてほしい。

英のロンドンから報道[182]されたベルリンの新聞の中の普王から王妃への勝利の報告電報（八月一九日 夕九時発、レゾンヴィル近くの野営から）による。今日、私の命令下の軍がメッスの西の強力な仏軍陣地を襲撃した。九時間の戦いの後、仏軍は、完全に敗れた。そのパリとの通信は遮断された。敵は、メッスに退いた。

八月二一日[183]

この二、三日間、仏政府は、戦況報告を布令していない。密かに聞いたところ、最近、戦況報告を発表しないのは、普国のスパイが多くパリ市に入り、パリ市の日々の記録や市内の状態を、時々刻々、ある時はロンドンから、ある時は白国から、全てベルリンに通報し、戦闘に害を及ぼすからだという。

今朝、私が見た新聞は、一つの説明を付記していた。[184]それによれば、ビスマルク氏（普国第一の総理大臣であり、内外の政策は、全てこの人の胸中から出る。実に欧州に二〇年来の人材だという）への独での名声が非常に高い。理由は、普仏戦争が起こって以来、まだ三週間に過ぎないが、普兵が滅した仏兵は、既に一五万名に上る。[185]この戦争がもし三ヵ月続けば、失われる仏兵は、八〇から、九〇万名にのぼるだろうと。三ヵ月というのは、以前、普国と墺国との戦争が三ヵ月間だったからだ。

私は、今日、パリの城外[186]に出て、防衛の様子を見た。パリ市内から出るそれぞれの道路には、砦や砲台を造り、溝を設け、また、それぞれの鉄道の下を掘り開き、敵がもし、にわかにこの線路から進入すれば、すぐ切り落とし、その線路を遮断するためという。パリ市の周囲の砲台は防戦の準備がことに厳しい。

八月二二日[187]

戦況報告の発表がなかった。政府がこれを秘匿するという。

ロンドンの新聞による普情報では、前日、二〇〇〇名の仏軍捕虜がベルリンに着いたという。[188]そのうち士官は三六名いた。今日、また五四名の捕虜の士官が着き、この中にブロンバン将軍がいたという。

仏軍が去る一四日のクールセル、一六日のヴィオンヴィル、一八日のグラヴロットと三回の戦いで一万二〇〇〇から三〇〇〇名の兵を失った。[189]グラヴロットでは、仏兵捕虜が四〇〇〇名であった。

八月二三日[190]

戦争の報告を聞かなかった。ほかに書くことはない。

パリ市の内外にいる仏兵の大体は、バゼイヌ元帥の指揮下の兵が一三万名[191]、そのほか、パリ市内外各地に配置する兵が三五万名、国民衛兵で二五歳以上三五歳までの者は、一四〇万名だという。[192]

今日、普兵の捕虜四〇〇名をソワソンに送ってきた。[193]また、後から一群の捕虜を輸送するという。[194]

八月二四日[195]

特別に、戦争の報道を聞かない。この二、三日、パリ市内が特に平穏だった。近頃、普兵が頻繁に乱入し、シャロン兵営近くまで侵入し、辺りを荒し回っている[196]という。そこは、パリから、日本での二二～二三里の距離である。

八月二五日[197]

電信の急報[198]による。昨日ストラスブールで、数時間の砲撃戦が続き、普騎兵の強力な分遣隊が今日、ドゥルヴァンとその近隣の地を占領し、ブリエンヌに向かうと見られる。昨日、約一四〇名の敵騎兵がシャロンの地に現れ、夕六時頃、退去した。普騎兵は、サン・レミとその周囲に宿営している。トゥルに布陣している遊動国民衛兵隊の二大隊が出撃し、大いに敵を死傷させた。

普王太子[199]、昨二三日サン・ディジエールの陣にいたという。またトゥルを包囲した敵兵が半分ほど、ナンシーに向かった。トゥルでの砲撃戦では、味方一五名だけの損失に留まった。遊動隊の諸兵が大いに戦った。ステネイ周辺の住民も普兵に対し英雄的に抗戦し、多くの損害を与えた。[200]

八月二四日付パリ総督の命令。[201]

一八四九年八月九日の戒厳令に関する法律、本月七日のパリに戒厳令を布いた命令、一八一一年一二月二四日の参謀本部の組織と任務に関する命令第七五条の戦争状態にある地域で軍務大臣もしくは大将が命令を下し、または敵軍が三日行程(歩行して三日で到着する距離をいう)以内に近づいた時は、その大臣または将軍は、即座に戒厳令を待たずに、必要な手段(不要な人間〈老人および婦女子、小児、病人の類をいう〉、外国人、民事または軍事警察から注意された者を退去させることなど)をとる権限を与えられるとの規定と前科者、放浪者、乞食そのほか人や財産に危害を与える行為にふける者のセーヌ県からの退去に関する一八五二年七月九日の法律を参考の上、次のとおり命令する。

生計の手段を持たず、パリでの存在が公共の安全、人または財産の安全を脅かす恐れのある者、防衛または公共の安全を弱め、または妨げるような行為にふける者は、全て首都から追放される。追放命令に違反すれば、軍法会議で裁かれる。

パリ総督トロシュウ将軍が八月二四日サン・モールの兵営で、パリ遊動国民衛兵隊に対し、大略次の宣言を行った。[202]

私は、君たちに会うのが待ち切れなかった。今、会えて、嬉しい。諸君も私を前に敵に向かう用意のある軍の態度を示し、まもなく諸君の家庭を守るため、敵に向かうこととなり、国民の皆がパリの子弟の手柄を見ることになろう。私が諸君をパリ市に呼んだのは、諸君に全幅の信頼を置くからである。諸君は、それに立派に応えた。君らが規律や規則の求めにますます従うよう願う私の気持ちに沿うよう、重ねて求めたい。私は、諸君の隊長を祝福し、その努力と成果に感謝し、近づいてくるその時には、諸君の隊長とともに戦場に君らを率いていくのが私の誉れとなるだろう。諸君、その備えをせよ。

私が今日、市街を通ると、セバストポール通りで警官が数十名の婦人を取り囲み、連れていくのを見た。何かと近くの者に聞くと、これは皆、いわゆる放浪の妖婦、娼婦、売春婦の類だという。今夜、私が新聞を見ると、今日、市街で捕まった婦人が約六〇〇名に上ったという[203]。

八月二六日[204]

戦況報告[205]による。昨日ファルスブール市は、英雄的戦闘を続けた。普軍の砲弾で、教会と人家五一軒が焼失した。普軍は、初回五〇〇発、二回目は一〇〇〇発発射した。数千名の兵が、ヴェルダンの周囲にいるらしい。普軍がヴァレンヌとステネイの間に向かう様子。

市中発表の八月二五日付勅令[206]。

ナポレオンは、神の恵みおよび国民の総意による仏国人の皇帝として、今いる者と将来来る者に敬意を表し、パリ要塞防衛委員会の委員にベール氏、メリネット将軍の各上院議員、ダリュー伯爵、デュピュイ・ド・ロム、ド・タルウェ侯爵の各立法院議員を任ずる。軍務大臣が上記命令を執行する。

昨二五日、ブリュッセルからの情報[207]では、このほど、普軍に捕虜となった仏兵と普の負傷兵などを戦地からベルリンに運ぶ途中、白国内通過の際に傲慢な行いがあった。このことから、白国が使節を普軍に送り、その通行を、中立を理由に断ったという[208]。

昨二五日夕方、蘭（和蘭・オランダ）国のアムステルダムの新聞報道[209]による。独発の通信が公表した、トリアーの独統計局による、この戦争での独軍の損失は、八月一七日までの死傷者が一五万二〇〇名である。うち七万九四八三名が戦死または行方不明者、六万七六一七名が負傷である。また、陣中での病死者が三一〇〇名に上る。しかし、とくに激烈であった一八日以後の戦闘による損失が含まれていない。

仏皇帝ナポレオン３世

訳註

1　日本が太陽暦（グレゴリオ暦）を採用したのは、明治六（一八七三）年からで、具体的には、天保暦（旧暦）の明治五年一二月二日の翌日を、新暦の明治六年一月一日とした。この時代は、旧暦であった。

2　七月一一日付「le Temps」は、ベネデッティ大使が同日朝、同地に到着し、同日中に普王に会う予定との七月九日付エムス発の「l' Agence Havas」電報とベネデッティが普王にナポレオンの書状を差し出した旨の一〇日付エムス発の「la Correspondence du Nord-Est」の電報を引用しているので、同大使のパリ発は、それより前である。

3　この革命をスペインでは、「光栄ある革命」と呼ぶ。なお、イサベル女王の即位は、父王フェルディナンド七世が彼女に王位を継がせるため、議会に諮らず、男系相続を廃止したため、フェルナンド七世の死後、同王の末弟カルロスの即位の正当性を主張した党派（カロリスタ）などがイサベル女王に反対した。

4　ルイ一四世の孫、フェリペ五世の直系で、ブルボン家の血筋を引き、ボルボン家の系統に属する。

5　ただし、ルイ・フィリップは、ルイ一四世の直系ではなく、その弟、オルレアン公フィリップの五代後で、「オルレアン家」と呼ばれる。

6　後の西国王アルフォンソ一二世。

7　ハプスブルグ家の独皇帝カール五世のフランスでの呼び名。西皇帝としては、カルロス一世であるが、スペインでもカルロス五世という。スペインのハプスブルグ家は、カルロス二世で途絶えるが、その姉のマリア・テレサがルイ一四世の后となり、その孫がフェリペ五世としてスペイン王位につき、ボルボン朝が始まり、カール五世の血統を保っている。

8　七月一三日付「le Journal des débats politiques et littéraires」（以下「le Journal des débats」という）引用のスペイン紙報道による。

9　例えば、一八五八年一月一四日のイタリア人オルシニによる暗殺未遂事件がある。

10　名をルイ・ナポレオン　ボナパルトという。皇太子である。

11　帝位継承の上院決議が国民投票で承認された。

12「エムス電報事件」と呼ばれる事件で、ビスマルクがヴィルヘルム普王の休養先の温泉地エムスからのベネデッティ仏大使との会見模様を伝えた電報を改竄し、全普大使に報告し、新聞にも報道され、その結果、仏国と普国の世論が激高した。

13　正元の『漫游日誌』によれば、パリの天候は、晴であった。以下、天候と気温の記載は同書による。

14　パリは、曇、小雨。

15　パリは、晴。

16 パリは、晴。

17 一六日付官報記載の一五日の上院と立法院でのグラモン外務大臣の報告は、ベネデッティ大使の普国王との会見報告が一三日真夜中発信としている。

18 国家としての統一ドイツは、普仏戦争中であるが、ナポレオン戦争後、一八一五年、独同盟が成立し、普墺戦争後の一八六六年、独同盟解体により、北独同盟が成立した。

19 出典未確認。一五日付「le Journal des débats」引用の「la Epoca」の一二日マドリッド発報道は、仏政府がスペインの共和主義者とカロリスタの入国を防ぐため、国境を閉鎖したという。

20 パリは、晴。

21 一五日付「le Temps」が引用の「le Moniteur universel」。

22 一六日付「le Temps」が引用の「le Moniteur universel」。

23 一七日付「le Gaulois」。

24 原文は、魯（魯西亜の略）。以下同じ。

25 当時、公式には、「首相」は存在せず、事実上の存在であった。

26 一六日付「le Temps」掲載のオリヴィエの立法院での開戦報告。ただし、同日付官報では五〇〇〇万フランとする。

27 北独同盟大使でもある。

28 一六日付「le Gaulois」。

29 出典未確認。

30 パリは、晴。この日、午後六時、宣戦布告された（一七日付「le Gaulois」）。

31 原文のまま。スカゲラク、カテガット両海峡であろう。

32 一六日付「le Journal des débats」は、「la France」のシェルブールやブレストでの艦船の出港準備を伝えている。

33 パリは、晴。

34 一八日付「le Gaulois」は、七月一六日夕刻五時から一七日朝まで九六〇人の列車が二四本、計二万三〇四〇人が戦線に輸送されたとする。

35 パリは、晴。

36 一七日付「le Gaulois」は、一五日午後五時発の汽車で発ったとしている。

37 一九日付「le Gaulois」が三旅団の出発を報じている。

38 パリは、晴。

39 一八日付「le Temps」引用の「le Mémorial diplomatique」に報じられているので、この日より前である。

40 二二日付「le Journal Official」（以下、「官報」という）。

41 出典未確認。諸部隊の出発は、一九日付「le Figaro」などで報道。

42 パリは、晴、暑。

43 一九日付「le Temps」は、露政府から独仏間の戦争に中立を守るとの墺政府の態度に満足する旨の通知があり、墺国も露国に同様の中立を求めたとするウィーン発の

「l'Agence Havas」電報を引用する。
44　パリは、晴。
45　二一日付「le Gaulois」は、皇帝の出発と同行者は未定としている。
46　パリは、晴。
47　パリは、晴、暑。
48　パリは、晴。
49　パリは曇、夕に雷雨。
50　パリは曇。
51　皇帝も皇太子も密かに出発したという意味である。
52　二九日付官報に、皇帝と皇太子の二八日午前一〇時にサン・クルー宮を出発し、メッスに七時に到着した旨が記載されている。
53　西国出身。
54　二七日付官報掲載の二三日付宣言。
55　一九日、ル・ブフ元帥がライン軍総参謀長に任命され、その臨時代理である（二〇日付官報）。
56　パリは、晴。
57　二九日付「le Gaulois」引用の「la Presse」は、墺、露両国が中立を仏独双方に通告したとする。
58　パリは、晴。
59　パリは、午後にわか雨。午後、正元は、ルーブル宮に行き、ナポレオン一世の所持した諸兵器、衣服等を見た。
60　七月三〇日付「le Gaulois」は、七月三一日から八月七日にかけて、隔日に遊動国民衛兵の三から四個大隊の出発予定を報じており、それから判断すると少し大目のように思われる。
61　パリは、晴。
62　八月一日付「le Gaulois」は内務省のメッス発七月三〇日午前一一時二〇分の軍の総指揮を執る旨の情報を報じている。
63　パリは、晴。
64　三日付官報。
65　「ザールブリュックの戦い」という。
66　パリは、午後小雨ながら晴。
67　パリは、曇。
68　四日付「le Gaulois」に掲載の皇帝から皇后宛電報。
69　パリは、曇。
70　実際の位は、少将である。
71　六日付官報。
72　「ヴィッサンブールの戦い」という。
73　七日付「le Temps」掲載の五日朝二時アグノー発の手紙。
74　七日付同右。
75　当時の植民地アルジェリア出身の狙撃兵。
76　一一月一五日（巻の四）の項に詳しい説明がある。
77　パリは、曇。
78　八日付「le Figaro」報道によれば、オリヴィエ大臣は、得たニュースの即時伝達、事件の再発防止、取引所廃止の困難さを訴えたが、犯人の逮捕等については触れていない。
79 七日付官報掲載の閣僚会議宣言。
80 パリは、曇、午後雨。
81 八日付官報。
82 「フレシュヴィレー・ヴェルトの戦い」または「レシュショッフェン（独語でライヒスホッフェン）の戦い」という。
83 ナポレオン名の報告である。
84 「フォルバック・スピシェラン（独では、フォルバッハ・シュピヒェルン）の戦い」という。
85 ナポレオン名の報告である。
86 右記官報。
87 パリは、曇。
88 六日付「le Temps」掲載の、パリ滞在の普、北独同盟、バイエルン、ヴュルテンベルグ、ヘッセン、バーデンの国民に三日以内に警察署に滞在許可申請のため出頭する（違反者は逮捕）よう命じた四日付パリ警視庁命令。
89 右記官報。
90 九日付「le Temps」では、白国新聞報道の独側情報。
91 ザールブリュッケンは、当時も独領である。
92 王太子フリードリッヒの愛称。
93 八月九日付「le Temps」。
94 八月八日付官報。
95 事実、戦死。
96 九日付官報。
97 パリは、曇、後小雨ながら晴。
98 この日の会議が紛糾した様子の要約は、一一日付「le Galois」に示される。
99 右記「le Gaulois」掲載の議事録によれば、ジュル＝ファーヴルがパリ市民を武装させ、国民衛兵を組織する旨の提案と立法院に防衛委員会を設置する旨の提案をし、さらに、否決されたものの不信任決議案が出され、また、信任決議案が投票に付される動議が出たことに不満を述べた。
100 上記議事録では、これは、ケラトリが提案し、ピカールが賛同した上で、法案審査委員会への付託を主張したとしている。
101 立法院（現在は「国民議会」と呼ぶ）の建物（「ブルボン宮」という）は、セーヌ川左岸にあり、右岸のコンコルド広場とは、コンコルド橋で結ばれている。
102 パリは、晴。
103 一一日付「Le Paris journal」は、出動したのは、国民衛兵、歩兵と騎馬のパリ憲兵隊、正規兵二個連隊、何人かの巡査隊が出動し、群衆の数は五万人としている。
104 一〇日付官報。
105 出典未確認。
106 右記官報。

107　一一日付官報。
108　右記官報では、後の任命とされ、八月二三日に廃止され、教育大臣が所管した。
109　一〇日付官報。
110　同右。
111　出典未確認。
112　一一日付「le Journal des débats」掲載の産業館内に本部のある負傷者救済協会の婦人委員会の呼びかけである。
113　一八五五年パリ万博会場、一八九六年取り壊し、現在グラン・パレとプティ・パレが建っている。
114　一二日付「le Gaulois」。
115　パリは、晴。
116　一一日付官報。
117　右記官報に立法院と上院の審議・採決状況が掲載されている。
118　パリは、晴。
119　一二日付官報。
120　この時代、雨天や夜中は戦闘を避けるという了解があった。
121　右記官報。
122　出典未確認。ただし、七日付「le Temps」など各新聞が似た情報を掲載している。
123　実際は、王太子フリードリヒ・ヴィルヘルム（後のフリードリヒ三世）であった。
124　一三日付「le Gaulois」はパリ在住の独人が約四万名と報じる。
125　一三日付「le Gaulois」によれば、一二日の立法院で、シェヴロー内務大臣が一昨日から、数日以内に独人を全てパリから退去させる措置を執っている旨述べている。
126　八月一四日付「le Temps」掲載の軍務大臣通達。これは八月一〇日に採択された法律の施行である。一二日付「le Gaulois」によれば、「二五歳から三五歳まで」とあるのは「三〇歳から三五歳まで」の誤りという。
127　外周が一町（約一〇九メートル）ということ。
128　パリは、晴。
129　八月一四日付官報掲載の戦況報告書。
130　一五日付「le Gaulois」記事。
131　右記「le Gaulois」にこれは普軍によるものでなく、鉄道会社の工員がとった措置であるとされている。
132　一四日付「le Siècle」。
133　パリは、晴。
134　八月一五日付官報。
135　一六日付「le Figaro」の「le Paris journal」引用記事。病院は、サン・マルタンで、ヴァル・ド・グラス病院にも一名入院した。
136　一四日付「le Gaulois」掲載の告示（Avis）。
137　一五日付「le Gaulois」掲載の白国新聞「l'Indépendence belge」記事。

138 パリは、晴。
139 出典未確認。
140 八月一五日付官報
141 同右。
142 同右記載の皇帝から皇后宛報告。
143 一七日付「Le Figaro」。
144 一六日から始まる同市（要塞がある）の包囲（トゥル包囲）の前哨戦である。
145 一六日付「le Temps」が白国の新聞報道として引用。
146 右記「le Temps」。
147 一七日付官報に外務大臣の通告書が掲載されている。
148 一八〇一年から一八一四年までロレー県コローニュ郡郡庁所在地として仏領であった。
149 一六日付「le Temps」引用の一四日ブリュッセル発。
150 出典未確認。
151 パリは、晴。
152 一六日付官報。
153 一七日付官報。
154 「サン・プリヴァの戦い」（仏側）または「グラヴロットの戦い」（独側）という。
155 一六日付官報。
156 パリは、晴。
157 一八日付官報。
158 出典未確認。
159 出典未確認であるが、八月五日と一二日の項記載内容と同様である。
160 パリは、晴。
161 一八日付官報。
162 同右。
163 「マルス・ラ・トゥールの戦い」、「レゾンヴィルの戦い」または「ジオンヴィルの戦い」という。
164 出典未確認。
165 一八日付「le Temps」は、追放令の運用上、常住の者、十分な生活手段のある者、よく知られている者の推薦のある者、さらには、婦女子が例外とされているとの「le Journal de Genève」記事を引用する。
166 右記官報。
167 一九日付「le Gaulois」。
168 ルクセンブルグ公国の首府。
169 二〇日付「le Gaulois」引用のロンドン「the Globe」の報道。
170 パリは、曇。
171 一九日付官報。
172 二二日付「le Gaulois」は、軽傷を受け、捕虜となったとする。
173 この時は戦死しなかった。戦後一八七二年ベルリンで没した。
174 出典未確認。

175 「ボルニィ・コロンベの戦い」（独側「コロンベィ・ヌイの戦い」）という。
176 パリは、晴。
177 二二日付「le Temps」。
178 出典未確認。
179 アベル＝ドウェイの弟。
180 一三日付官報掲載の法律により新たに編成され、当初トロシュウ将軍とヴィノワ将軍がそれぞれ率いるとされた兵数の合計。
181 二一日付官報。
182 二二日付「le Temps」は白国新聞の報道としている。
183 パリは、晴。
184 出典未確認。
185 二四日付「le Gaulois」は、これまでの独軍死傷者が約四〇万人に上るとしている。
186 『漫遊日誌』では、ブローニュの森である。
187 パリは、曇。
188 八月二四日付「le Journal des débats」引用の同二二日付「Times」の同二〇日ベルリン発報道。
189 二四日付「le Temps」。
190 パリは、朝小雨ながら晴、のち曇。
191 一〇日付「le Siècle」にバゼイヌの軍勢を一三万人としている。
192 出典未確認。
193 二四日付「le Petit journal」。
194 出典未確認。
195 パリは、曇。
196 二五日付官報。
197 パリは、曇。
198 以上二六日付官報。
199 フリードリヒ・ヴィルヘルムのこと。
200 以上二七日付官報。
201 二六日付官報。
202 二六日付「le Siècle」。
203 二七日付「le Siècle」。
204 パリは、曇。
205 八月二七日付官報。
206 右記官報掲載の命令。
207 上記官報に白国とルクセンブルク政府が独政府の上記申入れを、仏国からの中立維持の強硬な申入れの後、断った旨報じている。
208 これは、正元の理解であるが、上記が正しいとすれば、この点誤解と思われる。
209 二七日付「le Siècle」。

巻の二

西暦一八七〇年八月二七日[1]（和暦明治三年庚午八月一日）

八月二七日付モンメディからの報告にある八月二五日付ヴェルダン[2]郡長からの内務大臣宛報告[3]による。昨二四日朝九時、ザクセン王太子（普王の兄弟である）[4]指揮下の八〇〇〇から一万名の普軍がヴェルダンを攻撃した。そのうち約四〇〇〇名が歩兵と砲兵であった。とくに激烈な戦いが三時間続き、三〇〇発の砲弾をこの市街に発射した。その後、わが砲兵隊が普軍に大きな損害を与え、全線で退却させた。敵の損失は、甚大であった。常駐国民衛兵が大部分使用した、わが砲門が多くの敵兵を倒した。この日の戦いで味方に五名の死者、一二名の負傷者が出た。敵は、司教区の救急車に発砲し、奉仕の二名が亡くなり、三人目が負傷した。当市の市民は、愛国心と雄々しい力を持つ。

普軍、今日新たに一五万名をパリへの襲撃兵として出した。[5]

今日、ストラスブールを囲む普軍は、四万名であった。バゼイヌとマク・マオンの二元帥が配下の二部隊を派遣し、当市を救った。[6]

八月二八日[7]

八月二八日付パリ総督トロシュウ将軍の市内への命令。[8]

出生時に、現在、仏国と戦ういずれかの諸国に属し、仏国に帰化していない者は、皆、三日間の内にパリとセーヌ県から立ち退き、さらに仏国から去るか、ロワール川の向こうの県に退かねばならない。パリ総督からの特別滞在許可証[9]なしにこの禁止に背く者は、逮捕され、法により裁かれるため、軍事法廷に送られる。

八月二九日[10]

シュレスタット[11]郡長から過去二日間、ストラスブールに対し、激しい砲撃があった旨内務大臣に報告した。[12]

メジエールのティオンヴィル広場に普軍が鉄道線路を断ち切る前に、十分な量の食糧や弾薬が運び込まれた。また、今日、ティオンヴィル近辺での小競り合いで敵兵一八名を討ち取り、味方は、三名しか戦死しなかった。[13]

今日、私がパリ周囲の砲台を巡回したところ、守備の用意が既に整っていた。その堅固さと広大さは、実に目を驚かせた。これを撃破するには数十万名の兵が必要だろうと思う。

八月三〇日[14]

パリ総督からの市中への掲示。[15]

軍務大臣の命令で諸地方からパリの防衛を支援する遊動国民衛兵が一〇万名召集される。パリ総督は、この兵士たちの素晴らしい気持ちと献身に応え、手厚くもてなすようパリ市民の愛国心に訴える。しかし、その負担と不便を軽くするため、パリ総督は、産業事業所長や家屋の持主に、できるだけ早く無償で提供できる建物等を、種類を問わず、定めて申し出るようお願いする。

八月三一日[16]

この日の戦闘が最も激烈で普将軍の引率した二万四〇〇〇名の兵隊が一戦で多く戦死し、残った兵を点検したところ、僅か一八〇名余りであった。[17] この日の戦いで双方の軍隊ともに、戦死が多く、三〇日間でこの日の戦死が最も多かった。これから仏軍の死傷もまた推察でき、猛烈な戦闘状態だったこともまた想像できる。

今日、カールスバード[18]からの通報[19]による。昨今、当所の鉄道線路から普軍を蒸気機関車七〇両に各八〇両の客車を連結し、各客車に三八名を運ぶという。この人員が二一万二八〇〇名となる。そして、各客車の上に、パリ襲撃のため至急輸送する、と大きく書いてある。これは、全く仏国を恐れさせようとの普軍の計略であろう。

パリ城内の諸国民衛兵の調査書が今、[20]四四万名の遊動隊がいると記す。[21] ただし、仏国の国民衛兵隊に二種類あり、その一つを遊動隊といい、戦争が本務の国民衛兵隊である。また、もう一つを常駐国民衛兵隊といい、市内警備隊である。

九月一日[22]（和暦八月六日）

白国からの通報では、一昨日、三〇日、マク・マオン仏軍司令官が朝八時から夕八時まで一二時間戦い、黄昏にムーズ川をまた渡り、引き上げた。この時、仏軍が始め退却し、その後盛り返した。しかし、かなりの損失を被った。また、仏海軍歩兵が奇跡的で巧妙な活躍をしたという。翌三一日、朝七時から普軍が攻撃しはじめたが、マク・マオン司令官によるスダン城からの砲撃では、普軍は、非常に大きな損害を被り、一二時に撤退したという[23]（この両日の死傷は、未だ詳らかになっていない）。

新聞の付録[24]によれば、今、国土の危急に臨み、その恩義を顧みず、土地家屋を捨て、逃げ去り、他人にその危険な仕事を任せるどころか、自分の家屋を他人に守らせる者が多い。どのような法律により、これを止めるべきか。もっとも、婦女老幼の者が戦いを避けても、あえて問題にはできない。男子に至っては、身命を投げ打ち、十分国への恩義に報いることが当然であるのに、富裕者は、その蓄財のため、このことを忘れ、恥を忍び、逃げる者が多く、貧しい者だけが逃げられず、逆に、防衛にその身を捧げている。この両方には、処置すべき良い方法が必ずあるだろう。現在の危急に臨み、家屋を捨て去る者は、その家屋を戦士の利用に提供し、負傷の兵隊に貸し与えるべきである。

ヴェルサイユ市長の市を離れる者への通告[25]。

ヴェルサイユに普段住む者からの旅券がいつもより多く申請されるが、不在を理由に軍の宿泊費そのほかの住民の負担を免除できない。不在になる者は、その住居の鍵をその家屋の門番または最も近くの隣人に預け、当局との連絡の代理人とすること。鍵がかかった門は、その住民の負担で開けられることになる。

パリ市も同じやり方で同じ命令を出せば良い。今、この危難に臨み、身命を投げ打ち、国家に殉ずる者を真の兵士として、十分尊重するのが良い。そこで、どのようにして脱走した連中の家屋を没収し、兵隊に提供できるだろうか。先頃パリ市の防御を申し出た国民衛兵を皆、この家屋に陣をとらせ、宿泊させるのが良い。この期に臨み、逃げようと思う者は、速やかに逃げれば良い。ただし、その家屋は全て、報国の兵士に提供するのが良い。考えると、今、パリ市は、防衛の勢いが高まり、富裕者はその金を持ち、危難を避け、遠くほかの国へ移った。しかし、諸郡市からパリの警衛防御のため、国民衛兵が出た。その方向がお互いに食い違った。これが、このような主張の起る理由である。

九月二日[26]

立法院別局中でパリカオ軍務大臣[27]が諸議員に言った。[28]

最近、政府が敵の報告書を入手した。恐らく謀略だろうと思う。その理由は、このたび、独軍がナンシーに侵入し、直ちに電信局を奪い、パリに偽の電報を送ったという。そうなると、私は、この報告の真偽がまだわからない。そこで、今日二名の捜査員を出したが、その報告を得ていない。

政府が最近得た電報の大略は、次のとおり。

一、ストラスブールのユーリック司令官から、その要塞に危機が切迫し、落城が朝夕に迫るとの至急電がある。ユーリック将軍が先に政府に対し、ストラスブール要塞が両国の境界の砦の地であり、守らねばならず、私が籠城中、一弾丸と一兵士でも、私の眼下にあるうちは決して要塞を敵に渡さない、と誓った。そこで、この電報は、必ず敵の偽りと推察される。

二、ベルフォール（国境である）に在陣のドゥエイ将軍に、パリ城から電信で、急ぎその隊を引き上げ、列車でパリに帰れと伝えた。このため、ドゥエイ将軍が直ちにその兵をまとめ、先陣を列車に乗せ、数里を走った後、機関士がすぐこの線路が断絶していることを見つけ、直ちに、その車を後方に向け、漸くこの危難を避け、元の陣地ベルフォールに引き返した。これは、全く敵の計略であり、ドゥエイ将軍を欺き、鉄道線路に落とし殺害するためである。その危険を見出し、難を免れたのは、実に天の恵みというべきだ。

昨日朝、マク・マオンの軍が普軍と戦い、夕方になった。この時、普王太子は、新手の大軍を率いて敵中を走り回り、大いに仏軍を破った。マク・マオンが少し傷を負った。この三日間の連戦で、マク・マオン司令官の仏軍は、普兵を九万名討ち取ったという。[29]

昨日、普軍から軍使をマク・マオンの陣に送り、最近の死傷者の収容のため、二四時間の休戦を申し入れた。しかし、マク・マオンは、これを許さず、直ちに拒否の旨を伝え、使者を追い帰したという。[30]

私は、今日、仏国人に、「私が今の戦争の状態を見聞すると、普軍が次々に進入し、既に大軍がパリ周囲の諸市を蹂躙している。その勢いは、いつか当市を攻撃するだろう。そこで皇帝がこの城に入り、防衛の指揮をとらないのか」と聞いた。なぜなら、ナポレオンは皇帝である。本来、城中にいて指揮すべきである。しかし、パリ市民が帝を酷く憎み、罵る。そこで、あえて質問した。

彼が答える。ナポレオンがパリに帰れば、必ず民衆に直ちに殺されるだろう。その理由は、元来、帝が今度の戦争を考えたが、勝敗の見込みが違い、軍が敗れ、人が多く死んだ。その上、首府に敵軍が迫り、仏国が危うくなったのは、全て帝のせいで、民衆が深く恨む。そこで、今、帝が帰城すれば、ほとんど確実に殺される。

私は、また聞いた。勝敗は戦争につきもので、帝だけの罪とは言えない。今日の危機にこのことを論じている暇があるのか。とくに、ナポレオンは仏帝である。当然、全国民が彼を尊く崇め、民衆が皆、心を合わせ、協力して防戦すべきだ。今日の緊急時に、なぜ自国の帝を拒み、憎むのか。

彼の答は、今、仏全国の恨みが既に彼に向き、救いようがない。

今日、パリ市内の庶民の有様は、既にこの様である。後日の参考のため、今、ここにこれを書いておく。

九月三日[31]

私がベルリン市の新聞[32]を見ると、八月一八日から二七日までの一〇日間の普軍の死傷者は、次のとおりである。

八月一八日一万一〇三七名、同一八日から二五日まで四万二三〇八名、ストラスブール要塞で一万一五〇五名、ファルスブールで五三〇八名、ヴェルダンで一三八五名、トゥールの戦いで三三〇七名、クーセルの戦いで一万三九〇八名、ビュザンシー、ヴィトリー、ムーランとプーイーの戦いで五七一四名、二七日の戦いで一万一二〇九名、コルフラレリー[33]の戦いで一四〇〇名、また、この一〇日間陣中病死一万二五〇〇名、総計一一万九五八一名と記録されている。

メジエールから電信の通報による。普軍三〇余万名の大軍がメッスでバゼイヌ元帥の仏軍と戦ったが、バゼイヌ軍がついにメッス要塞内に引き上げた[34]。昨二日、また、トゥルとスダンの間で普軍がマク・マオン司令官の仏軍と朝五時から終日、砲戦し、その砲声がまるで雷のように天地を振動させた。[35]

九月四日[36]

スダン要塞陥落、帝、捕虜となり、仏国が共和制度となる（九月三日）。

今朝（九月四日）、発表の閣僚会議の仏国民宛宣言。[37]

仏国民よ、大不幸がわが国を襲った。三日間にわたるマク・マオン元帥の軍による三〇万名の敵軍に対する英雄的抗戦の末、四万名が虜になった。重傷を負った、マク・マオン元帥に代わったヴァンファン将軍が降伏に署名した。皇帝も虜となった（スダン要塞が落城し、仏兵四万名が敵の捕虜となり、ナポレオンも捕虜となった。すなわち、パリ防戦の時となり、全国の民衆、心を合わせ、協力し、自主自立に永く努力しなければならない）。政府は、公権力と同意し、事態の深刻化への全ての処置をとる。

この三日間の戦闘は、近年、欧州に希な大戦闘であり、仏軍の死傷者捕虜は、約一五万名に上るという。

マク・マオン元帥は、仏国の左翼の総司令官であり、名高い老練の元帥であるが、右翼のバゼイヌ総司令官と協議し、二軍に分かれ、仏軍の指揮は、皆この二司令官の雄大な計略に従った。マク・マオンは、今六二歳、昨日激戦の際、砲弾のため、右腰を砕かれたという。しかし、いまだ死なず、民衆が皆これに驚嘆した。

一八七〇年九月四日夕六時付レオン＝ガンベッタ内務大臣から知事等宛政治体制変革の通達。[38]

立法院で廃位が宣告された。

市庁舎で共和国が宣言された。

以下のパリ選出の立法院議員一一名全員で構成される国防政府が組織され、市民の歓呼により承認された。

アラゴ、クレミュー、ファーヴル、フェリー、ガンベッタ、ガルニエ・パジェス、グレ・ビゾワン、ペルタン、ピカール、ロシュフォール、シモン。

トロシュウ将軍は、パリ防衛の全軍事権を委ねられ、政府の大統領に任命された。[39]

本宣言を直ちに張り出し、必要あれば広報人により公知させよ。

共和制度になり、新しく選ばれた諸大臣が一〇名いる。[40]その順序が次のとおりである。

大統領兼パリ総督　トロシュウ将軍、副大統領兼外務大臣　ジュル＝ファーヴル、内務大臣　ガンベッタ、軍務大臣　ル・フロー将軍、海軍大臣　フーリション提督、法務大臣　クレミュー、財務大臣　エルネスト＝ピカール、教育文化美術大臣　ジュル＝シモン、公共事業大臣ドリアン、農務通商大臣　マニャン、パリ市（警視総監）ケラトリー[41]、（市長）アラゴ[42]。

今日、私は、レスピオー歩兵中佐（この人は、知人で、去る八月六日の戦いで太腿に弾丸を受け、治療のため、市に戻る。出陣時、歩兵少佐であったが、このたび、昇進した。私と同宿なので、日々親しく話す）に次のように聞いた。

このたび、仏軍が大いに敗れ、左翼司令官のマク・マオンが負傷し、数万名の死傷者を出し、四万名の兵が皆捕虜となり、ナポレオンもついに捕虜になった。そこで、仏国が政治体制を変え、新たに共和制度を打ち立てたと発表した。私が考えると、国は、一日もその主を欠けない。従って、今日立てた共和制度を帝の捕虜中に仮に設けたとしても、この戦争が終った後、帝が帰れば、必ず以前のように帝位を置き、君主制の政治体制に戻すべきだろう。それならば、今、新たに共和制度を置かなくとも、太子がすでに軍中にある。幼年であるが、いずれ帝位に登るよう国の制度が既に定まった。しかし、なぜ、今共和制度を布くのだろうか（今年五月二一日、ナポレオンの死後、太子が帝位を継ぐ旨の上院決議の国民投票による承認が発表され、制度を固めた[43]）。

彼が答えた。今日の共和制度を仮にも非難できない。ナポレオンは、再びこの国に入れない。

また聞いた。その理由は何か。後日、この勝敗の決着がつき、普国がナポレオンを送り返せば民衆がどうするのか。

また、答えた。仏国民は、ナポレオンが再び国内に入ることを認めない。その理由は、今度の戦争は全て帝が好み、起こしたことにある。ところが、その策が成功せず、その戦争指導も拙く、その軍が敗れ、数多くの兵士を失い、子弟を殺した。民衆がこれを恨み、憎み、その罪は実に許せない。そこで、今、仏国では、ナポレオンの帝位を剝ぎ、彼を捨てた。彼は、今日では一介の兵士、一介の男に過ぎない。もし普国が許し、解放しても、仏国には関係ない。彼は、他国に居住すべきだ。

さらに聞いた。そもそも軍の勝敗は時の運であり、英雄でもどうしようもない。仏兵は当然勇敢であるが、連日報告の敗戦は、仏国の不運不幸というべきだ。また、帝から指揮号令が出るのは、その国の主である者の任務であるからだ。今度の敗北は必ずしも帝の罪といえない。果たして時の運ではないか。そうならば、その臣民として帝を拒み、その上、捕虜となったのを棄て、彼を助けず、逆にその機会に乗じ、彼を追放する理由があるのか。

彼が答える。仏国民は二派に分かれていた。一方が帝を憎み、他方が帝を助けた。しかし、今や二派が一緒に帝を恨み、罵る。その声が市街に満ち溢れ、万民の心が背く極みは、どうしようもない。

私が考えると、今度の普仏戦争の原因は、当然一朝一夕のことではない。普国が対仏戦争を企ててから、既に久しい。普国が一八六六年、墺国に勝ち、土地を広げ、軍の威力を振るい、翼を四方に伸ばすような勢いはほとんど欧州を飲み込むほどである。その上、仏国への長年の恨みが深く、既に何年もその兵力を競ってきた。帝がこれを避けても、帝が既に高齢となり、さらに昨年来、国内には難しい問題が起こり、この春漸くこれを鎮めたところだ。また、民衆の気持ちが太平の世に飽き、兵士の訓練が元来十分であり、武器庫や穀物の倉も充ちていた。国の内外で機会がこの時しかないと奮起したのだろう。しかし、計略が失敗し、その軍が敗れ、勝利の風は多く普軍の上に生じ、仏軍を吹き抑えて、ついに今日に至った。そして、パリ市民がまるで仇のように帝を見るのは、帝の不幸といえる。帝は、捕虜となり、国民が見捨て、助けず、ついに仏帝の位を去った。ああ、帝は、自らの知恵と勇気により自立し、仏皇帝の位に登り、外では、しばしば隣国と戦争し、軍の強さを遠方にも示し、内では、政権を掌中に握り、全国を情により治めて既に一八年間、その威名は欧州を震わせたが、その晩年に至り、威名は全く地に堕ちた。惜しいことである。

また、私が内心思うに、今、文明開化し、強く、富むのは、欧州各国、特に英仏普三国が恐らく世界の先頭と言ってよい。しかし、その様子を観察すると、その人心が粗雑、軽薄で、節操が全くないに近い。わが日本の魂では、もし国の帝が敵の虜となれば、全国民が憤り、その身を忘れ、仇に報いる。ところが、文明の開化が極まれば、人心がこのようにその節操を失う。思えば、これが当然生ずる弊害なのだろう。今や、欧州各国の開化が実に完全であるが、あえて嘆かわしいのは、ただこの節操を養成できないという弊害だ。しかし、日本では、この節操のみを最も尊ぶ。人心が開化の地に限り、軽薄で節操に疎いのは、世界でも皆同じである。その国で教育にあたる時は、よくこの点を注意しなければならない。

私は、今日、パリ城周囲に設置された砲台を巡回した。帰路、立法院に行き、その議論を聴こうとすると、共和政治の下での公職選挙の件が議題のため、何十万名かわからない群衆が周囲にいた。しかもその門前は騎兵歩兵の二兵が警備し、全く人を近づかせない。私もまた近づけず、遠く立法院の様子を眺めるだけであった。それから、王宮内に入り、その様子を見ると、廃位された帝の皇后が城から今日、退去するのを見物しようと数万名の群集がいた。皇后の退去が今日ではないということで、皆、帰った。

それから市街に出ると、道路に数百名の群衆が共和国と書いた大きな旗を押し立て、大声で共和制を祝う歌を歌い、帝を棄てたことを祝って行進していた。中でも最も酷いのは、最近編成された国民衛兵隊が市中を巡回しながら、一、二小隊が小銃の先に木の葉や草花を付け、合唱しながら、勝手気ままに歩き回っていた。その意識は、憐れむべきもの、また笑うべきものだ。

また、一つの奇妙なことを見た。パリ市中では、家ごとに帝の顔形を金色の生地で作り、これをその門にかけ、飾る。しかし、今は急に、これを全て破り砕き、粉々にし、人々が揃って笑い、祝っている。その勢いがこのようであった。また、道路を通る者皆が共和制を祝い、お互いに喜び合う声が、まさに家に溢れ、ちまたに満ち、ほとんど市街を動かしていた。人心の離反はこのとおりであり、また、その仕草が狂人と同じである。他人がこれを見ると、その様子や仕草が実に憎らしい。ナポレオンは、昨日まで仏帝であった。民衆は、既に一八年間、その恩恵に浴してきたが、今、敵の捕虜となったのを知り、これを棄てるだけでなく、逆にこれを祝い、急に門飾りの帝の肖像までも破砕し、その仕草はまるで狂人のようであり、その意識はまるで仇敵を見るようだ。人心の離反はここに至るが、その国民の心情は、敵国に対し、少しも恥じる気配がないようだ。全く嘆き悲しまないではいられない。

九月五日[44]

九月五日付ガンベッタ内務大臣の国民衛兵の選挙に関する発表。[45]

共和制が宣言された。パリは危機にある。新政府は、一つの国防政府である。

パリ国民衛兵、即ち選挙人名簿に記載の選挙権者は、来る六日一二時、それぞれの区役所で士官と下士官の指名の選挙を行う。

今日、私が戦況報告を見て確かめると、去る三日、ナポレオン帝が普軍に捕虜となった時、帝はルブリュンとフェリクス＝ドゥエイの二将軍と四万名の兵とともに、スダン要塞に立て籠っていた。そして、独国の大軍が連日、非常に激しく、この周囲を攻撃し、城内から休戦の白旗を立てた。独軍がこれを見て、その砲門を閉じ、城内へ一名の使者を送り、今、ナポレオン帝がその将校や兵士とともにわが軍と血戦して、雌雄を決するか、または速やかに開城して、捕虜となるか、のいずれかを、今から二四時間（即ち、日本でいう一昼夜である）以内に答えるよう伝えた。その夕七時、ナポレオン自ら、「私は、軍の先頭で戦死できず、私の剣を差し上げる」と述べた一文書をヴィルヘルム普王に送った。[46]この文書が普軍の本陣に届くと、普王が直ちにその返事を送った。その文には、「帝は、今、軍中の指揮を司らず、その剣を差し出す理由がなく、今、その身を差し出し、捕虜となるよう」とあった。翌朝七時、ナポレオンがその二将と数万名の兵隊とともに、普王の本陣に赴き、一緒に捕虜となったという。以下省略する。

九月二日夕六時三〇分、[47]普王のスダンの前面の陣地から王妃宛電報（今日、ベルリンから通報）[48]による。今、全仏軍が戦争捕虜となるとの降伏文書が、負傷した総司令官マク・マオンと交代したド・ヴァンファン将軍との間で結ばれた。ナポレオン帝は、軍を指揮せず、全てをパリの摂政皇后に譲ったので、独りで降伏した。直ちに行われるナポレオン皇帝との面会後に、彼の居所を決める。

昨四日朝レセップス氏[49]（皇后の親族である）[50]がチュイレリー宮殿に行き、皇后に謁見し、皇后退位の文書を差し出した。皇后がこれに署名し、その文書を渡した。[51]今日午後一時半、皇后は一台の馬車に乗り、一名の侍女と二名の下男と城内を出、夕七時、白国の首都に到着したという。

噂では、今日皇后退去の前、二、三名の市民がこの館に入り、その状態を見ようとした。この時、皇后の侍女が制し、皇后が出立する用意ができるよう今半時間の猶予を欲しいと頼んだ。半時間後、皇后は、馬車に乗り、王城を退去した。昨日まで仮にも仏国の政務を預かっていたが、退城の有様は憐れむべきであった。

今日、オルレアン公[52]（仏王ルイ・フィリップの孫である。以前ナポレオンが帝位に登った時、他国に追放された）、ルイ＝ブラン、ヴィクトル＝ユゴーらの人々が急にパリに帰った。[53]以前ナポレオンが帝位に登った時、この者たちを追放し、国に入れなかった。最近これを許し、帰国を命じても帰らなかったが、今度、共和政治になり、皆帰ってきた。この者たちは、皆ナポレオンに宿怨がある。

九月六日[54]

市中へ発表。[55]

政府は、職務の序列を以下のとおり、定める。

大統領　トロシュウ将軍、副大統領　ジュル＝ファーヴル、官房長官　ジュル＝フェリー。

政府は、職務の補助のため、以下のとおり任命する。

官房副長官　アンドレ＝ラヴェルテュジョン、エロルト。

閣僚一同署名の国防政府令で、武器の製造、取引と販売は完全に自由である旨定める。[56]

エチィエンヌ＝アラゴ[57]がパリ市長に任命され、フロッケ、ブリソンがその助役になる。[58]

今回の改革で立法院を解散し、上院を廃止する。[59]

国務院長省を廃する。ステーナッケル氏を電信局長に任じる。[60]

九月四日付警視総監のパリ住民宛発表。[61]

一八年待ち、厳しい必然性という打撃のお陰で、ついに中断された伝統が戻った。多数派の代議士が去り、左翼の代議士が廃位を宣言し、その後、共和国がパリ市庁舎で歓呼された。成就した革命は、平和的であり、戦場で仏国民の血は、流れなかった。革命は、一七九二年と同様、外国人を追い出すことが目的である。パリ市民は、パリと仏国のため、冷静、勇敢な態度で、課せられた任務の高さを示す必要がある。私は、パリ市民に仏国と世界に対し、賢明さと節度でパリ市民が真に自由に値することを示すよう、取り戻したその政治的権利を使うようお願いする。現在の状況下で、皆に対するわれらの義務は、祖国が危機にあることを思い出させることである。共和制の自由の庇護の下、仏国が勝つか、死ぬかの分かれ道にある今、私は、祖国を裏切る者の陰謀から皆を守ることにだけ、私の力を用いることを確約する。

今般の改革でパリ市街の巡査も全て廃止する[62]（この隊は、市中取締り、非常の予備、往来の案内と路上の争いを処理し、悪者、盗賊等を捕らえるため、昼夜、一町の間におよそ一、二名が巡回している。つまり英国のポリスメンに等しい。この巡査の人数が二万六〇〇〇名で一人当り一日の給料は、三フラン半から四フランだという）。

九月七日[63]

昨日、ファーヴル外務大臣からパリ駐在の各国大公使に文書を送った。[64]その大略は、ただ今、わが国の政治体制を一新し、共和制度とした。今後、厚い信義による交際をよろしくお願いしたい。仏国民は、あえて戦いを好むのではない。この戦争は、全て先帝ナポレオンが在位時の権限で起し、そのまま、今日に至った。もし今、両国間で和睦しても、わが領土は、割けない。また、賠償金も出せない。全国土が焦土となるまで防戦するつもりだ、などとある。

出征中の軍司令官ヴィノワ将軍が昨夕四時、諸軍隊を引き連れ、パリに帰り、一三両の列車に砲兵、一一両の列車に騎兵、一四両の列車に歩兵を乗せてきた。[65]その数が非常に多いことは、推察できる。

昨日、パリ城内の武器庫から一〇〇万丁のシャスポー銃を出し、諸兵に分配したという。[66]

軍務大臣だったル・ブフ元帥の計算が粗雑という（開戦当初ライン軍総参謀長として指揮に当たった）[67]。以前、七月中旬、立法院での開戦か否かの会議で、諸議員がこの軍務大臣に対し、今、仏国が戦争を始めれば、その軍備は、長い戦いに十分かを聞いた。この時、ル・ブフ元帥は、軍備が充実し、たとえ約二年間戦い続けても、ゲートル（巻脚絆）のボタン一個すら買う必要もないと答えた[68]。それで、立法院が開戦を決定した。しかし、戦争は、まだ二ヵ月も経たないのに、諸装備が大いに欠け、特に大小の銃が少なく、選び集めた市民、農民出身の兵に渡す兵器がない。ル・ブフ元帥の粗雑な計算がまさに仏国の敗北を招いたというべきだろう[69]。

今日、新聞に一つの解説[70]があった。もし両国の和平の議論があれば、普国から次の箇条をその賠償として望むだろうと。

一、アルザスとロレーヌの二地方（仏独境界にあり、以前一六六七年、仏王ルイ一四世の時代に独国[71]から略奪した。二県とも堅固な城を築き、最も優れた要害の地である）。

二、五〇億フランの賠償金。

三、仏海軍の半分を分けること。

この三ヵ条を約束できなければ普国は、和睦しないという。

去る三日、スダン要塞での大戦闘の時、仏軍の兵が二〇万名、普軍は三〇万名であった。そして当日落城の時、普軍が奪った大砲は数百門、そのうちミトライユーズ砲は二五〇門あった。またこの近辺の五つの村が戦火を被ったという。双方の死傷者は一〇余万名に上るだろう。しかし、詳細な調べではない[72]。

今回パリ籠城で近隣二、三市から追放の独人は八万名という[73]。

私は、内心、状況を考えたが、恐らく現在は、仏国の政治体制の変革の時期ではないだろう。今、両国の軍勢の勝敗や強弱を比較すると、普軍は三分とすれば、仏軍は一分である。そして連日の敗戦で、敵がパリ城に迫り、その攻撃は朝夕に迫る。当然、今は、この政治体制を変えてはならない。基礎を固め、心を合わせ協力し、国を守る時である。しかし、近頃、帝が捕虜となってから、忽ち内政を変え、急に共和制にした。恐らくは、それは基の木を倒すことと同じだろう。今もし国内で争乱があれば、優れた将軍や勇敢な兵士がいても、どうやって、防衛力を一つにし、悪敵の侵略を防ぐのか。実に危機である。現在の政府の諸大臣らがこれを知らないのではない。しかし、民衆が帝を恨むため、騒動が僅かの間に起こり、市内の激しい勢いを鎮める時間がなかった。これは時の勢いのせいなのか。考えると、その事態が個人的な恨みから出、従来から共和制を企てるロシュフォールらの徒党がこの機を利用し、状況を顧みず、帝が敵の掌中に堕ちたのを見て、勢いに乗じた仕業であろう。恐らくはまた、いつか変動が起こるだろう。

　九月八日[74]

　去る二日スダンの戦闘の事情。[75]

　八月三一日、スダン要塞の仏司令官マク・マオン軍は、一二万名、また、フリードリッヒ・カール普太子軍は、三〇万名であった。この時マク・マオン軍の計略は、メッス要塞に陣取るバゼイヌ軍と協力し、普国の大軍に当ろうとした。三一日と九月一日、マク・マオンは、スダン近辺周囲に軍を配置し、要塞に立て籠り、陣を布いた。そして、スダン城前面のマルフェーの森という重要な地に、仏軍が立て籠り、陣を布こうとしたが、全く手遅れとなり、反って敵に立て籠られた。実に、マク・マオンの失策というべきだ。普将軍がすぐに大軍をこの森に入れ、七〇門の大砲を準備し、九月一日、終日スダン城の正面を絶え間なく砲撃し、仏軍が大きく敗れた。実に、この日の戦闘は、欧州に希な大戦であった。この戦いで仏軍が勝てなかったのは、マク・マオン指揮下の仏軍一二万名、普軍三〇万名で、少数が多数に勝てないためだった。この状況で仏軍が数回血戦し、全てスダン要塞に立て籠ると、普軍三〇万名がその四方をまるで鉄の桶のように隙なく囲み、周囲から大砲を撃ち、二日目の終りには、仏軍は食料が乏しくなり、また弾薬が既に尽き、兵士が大いに困苦した。

　戦いは、九月一日朝五時から始まり、一一時頃に至り、仏軍の英気が盛んで大いに普軍を破った。その勝利を得ると普軍はたびたび敗走し、守勢に回り、苦戦した。そして、仏軍が普司令官である王太子の本陣を襲おうとした時、その傍らから約八万名の真っ黒な身なりの普軍が一斉に躍り出た。新手の英気で、仏軍の左翼脇側を打ち砕いた。この時、前に敗けた普軍も一時に盛り返し、仏軍の正面と右翼を襲撃したので、勇敢な仏軍といえども、この両翼と正面を激しく攻撃され、中央の応援の軍も乏しく、ついに全仏軍が引き退き、スダン要塞に立て籠った。普国の大軍は、この市街と砲台の周囲にある砦を全て奪い、厳しく四方を取り囲み、大砲で激しく攻撃した。

この日、この砲台の周囲から飛来する大砲の弾丸は、一時間にその数五〇〇〇から六〇〇〇発で、息つく間の途切れもなく、市街を激しく射撃し、その数時間の後には、城中の仏軍兵士が全て倒れ、枕を並べて死ぬような有様であった。数時間の後、城中から白旗を出し、その発砲を止めた。この時、仏兵は一人もこの囲みから逃れられなかった。諸兵士は、大いに困窮した。この日の仏軍の死傷者は、一〇万名余りである。その後開城し、諸軍一同が敵の捕虜となった。その数四万名。この時、普軍が争って城中に入り、仏国の軍旗、大砲、小銃、馬やミトライユーズ（大砲の名）など全て略奪した。ナポレオン帝もこの時に出て、捕虜となった。また、マク・マオン総司令官は、この日の戦いの始めに、砲弾を受けて深手を負い、退いていた。また城内の大砲、小銃は破砕して、あちこちに散在し、食料袋や小さな車の類も全て破砕した。大変憐れなのは、城中の馬である。この籠城中五〇〇〇匹の馬が残っていたが、数日間食べずに市中所々をさまよい、歩き回り、食べ物を探したが、その面倒を見る者が一人もなく、ついに数多くの馬が飢えや渇きのため死んだ。これは真に憐れむべきである。

このたびの戦争、普軍の進退出没の作戦は、非常に優っているという。普軍の死傷者は六万名である。

スダン市中の住民たちがこの暴乱にあい、皆道に横たわり、悲嘆の涙を流し、泣き声が町に満ちる状態は、実に涙を落とすほかなかったという。スダン籠城の最後の一日は、食料のパンが欠乏し、民衆が困窮したという。この戦いで、仏軍の捕虜の数は八万名前後という。また、失った大小の大砲、銃、兵器の数は、枚挙できない。

今夜、私の知人、レスピオー中佐を訪問した。このたび、パリ防衛という一つの事に極まった時には、仏全国の民衆が馳せ集まり、必死に防戦するのは当然である。しかし、聞くところでは、このほど政府がたびたび命令し、集めた国民衛兵隊の中に、既に召集に応じ、その隊に加わりながら、この危機の迫るのを見て、密かに家族を連れ、パリを去り、遠く田舎に逃れ隠れる者がとくに多いという。この連中は、全く国恩を忘れ、著しく義を知らない。国土が危急の時に、その軍隊に入りながら、市中から脱走し、隠れるという罪は軽くない。そこで、これらの者に対し、どう処置するのかと問うた。中佐が答えて、これは、実にそのとおりである、政府は、当然その処置をするだろう。彼らが後日、戦争が終わり、再び帰った時、各自に二万フランずつの罰金を課し、これをこのたびの防戦による死亡者や負傷者に与えるのが良いと思う、とのことであった。

九月九日[76]

今朝、パリ城外の濠に水を注ぐため、市中の水路を一切閉じた。[77]

今般、政府が共和制に改めても、未だ仏全国の人心が従うか背くかはわからないので、来る一〇月一六日、国民議会議員を選出する。仏全国から議員を集め、共和制度か、立君政体かのいずれか、の可否を公的に問い、投票の多い方に制度を決めることにした。

パリ市中に発表の九月八日付国防政府令。[78]

仏国民へ

国防政府が宣言され、四日経ち、われらは、自らの任務を定めた。権力が地に伏した。陰謀に始まったことが脱走で終わった。われらは、無能の手から離れた舵を取り戻しただけである。欧州にそれを明らかにする必要がある。欧州は、反論の余地のない証言により、国全体のわれらへの支持を知る必要がある。侵略者がその途上で、降伏するより滅ぶことを決めたある大都市という障害だけでなく、どこでも、どんな苦難でも、不倒の、組織され、代表された市民全体、つまり、祖国の活きる魂を持つ、集団を見せる必要がある。そこで、国防政府は、次のとおり命令する。

一、国民議会構成員を選出するため、来る一〇月一六日日曜日、選挙人集会を招集する。

二、この選挙は、一八四九年三月一五日の法に基づき、候補者表に対し、行われる。
三、議会議員の数は、七五〇名とする。
四、内務大臣がこの命令を執行する。

九月一〇日[79]

パリに発表の九月九日付国防政府令。[80]

一八五〇年一一月二九日の法律第四条および一八六八年外交条約第二一条により、次のとおり命令する。セーヌ県内の私的通信は、停止される。しかし、軍事供給品と軍事設備に関するものは、例外である。パリ市内の私的電信業務は、継続される。電信線総局長が本命令を執行する。

九月一一日[81]

パリ市内に発表の九月一一日付国防政府令。[82]

現状では、政府がパリ市への物資供給の責任を負い、その物資の小売を消費者の利益に有害な投機目的にしない必要があることを考慮し、一七九一年七月一九日から二二日の法律第三〇条を参照し、農商務大臣の報告に基づき、次のとおり命令する。別に定めるまでパリ市内で肉屋の食肉の公定価格を復活する。その導入につき、農商務大臣命令で定める。農商務大臣が本命令を執行する。

パリ市内に発表の九月一一日付国民衛兵に関する国防政府令。[83]

国民衛兵構成員である全市民は、パリ防衛に貢献するために召集され、その任務が義務であることと直ちにその任務を支える食料手配の必要もあることを考慮し、次のとおり命令する。必要とする者に与える食料券を、必要性を評価する担当の中隊ごと、または郡の市ごとに配布する。この目的のため、内務省内に、常駐国民衛兵隊の組織のための基金に組み入れられる一〇〇万フランの基金を開設する。内務大臣が本命令を執行する。

告示。[84]

深刻な事態が起ころうとしているので、次の一八六四年八月二二日ジュネーヴで署名され、全欧州諸国が批准した条約中第五条の規定を思い起こすことが適切である。[85]

負傷者を救おうとする参加国の住民は、尊重され、自由なままである。交戦国の将軍は、住民に人道に基づく要請とその結果生じる中立性を予め知らせる義務を負

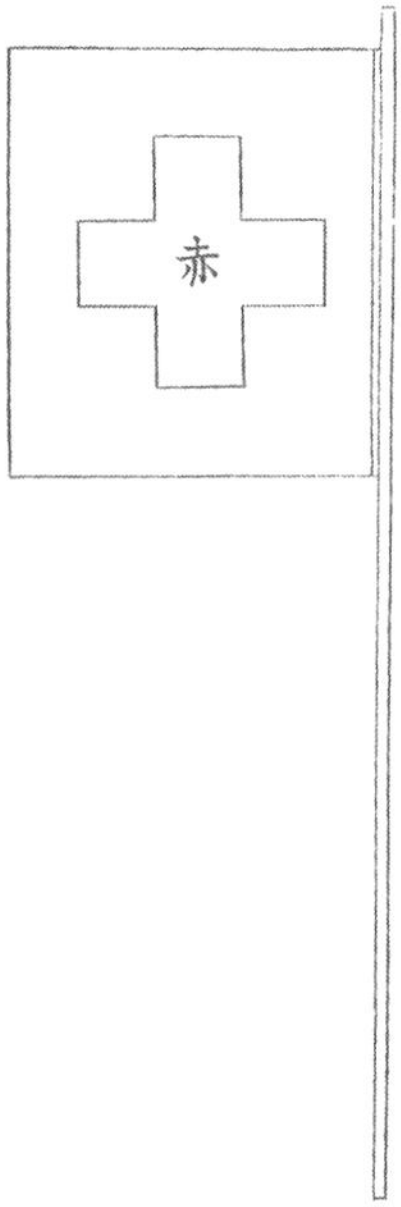

う。家で受け入れられ、手当てを受ける負傷者は、全て保護される。負傷者を自宅に受け入れた住民は、軍の宿泊と軍への協力金の一部の負担を免れる。

病院のほか、負傷者を泊める家に立てられる目印の旗は、白地に赤い十字である[86]。この旗の立つところは、皆病院や負傷者の居場所で、戦争の外に置くことは、欧州では普通の約束であるという。

伊国とローマの戦闘につき、新聞報道では、このたび両国間に一事件が起こり、互いに戦わざるを得なくなり、両国の軍が既にその国境で対陣した[87]。考えれば、伊国で有名な豪傑ガリバルディ将軍がこの機会に乗じ、近くに勢力を伸ばしたのだろう。また、このガリバルディ将軍は、以前から、長い間、立君政体を嫌い、共和制度を望んでいた。今回の仏国の変革を見て、これを支援するため仏国に来たという[88]。

九月一二日[89]

九月一二日付農商務大臣令[90]。

農商務大臣は、国防政府が別に定めるまで、パリ市内での肉屋の食肉の公定価格の再導入を定めた、本年九月一一日の命令の執行に当り、以下のとおり命令する。

一、本年九月一二日からパリでの消費のため、肉屋への家畜販売の市場が毎日、馬肉市場で開かれる。

二、パリ市内の肉屋も首都での肉の商売を行うそのほかの者も自ら、または選択した仲買人により、その市場で必要な動物を買うことができる。

三、市場は、毎朝八時に開き、販売は、一二時に終える。

四、買った動物の代金を、このために任命された出納係に払う。

五、買われた動物は、買主から直ちに三ヵ所の畜殺場に引き渡され、新たな命令のあるまで、その施設でのみ畜殺される。

六、九月一二日から牛、牝牛、牡牛と羊が公定価格となる。

七、その価格は、肉の種類ごとに、八日間ごとに、農商務大臣が定め、前週の調達市場での平均販売価格、同期間の畜殺場からの引渡しの正味の重さに従い、決められる。

八、牛肉の小売価格は、その肉片を次の三段階に分けて定める。

　第一類（腿肉、尻肉等）、第二類（脇腹等）、第三類（乳房等）。

　切り離されたフィレ肉やフォーフィレ肉等は、公定価格の対象ではない。

　羊肉の価格も、同様に三段階に区別される。

　第一類（股肉等）、第二類（肩）、第三類（胸等）。

　羊のカツレツは、公定価格の対象ではない。

九、売場に出された異なる種類と分類の肉は、掲示で示す。

一〇、獣肉の計量時に肉の落ちた骨を差し入れてはならない。

　骨を別売りし、値切られた価格とすることはできる。それは、その重さと価値による定価の設定に考慮される。

一一、肉屋は、買手に選んだ肉の同じ分類のほかの塊のほかに別の種類や分類の肉を売ることはできない。

一二、警視庁は、印刷、公表、掲示される本命令の実施を確保する監視手段を担当する。

　肉屋は、その店の最も見やすい場所に本命令を表示する責任を負う。

　今日、私は、ボンネー[91]校長に向かい、今回のパリ籠城中、政府が食料雑品を貯蓄するその量を聞いた。

　その答えは、通常パリ市の人口二〇〇万名とする。今回、籠城防戦の理由で市内を退去した婦女子や外国人の数を約八〇万名とする。残りが一二〇万名である。また、このたび諸地方や市から召集に応えた兵士ら十万名を合わせ、その数は約一三〇万名となる。今政府籠城中、用意の野菜、パンの類は全て六ヵ月分ある。また羊牛の貯えが二ヵ月分、その数、牛四万頭、羊三〇万匹、これは、ただ二ヵ月分であるが、なお、塩漬けにした羊牛肉の貯蔵がある。その量は、今わからない。

　私が、このほどあちこち歩いていると、市内の畑や農園に牛羊を引き入れ、また、数ヵ所に穀類を積み、貯えているのを見た。

九月一三日[92]

国民衛兵の閲兵式[93]があった。このたび防衛のため、各地から集まった国民衛兵隊を今日、総督トロシュウ将軍が巡回した。それで、国民衛兵隊は、全てパリ市中の大通りの左右に並列した。長さが約一里で、その銃剣は、まるで稲麻竹葦のようであった。

午後一二時半、トロシュウ総督が来た。その先導は騎馬の数が数十。次にトロシュウ将軍、軍務大臣ル・フロー将軍、タミジェ将軍、そのほか数多くの士官が続き、遅れてまた数十騎の騎兵が続いた。この時、私がトロシュウ将軍の服装を見たところ、その年齢は既に長じ、その容貌は落ち着き、威厳のある態度が自ずから整っていた。傍の人に聞くと、今年五二歳であると。この大通りの左右に立ち並ぶ諸国民衛兵の前を、この総督が通り過ぎる時、各々その帽子をとり、礼をし、声をそろえ、総督の名を大声で呼んだ。この時、総督は手を帽子にかけ、礼を返した。今日、この巡見を受ける兵士は三〇余万名という。また、遊撃隊と称する国民衛兵が一〇万名いる。これはシャンゼリゼという大通りに並列した。この二軍が合わせて四〇万名[94]である。今四〇万名の兵が立ち並ぶその長さは、道路一里を塞ぐという。また、偽りではない。

今日、コンコルド広場でゴニエー提督が国民衛兵隊を巡見した時、第六大隊の小隊中に、勲章を胸の前にかけた兵士がいた。輝石をちりばめた銀の勲章である。つまり、西洋諸国では、功績ある将軍らには帝王が勲章を賜り、これを胸の上にかける。提督が近寄り、この者を見ると、デュルュ元教育大臣[95]であった。提督が彼に向かい、貴殿は当然、この大隊の指揮官になるのが適切だろうと言った。デュルュ氏が答えて、私は、歩兵であって当然である。その大隊を指揮する任務は、以前歩兵だった者こそがはるかに私たちより優れていると言った。提督は、「ああ、近日また城郭の砦の上で再会しよう」と再び言った。デュルュ氏は、「そのとおりだ、これが今日ではわが仲間の任務である。当然、互いにその勇気を砦の壁の上に顕すはずだ」と言い、二人は別れた。

スイス（瑞西・仏独伊三大国にはさまれた一小国である）人のパリへの内々の援助。[96]

このたびパリ在住のスイス人が多数集まった会合で、「戦争中の救援のためのスイス協会」を組織した。この協会は、中立の原則に全く忠実に従い、火事の被害からの救援団を組織し、国際協会の救急車による負傷者の搬送を要塞内部で支援し、パリ住民に役立つことを目的とする。

このたび有志救援隊と称して、パリに在住する各国の民衆の病院を設け、市内を救助する組織が作られた。パリ在住のアメリカ人の委員会は、一個のテント作りの病院を市内に建てた。[97]市内に在留する各国の国民の救助の様子は大体このようなものだ。

伊国の新聞[98]に、昨一二日初めて伊軍兵士が、ローマ軍と戦闘した。その戦いは一時間でローマ軍は敗走し、伊軍は引き続き、ローマに向かったという。

九月一四日[99]

市中に本日付のパリ市の発表。

一、九月一五日六時以降、パリ市内への出入りは、内務大臣発行の通行許可証がなければ、できない。[100]

二、このたびパリ周囲の要塞砲台の内部に、新たに一つ鉄道を建設した。これは戦争中、弾薬と食料、諸装備を運送するためである。[101]

今日、両国の状態を推察すると、仏軍は、もはや途中での防御が難しい様子だ。兵士を各市に分け、配置し、これを守らせ、残る軍隊を全てパリの城に引き上げ、この要塞や砦の砲台により、防衛するというだけの戦術に決まった。そして普軍は、その行く手に一人の手向かう敵もなく、意のままに進入し、かつ、要害の地を略奪すれば、パリ城への攻撃が間近になろうとしている。

九月一五日[102]

新聞を見ると特に変わったことはなかった。ただ、市内の民衆は、上を見上げ、敵軍の迫るのを待つ様子があるのみである。

伊国の新聞は、しきりにいう。伊軍が勝利に乗じ、既にローマ市内の市街に乱入し、伊国の旗を立てた。[103]明日はローマの城壁を攻めるだろう。

私は、今夜、レスピオー歩兵中佐に「近頃の世間の噂では、今回普軍がパリ城を囲むのに七〇万名の軍を出すという。今、貴方の考えは、どうか」と聞いた。彼が「いやそうではない」と答えた。自分が心中計算すると、普国の人口が多くても、男子で兵役につき、出陣した者は、約九〇万名だろう。そして、今日までの戦闘で既にその三〇万名が死傷した。残る兵は六〇万名である。今、仏国境からパリまでの間に、六個の要塞、砦や砲台がある。これを囲み、諸鉄道の出入口を押さえるのに約二五万名の兵を使うだろう。するとパリ攻撃に向かう者は、三〇から三五万名に過ぎまい。[104]

私がまた尋ねる。「心中推計すると、以前聞いたことでは、普国の制度では常時全国の男子皆が兵役に服する。その人口もまた四〇〇〇万名に近い。そこで、その兵役につく者は二〇〇万名、少なくとも一五〇万名はいるだろう。その上、今日の勢いは、仏国を圧倒し、その武力を凌ごうとする。彼らは仏国が強敵であることを当然知っている。そして、今その本陣に迫り、一度に雌雄を決しようとすれば、三五万名の兵で足りるとは思うまい。なぜならば、このパリ周囲には一七ヵ所の要塞がある。先ずこの要塞や砦を攻めた後、本陣を衝こうとするからだ。これが私の見方である。また攻撃する側は、どんな策略があるのか。貴方の見方がどうか」。

彼が答えるには、「私の意見もまた同じである。しかも普国人は、常にわが国民を嘲り、罵り言う。パリ市民は、ただその衣食住を華美にし、心を喜ばせ、いつも歌や踊りを劇場で、聴き、観て、楽しんでいる。その意識が贅沢を望み、勇気や強い力はない。そこでわが軍が一度立ち上がり、パリに向け数門の巨砲が数軒の家屋を焼き砕くのを見れば、必ず直ちに恐怖し、散り散りになると言える。大体これが彼らの意識である。理解できるだろう」。

私が以前、英国にいたときに見聞したが、英国人が仏国を非常に酷く、罵る。私がまた仏国に入ると、仏国人は常に英国を嘲る。また同じである。今またこのとおり普国人が長い間仏国を罵るのを聞く。思うに、接する隣国同士の仲が良くない状況は、世界で同じだ。しかし、また、内心思うが、このレスピオー氏の説、ただその民衆庶民の状態を見て、その軍中の勇士の気持ちを察する者に似る。普軍中には、当然英傑がいる。また、二〇年来の欧州の人材と呼ばれるビスマルク氏のような人物は、その心中の策略として、一時の軽はずみな行動に出る訳がない。このことから私は内心、今回の仏軍の敗戦が常に敵を侮り、軽蔑したことによると考える。

九月一六日[105]

昨日来、地方から、普軍がつぎつぎに進入、もうパリの近郊に乱入し、諸方面の鉄道線路を全て破壊したとの通報がある。この二、三日仏国の国中で、所々小さな戦いの数えきれない報道があった。

私が今日、英国の新聞を見ると、今もし、英国が仏普両国の和平を計れば、以前に普国の新聞に出たように、その時は、普国が境界上の二地方、五〇億フランの賠金と仏海軍の半分を望むだろうという。[106]英世論は、仏国の領土を分け、普国に与えることに反対しないとしても、その海軍を分け与えることは大いに避けたいという。なぜならば、普国が強い武力をその近隣の国に奮うといっても、幸いに海軍がない。今これに仏国の海軍を分ければ、実に虎や豹に羽がついたように、その爪や蹴脚が遠く英国まで及ぶことを、深く恐れるという。

伊国の新聞に、昨一五日、伊軍、ローマと戦い、互いに騎兵での戦闘があった。ローマ軍は戦死三名、負傷者三名、伊軍も戦死一名、負傷者三名とある。[107]

仏国は、講和を計るため、ティエール氏という一人の閣僚を命令で、今日、英、露、墺、伊の四ヵ国に交渉に出発させた。[108]その趣旨がまだはっきりしない。このティエール氏は、ナポレオンが帝座に上る以前の一八四〇年頃、仏王ルイ・フィリップの首相であった。この人が在職中、パリ周囲の要塞、砲台と城外の一六要塞の新たな造営を命じて、その工事に五ヵ年前後かかった。すなわち実に、今を去る三〇年である。

このたび、仏国の政治体制が一変し、共和制度となり、王宮内の諸宮殿、建物と宮外の諸施設、建物の前面に「自由・平等・博愛」の文字を示させた。[109]

九月一七日[110]

九月一七日付不在税の国防政府令。[111]

多くの居住者がパリを離れ、戒厳令による負担を免れることは正しくないと考え、次のとおり命令する（九月一〇日[112]、国民衛兵隊を市内に召集した。しかし、密かに脱走し、その危急を逃れる者が甚だ多かった。そこで、この令を下したものだろう)。

九月一〇日以後、公用以外で、パリを離れた者の部屋には、その部屋の賃料の額に応じ、次の税金を課す。賃料一ヵ年六〇〇フラン以下の部屋には、この税を課さない(この六〇〇フランは、日本の貨幣で約一二〇両である。パリで一ヵ年賃料六〇〇フラン以下の部屋はとくに小部屋であり、最も貧しい者の住まいであるからである)。

六〇〇フラン以上の部屋への税金は、次のとおり。六〇〇フラン以上一〇〇〇フランまでが月二〇フラン、一〇〇一フラン以上二〇〇〇フランまでが月六〇フラン、二〇〇一フラン以上三五〇〇フランまでが月一二〇フラン、三五〇一フラン以上六〇〇〇フランまでが月一八〇フラン、六〇〇一フラン以上一万フランまでが月二四〇フラン一万〇〇〇一フラン以上二万フランまでが月三〇〇フラン、二万〇〇〇一フラン以上が月五〇〇フラン。本税は、パリ市の戒厳令解除で終わる。この税の役割は、パリ市庁に任命された委員会の提案に基づき、パリ市長が命令で定める。月額の税は、月一回に限り、通知後一五日の間に納める。本税に対する不服は、上記一五日以内に提出されねばならず、上記の委員会の意見により、パリ市長が判断する。パリ市長がこの命令を執行する。

私が以前、パリ市民への家屋税の課税の仕方を聞いたところ、その住民は、借家が殊に多く、その家屋税は、その貸借料に応じて決める。当然その市内の繁盛するところと縁辺部とは、その事情が異なる。その方法は、大体家賃一〇〇〇フラン以下の家で一ヵ年の税金が一〇〇フランにつき三フラン(仏貨の一〇〇フランが日本の二〇両、五フランが日本の一両に当たる)、一〇〇〇フラン以上の家で一〇〇フランにつき四フラン、五〇〇〇フラン以上の家で一〇〇フランにつき八フラン、一万フラン以上で一〇〇フランにつき一三フラン、二万フラン以上で一〇〇フランにつき一七フラン、これがその概略である。そこで、パリ住民で家賃五〇〇フランの家に住む者は、毎年一五フランを税金として政府に納める。そして、これを下位の住民とする。今、六〇〇フラン以上の家賃の家に住む者から、上記の税金を出させる。

九月一八日[113]

パリ籠城。

九月一六日付国防政府令[114]。

閣僚グレ・ビゾワンと海軍大臣フーリション提督がトゥールに赴き、国璽尚書とともに、敵の非占領地域で政府権力を行使する国防政府派遣部[115]を組織する。この権限は、首都の包囲期間中、続く。

今日、独軍徐々に進入し、パリ城外要塞の近く陣をとったとの通報[116]があった。

今日からパリの全ての道の出入りを禁止し、籠城した。諸鉄道網は、既に全て断ち切られていた[117]。

北部鉄道会社が社員から一四〇〇名の武装消防隊を編成した[118]。

パリ郊外ヴィルジュイフの要塞外で国民衛兵ヴィニョーがバイエルンの士官を殺し、その兜と剣を奪い、仲間皆が羨ましがる栄光の戦利品にした。また、仏遊動国民衛兵第八大隊に属する第九中隊のラヴィニュ大尉は、バイエルン竜騎兵四名を殺し、一名を捕虜にし、連れて帰った。これを今日の美談として新聞が書いた[119]。

今日、私がパリの諸方面の砲台運営を巡見したが、防御の方法は、大いに整った。城外の様子は、城門の出入ができず、見えなかった。

九月一九日[120]

本日、普軍がパリ市外東南のヴィルジュイフやヴィトリー付近で目撃された。一七日には、ショワジー・ル・ロワ付近のヴィノワ将軍の作戦では、仏軍戦死一六名、負傷者三七名の損害があり、普軍の損害は、戦死五八名を含む死傷者約四〇〇名と報告があった[121]。

昨日仏政府のファーヴル外務大臣、交渉のため、モーにある普王の司令部に行き、ビスマルク首相の許に到着し、今なお滞在していると知らせがあった[122]。これは即ち、和平の会談だろう。

仏諸県や市町村が決議した国防協力の補助金[123]

諸県と町村名と金額は、県として、イレ・ヴィレーン（一五〇万フラン）、ロワール・アンフェリュール（五〇万フラン）、サルト（二五〇万フラン）、市町村として、アンジェ（二〇万フラン）、アングレーム（一〇万フラン）、ブザンソン（一万フラン）、ボルドー（一五〇万フラン・貸付金）、クレルモン・フェラン（一〇万フラン・貸付金）、コニャック（二〇万フラン）、リール（一五〇万フラン）、リヨン（六万フラン）、マルセイユ（五〇万フラン）、ナント（五〇万フラン）、ニオール（二五万フラン・貸付金）、サン・ナゼール（五万フラン）、トゥールーズ（一五〇万フラン・貸付金）、総計一一〇六万フランである。

九月二〇日[124]

ファーヴル外務大臣、まだ普軍司令部に滞在し、戻っていない。そこで、人々はその様子がわからない。[125]

昨日は、終日、城外要塞で砲戦の音が聞こえた。

去る一八日、パリ市民一五歳以上一八歳までの者五〇〇名、隊を組み、防戦の人員に参加したいと志願したと新聞に書いてあった。[126]

今日、私は、ある仏国人を訪問し、目下の攻守両軍の兵の優劣と利害得失を評価したが、その国の人間であれば人情として、自軍の都合のよいことを挙げ、敵の過失を数える。その論評は、必ずしも公平にはならない。そのため、その議論を止め、退去した。

宿に帰り、内心、今日の攻守両軍の数の多少、優劣を推計すると[127]、仏国の海陸の精兵を一〇〇万名とする。その内訳が死傷者や捕虜四〇万名、海軍また国外に在留の兵一〇万名、パリ市外にある七城の籠城兵二五万名（これは、パリ本陣の城から独国境までの間にある七要塞に籠る兵である）などであり、七五万名の兵が既にパリの防衛に関わらない。その結果、パリ城内外の守備兵が二五万名となる（内一五万名が海陸の精兵、一〇万名が諸地方や市からの国民衛兵）。この二五万名の兵が城外にある一七の要塞を防御し、そのほかに陣を布く部隊である。また、パリの国民衛兵の数約四〇万名と記録される。しかし、この市内の兵は、防戦の勇気に乏しく、本当に戦いに臨み、死のうとする者は非常に少ない。加えて、銃が足りない。そこで先ず、絞って二五万名と数えた。その結果、パリ城外の一七城とパリ本陣の城等を守る精兵と国民衛兵を合わせても、その数がせいぜい五〇万名を超えないと推計する。

普軍の精兵は一五〇万名であるが、その内訳が死傷者捕虜三五万名、その国境にいる兵一〇万名、仏国内七市の籠城を囲む兵四〇万名、また仏国リヨン以北にある兵一〇万名、パリを囲む兵五五万名となり、考えれば、今、仏国内に侵入し、あちこちに布陣する兵が一〇〇万名余りとなる。私の見積りは、このようであるが、人を頼み、敵味方の兵数を詳しく調査できない。

九月二一日[128]

市中への九月二〇日付閣僚一同の宣言[129]

国防政府が、その基礎とする名誉と危険の伴う地位によって立つ政策を変えようと考えている、との雑音が撒き散らされている。この政策は、次の言葉で表される。

われらの領土の僅かな土地も、われらの要塞の石一つも譲らない。

政府は、最後まで、この政策を変えない。

昨二〇日、前線の陣地から報せてきた普軍陣地は、モーに普王の本陣。フォンテンブローに普太子の本陣。ブリュノワにアルブレヒト親王の本陣。ブゾンにザクセン王太子の陣地。ショワジー・ル・ロワに、フォーゲル・フォン・ファルケンシュタイン将軍の陣。これは皆、パリ城外の要塞の周囲にある。

今日、パリ周辺の諸要塞や陣地から、敵軍がつぎつぎ進入布陣する旨の報告が多い[130]が、別に珍しくはないので、ここでは省略する。

今日からパリ市内、食料の牛乳が一切なくなった。そして諸物価がいつもの三倍に上がった。貧しい者の困窮切迫が理解できる。

九月二二日[131]

国防政府発表。[132]

ファーヴル外務大臣は、パリ包囲が始まる前、これまで沈黙を守っていた普国の意図を知ろうとした。われらは、王朝の利益のみで始められた戦争と非難する独国を憎む理由がないので、野蛮な戦争を止めよう、衡平な条件を受け入れる、少しの領土も要塞の小石も譲らないと宣言した。普国が冒頭、征服者の権利として、アルザスとロレーヌを保持すると述べ、民衆に相談する意思はなく、彼らを烏合の衆として扱おうとした。確定的な権力を決め、平和か戦争かを投票する議会の招集のための休戦の前提条件として、包囲した場所、モン・ヴァレリアン要塞とストラスブール兵営の占領を担保として要求した。

　敵は正体を現し、われらは、義務と不名誉の選択を迫られた。われらの選択は決まった。パリは最後まで抵抗する。地方の諸県は救援するだろうし、神のご加護により仏国は救われよう。

　外務大臣は、普軍総司令部訪問の詳細報告の作成に忙しい[133]。

　今日、普諸将軍の陣地司令部、フェリエール・アン・ブリ[134]に普王の本陣。ブリュノワにアルブレヒト親王の陣。フォンテンブローに普王太子の陣。ブゾンにザクセン侯の陣。ショワジー・ル・ロワにフォーゲル・フォン・ファルケンシュタイン将軍の陣。

　今日、新聞に、昨日、ロメンヴィル要塞の脇で戦闘があった。普兵三〇〇名を虜にして、パリに輸送したと記録する[135]。そのほかは別に変わったことがない。

九月二三日[136]

　この明け方三時より城外ロメンヴィルとヴィルジュイフの二要塞の城外で戦闘が始まり、午後一時頃まで絶え間なく、激烈な砲声を聞いた。夕刻になってもなお砲声が時々聞こえた。

　今日からパリ市内、食料の獣肉の値段が平常時の一〇倍である。農商務大臣が獣肉の小売の公定価格の変更を命令[137]した。パリ市庁がパンの公定価格を八日ごとに委員会で決定するよう命令した[138]。

　一昨日のビスマルク普首相とファーヴル仏外相の休戦交渉[139]。

　ビスマルク首相が言う。仏国は、以前から独国と戦い、その地を掠めようとし、ルイ一四世からナポレオン三世に至るまでその方針を変えなかった（仏王ルイ一四世の在位中、一六六七年、ライン河沿いの二地方を奪い、永く仏領地とした）。独国の安全保障を確保する土地を守ることが必要である。ストラスブール（仏独境界上にある一つの大要塞である）が独国玄関の鍵であり、私がそれを実現しなければならない。さらに、バ・ランとオ・ラン両県とメッスなどを含むモゼル県の一部も不可欠で、譲れない。講和条約を交渉できる確実な権限を持つ政府を選出する議会開催のための休戦を私も望むが、担保として、パリでの議会開催であれば、ストラスブールなどの都市と例えば、モン・ヴァレリアン要塞の占領、トゥールでの議会開催であってもストラスブールの占領の約束をすることが必要である。

ファーヴル外務大臣は、自分がここに来たのは間違いであったが、ビスマルク首相とのやり取りは国防政府の同僚閣僚に伝え、その返事を改めて伝える旨答え、パリに戻ってから、遺憾ながら貴下の提案は受け入れられず、仏国が全力を挙げ、抗戦する旨ビスマルク宛返答し、これら経緯の報告書を国防政府に送った。

今日、両国の威風の優劣が既にこのようになった。普軍の威勢が日々増し、仏軍の威勢が日々減る。その様子がわかる。

今度、仏国諸兵学校の生徒を全て少尉に任官した。[140]

九月二四日[141]

昨朝、パリで、書簡を送るため政府が第一号の小気球を上げた。[142] これは、現在パリ籠城中、四方の鉄道線路が全て断絶し、書簡の往復ができず、郵便に使うためという。今朝、ヴェルサイユ（パリの隣の市）の普軍中から一つの気球を上げた。これは、パリから出した気球を追うためという。しかし、人はその意味がわからない。[143]

昨日、政府の会合で、パリの諸道の門を今日から閉鎖することを論議したが、トロシュウ大統領がこれを拒み、終日通行を許した。夜中、跳ね橋を全て引き上げておくようにという命令があった。[144]

九月二五日[145]

最近、大戦争がなく、対陣しているだけで、書き残すことがない。

今日の昼一一時、第二号の気球[146]を上げた。これもまた、パリ市から書簡を送達するためである。[147]

この頃、行動している兵隊の中に三、五名の婦女が混ざる。その服装は、兵隊と同じ衣服を着て、腰に袴のようなものをまとい、その腰の部分を覆い、そして金属で作った小さな樽のようなものを肩にかけ、兵隊とともに行動するのを見る。何者なのかと問うと、仏語ではこれを、カンティニェール（酒保女の意味）といい、ある場合は、陣中の兵士に酒や焼酎の類を売る者だという。これは皆、将軍以下の軍人の娘と兵士の妻子だという。

九月二六日[148]

先頃、欧州四大国に派遣され、英国から戻った仏政府ティエール大臣が今日、トゥールの仏派遣部から露国サンクト・ペテルブルクに発ったという。この使節は、欧州中の英、露、墺、伊四大強国各国の意見を聴き、両国和平の斡旋を頼むためと思われる。

今朝一〇時頃、パリ市内ヴァノー通りに、一気球が降り、直ぐ警衛の国民衛兵がこれを政府に送った。これは、つまり、仏国の諸県から書簡をパリに送達する気球だという。

今日、私がパリ西部の砲台を巡見すると、その門内の街角に石を積み、第二の外壁を作っていた。

九月二六日付郵便に関する国防政府令[149]。

郵便局は、仏国内、アルジェリアと外国宛の通常の書状を気球で送ることができる。気球で送られる書状の重量が四グラム（日本で一匁七厘二毛である）を超えてはいけない。この書状の郵送料を二〇サンチームと定める。

財務大臣が本命令を執行する。

普国王ヴィルヘルム

訳註

1 パリは、晴。

2 ムーズ県の郡都である。

3 二八日付官報

4 しかし、ザクセン王太子アルブレヒトは、普国王の兄弟ではなく、八月一九日新たに編成されたマース軍団司令官としてヴェルダンの戦いに参加した。他方、普国王のアルブレヒト親王は、騎兵師団長としてヴィッサンブールなどで闘った。

5 出典未確認。

6 同右。

7 パリは、晴。

8 二九日付官報。

9 申請手続きが八月三〇日警視庁告示で出された(八月三一日付官報)。

10 パリは、曇。

11 一九二〇年以降セレスタ。

12 八月三〇日付官報。

13 三一日付「le Petit journal」。

14 パリは、晴。

15 九月一日付官報。

16 パリは、晴。

17 出典未確認。

18 ドイツ・バーデン州、仏独国境付近にある。

19 出典未確認。

20 当時、パリは周囲を城壁で囲まれていた。

21 九月一日付「le Petit journal」が引用するオスマンとフォルカドの報告として、仏国全体の兵力として、遊動国民衛兵四六万六〇〇〇名、追加召集四万八〇〇〇名、正規軍七〇万名の計一二〇万四〇〇〇名を挙げ、さらに一八七〇年と一八七一年の徴兵で二三万名が加わるとしている。

22 パリは、晴。

23 以上二日付官報。

24 出典未確認。

25 九月二日付「le Petit journal」は、壁への張り紙としている。

26 パリは、晴。

27 原文のまま。非公開の会議又は委員会を指すであろう。

28 出典未確認。

29 同右。

30 同右。

31 パリは、晴。

32 出典未確認。

33 原文のまま。

34 五日付「le Gaulois」は、バゼイヌ軍がフリードリヒ・カール軍と戦ったとのみ報道。

35　出典未確認。
36　日曜日であり、パリは、晴。
37　九月四日付官報（帝政最後の官報）冒頭記載の宣言文。
38　九月五日付官報。
39　正確には、行政府の長というべきであるが、原文のとおり、大統領とした。
40　右記官報。
41　五日付官報掲載の警視総監告示。
42　右記官報。
43　五月二一日、立法院長が四月二〇日付上院決議を五月八日の国民投票で承認した旨（賛成七三五万一四二票、反対一五三万八八二五票、無効一一万二九七五票）発表した（五月二二日付官報）。これにより、ナポレオン三世（子がない時はその兄弟）の男系子孫が帝位を継承し、長男を皇太子とすることとした。
44　パリは、晴。
45　右記官報。
46　五日付「le Gaulois」は、ブリュッセル発の報道としてこの文を掲載する一方、ナポレオンが書いたのは、「軍の指揮をしておらず、また、私の権限を摂政皇后の手に委ねたので、私の剣を普王に捧げる」という文であったともしている。
47　五日付「le Siècle」は、原文どおり、一時二二分としているが、夕刻とあるので、「le Temps」記事に従い、六時半とした。
48　四日と五日付「le Temps」、五日付「le Siècle」。
49　スエズ運河建設で著名である。
50　レセップスの母が西国出身、ウージェニー皇后の母の伯母であった。
51　五日付「le Temps」同記事では、閣僚全員は、ウージェニーが署名すべきでなかったとした。
52　オルレアン公を名乗ったのは、父フェルディナン・フィリップであり、子のフィリップは、パリ伯を名乗った。
53　六日付「le Temps」がユゴーとブランのパリへの帰還を報じている。
54　パリは、朝にわか雨、後曇。
55　九月五日付官報。
56　同右。
57　エマニュエル＝アラゴの叔父（郵便庁長官）。
58　九月五日付官報。
59　右記官報掲載国防政府令。
60　右記官報。四日の項記載の閣僚任命の末尾に記載されている。
61　右記官報。
62　八日付官報掲載パリ警視総監命令。人身と財産の保護の任務は、旧軍人からなる公安維持官に代えられた。
63　パリは、朝小雨ながら晴、後曇。
64　七日付官報に外務大臣から在外の外交官宛通達に同趣

旨の記載がある。
65　六日付官報。
66　出典未確認。
67　当時メッス降伏で捕虜であった。
68　七月一五日立法院での発言。
69　七日付「le Petit journal」は、ル・ブフ元帥が敵に殺されなければ、軍法会議にかけられるべきだとの主張を掲載している。
70　出典不明であるが、七日付「le Petit journal」は、アルザス、ロレーヌの割譲、海軍の譲渡、敗戦の賠償金支払のいずれにも反対との意見を表明しているので、このような観測があったことは裏付けられる。
71　当時は神聖ローマ帝国。
72　出典未確認。
73　同右。
74　パリは、曇。
75　出典未確認。
76　パリは、曇、午後雨。
77　『漫游日誌』によれば、河川と堀の水位の差のため、水を注げなかった。
78　九日付官報。
79　パリは、晴。この日、パリ市外の砲台近くの民家が全て破砕されるのを見る。
80　一〇日付官報。
81　パリは、晴。
82　一二日付官報。
83　右記官報。
84　右記官報。
85　戦場での傷病兵の状態の改善に関する第一次ジュネーヴ条約を指し、バーデン大公国、白国、デンマーク、仏帝国、ヘッセン大公国、伊王国、蘭王国、葡王国、普王国、西王国、スイス連邦、ヴュルテンベルグ王国の一二ヵ国が署名、一二月にノルウェイ、スウェーデンが署名。
86　上記条約第七条に赤十字の旗と腕章をつけることが規定されている。
87　九日付「le Temps」が伊国のローマ進軍の可能性を報じている。
88　一三日付「le Gaulois」が引用の「le Progrès de Lyon」は、ガリバルディが義勇兵を率いて、サヴォワ県シャンベリに到着した旨報道。
89　パリは、晴。
90　一三日付官報。
91　原文のまま。
92　パリは、曇。
93　右記官報に予告。
94　一三日付「le Temps」引用の「l'Électeur libre」は、パリ駐屯の軍・国民衛兵あわせ一八万から二〇万名とする。
95　一八六三年六月二三日から一八六九年七月一七日まで

教育大臣。

96 一四日付「le Temps」記載の加入申し込み手続きなどは省略。

97 二六日付「le Siècle」は、南北戦争中の連邦軍の病院をモデルにしたとする。

98 一五日付「le Temps」引用の一三日付伊国官報記事によるチヴィタ・カステラナでの出来事。

99 パリは、曇、時々小雨。

100 一三日付官報掲載の警視総監命令。しかし、一五日付官報掲載のセーヌ県行政担当閣僚ジュル＝フェリー名の発表文は、許可書不要の日の出から夕八時までの自由通行としている。

101 出典未確認。

102 パリは、晴。

103 一七日付「le Gaulois」掲載の「l'Agence Havos」のフィレンツェ発報道。

104 一六日付「le Figaro」は、北独同盟の在仏兵力を約一一〇万名、これまでの損失四〇万名、メッス、ストラスブールなどへの配備四〇万名、パリ攻撃用に三〇万名以上とする推計を紹介する。

105 パリは、晴。『漫游日誌』に以下の記載（現代語訳化した）がある。

今日午後、パリ王城に行き、その様子を見ると、城中周囲の庭園内に数百台の大砲、数百台の弾丸、火薬を積んだ車が連なって並び、数百頭の馬が園内に満ちて繋がれ、園内が兵隊の集結場所になっていた。平素は、この庭園は掃除、灌水が行き届いていたところである。中に広い散策場所があり、老若男女、児童が悠々と散歩するのを許していた。この密生している園内に塵芥を見ないのが常であった。しかし、今日外側から眺めると、菰藁を敷き連ね、汚れ乱れた様は、まさに軍中の形を表している。この園内には、世界のあらゆる宝草、万国の奇花を集め、寒暑の季節でも、千草万花その色を争い、その香を競う。花、葉、蔓が満ちる秋には、あらゆる草花がその色を尽くして咲き乱れ、その姿が目を驚かせた。しかし、今日は、その主である帝王は、去って、敵地の虜となり、親族も四散し、城中は空で、園内に満ちているものはただ、兵器だけである。誰がかつて、この草花を楽しみ、その艶やかな香りを袖を翻して留めようとしたのだろうか。時の変化や機運の転換を感じるのみである。誰がために、咲き並ぶかも、白草の、詠めばありし、むかしなりせば。

106 一六日付「le Gaulois」引用の、「the Morning Post」は、五〇億フランの賠償金、仏国海軍の半分の譲渡、普軍のパリ入城、講和条約のパリでの書名を条件に挙げ、最初の二条件は、仏国が受け入れやすいとする。

107 出典未確認。

108 一二日付官報。出発は一二日夕方としている。

109 二六日付官報は、国璽等に「自由、平等、博愛」の文字を刻むようにとの国防政府命令を掲載する。

110 パリは、晴。

111 一九日付官報。

112 一一日の誤りと思われる。

113 パリは、曇。『漫游日誌』に普軍と仏軍の兵力の以下の推定がある。

普総兵力一五〇万名（内訳　死傷捕虜三五万名、国内残留一五万名、仏侵入一〇〇万名〈内訳　七要塞包囲四〇万名、地方一〇万名、パリ包囲五〇万名〉）

仏総兵一〇〇万名（内訳　死傷捕虜四五万名、他国・植民地五万名、七要塞籠城二五万名、パリ内外守備二五万名）、パリ守備国民衛兵三〇万名、パリ守備兵計五五万名。

114 一七日付官報。なお、トゥールに派遣部を置く一二日付国防政府命令は、一三日付官報に掲載。

115 「トゥール派遣部」という。

116 一八日付「le Gaulois」の報道等。

117 二〇日付「le Gaulois」は、モンパルナスからの西部線を除く全線とする。

118 二〇日付「le Temps」。

119 二二日付「le Gaulois」。

120 パリは、晴。

121 二〇日付官報。

122 二一日付「le Figaro」。

123 一九日付官報。

124 パリは、晴。

125 二一日付「le Gaulois」。

126 二二日付「le Siècle」は、同日、シャン・ド・マルスで、一五歳から一八歳までの少年の隊の編成と隊長選考を行う旨の記事を掲載する。

127 この推計は、右記『漫游日誌』一八日記載の推計よりも控えめになっている。

128 パリは、晴。

129 二一日付官報。

130 二〇日付官報に、諸要塞からの報告が掲載されている。

131 パリは、晴。

132 二二日付官報。

133 同右。

134 ロチルド（英語ではロスチャイルド）の館がある。

135 出典未確認。

136 パリは、晴。

137 右記官報。

138 二四日付官報掲載の二二日付命令。

139 二三日付官報掲載のファーヴル外務大臣の報告からの抜書きである。

140 二二日付官報。今回は、ポリテクニック（軍務省傘下の理工学大学校）が対象で、既に八月の軍特別学校の生徒に同じ扱いがなされた。ただし、在学中の生徒は、そのままで任官され、少尉の位を示す肩章などをつける。
141 パリは、晴。
142 二五日付「le Gaulois」。ネプチューン号で、郵便物等を運搬し、一〇キロメートル離れた、ウール県ル・ヴィエイユ・エヴルーのクラクーヴィル城公園に到達。
143 気球は、風に流されるので、追いかけて捕まえるのは難しい。
144 出典未確認。

145 パリは、晴。夜明けが四時半、日没が午後六時。
146 二六日付「le Temps」フィレンツェ市号で、伝書鳩も初めて積み、三〇キロメートル離れたイヴリン県のヴェルヌイユに到達した。
147 二七日付「Le Gaulois」。
148 パリは、晴。
149 二七日付官報。

巻の三

西暦一八七〇年九月二七日[1]（和暦明治三年庚午九月三日）

九月二七日付内務省発表のトゥール派遣部からの伝令による九月二四日付急報[2]。

全仏に以下の宣言と命令を張り出すようにさせた。

パリ包囲の前に、ファーヴル外務大臣が敵の意図を知るため、ヴィルヘルム王のビスマルク大臣と会ったところ、ビスマルク大臣が次のとおり言明した。

普国は、戦争を継続し、仏国を二等国の状態に落としたい。普国は、アルザスとメッスまでのロレーヌを征服者の権利として求める。休戦に同意するには普国は、ストラスブール、トゥルとモン・ヴァレリアン要塞の引渡しを求めざるを得ない。パリが激怒してもいずれ廃虚に埋もれるだろう。

このように無礼な要求に対し徹底的な戦いで応えるほかはない。仏国は、この戦いを受け入れ、その子ら皆に期待する[3]。

九月二六日付農商務大臣令[4]。

九月二八日、水曜日から毎日牛五〇〇頭、羊四〇〇〇頭がパリ住民に提供される。これらの動物の肉は、それぞれの区役所に登録された肉屋により、国の名義で消費者に直接、公定価格での値段と農商務大臣が定める条件で小売りされる。市長と警視総監がこの命令を実施する。

上記の命令を補足する九月二六日付農商務大臣令[5]。

各畜殺場で畜殺した肉は、九月二六日付農商務大臣命令に従い、その区役所に登録の肉屋へ証明のある顧客数に比例し、配分する。肉屋は、自分の区域の畜殺場からしか肉を得てはならない。肉を公定の価格で畜殺場から引き取り、各肉屋で売るが、一キログラム（日本の重量で約二六七匁）当たり二〇サンチーム（日本の一六〇文）の費用を徴収する。本命令の実施のために肉屋が組合を組織することを認める。

第三に、書簡の送達についての九月二六日付国防政府令。[6]

郵便庁は、仏国、アルジェリアと外国へ送る書簡を気球で送達することを認められる。この気球で送る書簡は、重量四グラム（日本の一匁六厘七毛）を超えてはならない。郵送料は、二〇サンチームと定める。切手を貼らなければならない。財務大臣が本命令を執行する。

九月二八日[7]

パリ市内への九月二七日付総督命令。[8]

日が短くなり、新たに命令するまで、来る一〇月一日朝からパリの街への門を朝七時に開け、夕七時に閉める。

伊国の新聞では、伊軍が何発かの銃声の後、降伏後に、ローマ市内に入った。ローマ法王は、市中を去っていない[9]（しかし、伊国の属国となりそうな成り行きであるという）。

今日、市内の状態を見ると、パリ住民の食料用に毎日牛羊四五〇〇頭を畜殺するとの発表があるが、その肉を二〇〇万名に配分することが難しく、市中は非常に獣肉が不足し、終日畜殺業者の店先に人が群れ集まり、その肉を争う。また、その値が以前の四倍に騰貴した。貧しい者の困窮の程がわかる。

九月二九日[10]

今朝五時から、パリ城外南東と北東の方で激しく砲声が轟いたが、八時頃からこの砲声が止んだ。

今朝、一〇月一日から別に定めるまでの豚肉小売りの公定価格が発表された[11]が、省略する。また、牛羊肉の、一週間ごとに農商務大臣が定める詳細な公定価格も発表されたが[12]、これもまた省略する。

九月三〇日[13]

本日夕刻の戦況報告では、ヴィルジュイフ高地（パリ城外である）で戦闘があった。仏軍は、明け方、ヴィノワ将軍の命令で前夜から集結し、出撃すると普軍から激しい一斉射撃と砲撃を受け、仏軍も激しく応戦した。ギレム将軍指揮下の軍隊が敵をシュヴィイから追い払った。この時、少なくとも三万名の敵の救援が現れた。ヴィノワ将軍は、これ以上攻撃すべきでないと判断し、直ちに撤退を命じた。撤退が秩序よく行われ、砲兵も正確な射撃で支援し、最後に遊動国民衛兵大隊も前線の歩兵として沈着に対応した。わが方の損害は、まだ不明とはいえ、相当で、ギレム将軍が戦死したのは、仏軍の遺憾な損失であった[14]（このギレム将軍が殊に勝れて勇敢な人物であり、民衆が大きく嘆き惜しんだという）。

また、本日、他の一ヵ所[15]の戦闘で一旅団の兵力に過ぎないエクセア将軍の軍が大いに敵を苦しめたという。また、軍経理部と国際傷病兵救済協会が献身的に任務を果たした。三〇日の戦闘は、兵士の功労や指揮官への期待や名誉ある防衛努力を示すものとして政府が大きく褒め称えた[16]。

一〇月一日[17]（和暦九月七日）

昨九月三〇日、ストラスブールとトゥル[18]の二要塞は防衛の手段が尽き、陥落した[19]。将校と兵士が全員、虜となり、大砲や諸兵器が皆、敵に渡った。この要塞の籠城は五〇余日だった。ストラスブール要塞のユーリック司令官は勇敢な将軍であるという。

一〇月二日[20]

今日、パリ市中に発表された国防政府令[21]。

五〇余日の破滅的な包囲の間の敵への英雄的抵抗により、気高い都市であるストラスブールがアルザスと仏国の切り離せない結び付きをさらに強めたこと、包囲の始めから止まないパリ市民のストラスブールへの同情、心打つ愛国心の発露とストラスブールや東部の包囲された都市が示した模範への謝恩を考慮し、栄光のストラスブール市と東部諸市の共和国の一体性への貢献とパリ市民の寛大な気持ちを記念し、パリ市コンコルド広場[22]に現在設置するストラスブール市の像を新たに青銅で鋳造し、東部諸県の抵抗を記念する碑文とともにその場所に設置する。文部大臣が本命令を執行する。

第二の発表、一〇日一日付軍務大臣から国防政府への報告[23]。

軍務大臣報告によれば、現在、第一三と一四軍団のほか、パリにいる全ての遊動国民衛兵大隊には、シャスポー銃が配備され、常駐国民衛兵二二八大隊には、多様な形式の小銃が配備されている。兵士全てに配備された銃は、総計約四〇万丁である。また、一七万丁の多様な銃がセーヌ国民衛兵用に留保されている。この銃には、英国から購入予定の銃等により追加される。以下が今、国民衛兵二二八個大隊に配備された銃二八万丁の種別内訳である。

元込め管打ち銃九万五〇〇〇丁、施条銃一二万丁、垂施条銃五万五〇〇〇丁、カラビン銃（英国製）各種一万丁。総計二八万丁。

この他の森林保護官等の大隊、義勇兵の中隊等五三部隊にシャスポー銃やスナイデル銃が大半の各種銃二万丁、セーヌと地方の遊動国民衛兵用の九万丁を含め、総計三九万丁である。この数字は、正規兵に配備された銃を含まず、実際よりも少ない。残りの一万丁は、故障した銃の取換えや一八七〇年度徴兵の若い兵士用となり、軍務省にこれ以上配分する銃がない。以下、省略する。

一〇月三日[24]

今日、受けたヴェルサイユ（パリの隣の地域で、距離は日本の六里ばかりである）からの急告では、このたびのパリ籠城中、その周辺のうち、このヴェルサイユのように過酷な扱いや苦悩を受けたところは、ない。当地は、初めから防御の兵隊がなく、敵の乱入に抵抗する人がなく、敵軍が入り、その権力をほしいままにする。その仕業が殊に過酷であり、その苦痛が実に悲嘆にたえない。さらに、普軍総督が今日、次の命令を当市中に発表した。[25]

フリードリヒ・カール普国親王の命により、その参謀長ブルメンタール将軍は、以下の命令を広く市内に公布する。

現在の戦争中、当ヴェルサイユ市民のうち、貸家持ちの主人、金銀の貸主、貸部屋の持主、その他諸職人等は、月々一〇〇フラン以上五〇〇フランまでの租税を普軍総督へ納める。普軍滞在中、諸兵士の食糧その他必要品を速やかに提供する。市中の家屋が兵士宿泊に必要な時は、背かず、引き渡す。兵士滞留中、日夜共に出入りには差支えないよう、その都度、開閉に逆らわない。以上に違反すれば、直ちに軍法により、死刑に処す。

現在の戦争中、当市の住民で、退去し、他方へ移転したい者には望みどおり速やかに退去を許す。しかし、パリの方には退去できない。シャルトルへの道路だけを開け、退去の道とするので同市に向けて退くように。もしこの令を犯し、パリ市への道路に逃げれば、一言の尋問もせずに直ちに弾丸によって撃ち殺す。

当市民で、夜中に家に帰って過ごさない者の家屋は直ちに取り上げる。また大小の包物や兵器を携えることを固く禁じる。

以上のような厳酷な命令を市内の所々に張り出し、当市の民衆はかなり苦労をするという。

本三日の朝、このたび戦死したギレム将軍の遺体をアンヴァリッド（廃兵院）[26]で懇ろに葬ったという。[27]

パリ市内では近頃、食料の獣肉が乏しくなり、このほど馬肉を屠殺し、牛羊馬の三種類の肉を食肉に当てた。なお、その肉が十分ではなく、多くの人が畜殺者の門前で終日群れ集まった。

一〇月四日[28]

英国女王[29]から普国王に「神と人道の名において、陛下におかれては、その勝利を損なわずに、両国民のため、尊い血のこれ以上の流出を避け、美しいパリを救って頂きたい」と書き送った。普王は、「陛下にご安心頂きたい気持ちはある。そして神も、私が尊い血が流れるのをどれほど残念に思うか、おわかりである。しかし、神は、また、これ以上血を一滴も流してはならないと私に命じられてもいない。将来、仏国の軍事的野心の全ての被害から欧州を守る、長続きする平和条約を調印できるかどうかは、パリだけにかかっている。しかし、私は、できるだけ流れる血が少ない方法をとり、その美しい市が苦しまないようにしたい」との返書を送った。[30]

今日、またビスマルク氏の誇張した言葉を記すが、省略する。

一〇月五日[31]

九月二九日付トゥール政府派遣部（この派遣部は、パリ市籠城中、仏全国の行政を司る臨時特別政府である）から仏全国へ命令。[32]

各県知事は、直ちに、まだ正規軍か遊動国民衛兵隊に加わらない全志願者と、その県内に住む年齢二一歳以上四〇歳までの独身か、子のない寡夫の仏国民全てを遊動国民衛兵の中隊に編成する。行動中の軍に召集された者は、軍務大臣の指図があるまでは、全て遊動国民衛兵隊に所属する。各県知事は、遊動国民衛兵を直ちに軍事訓練に参加させる。遊動国民衛兵隊中隊を編成し次第、軍務大臣の指揮下に置く。諸県知事は、武器が常駐国民衛兵隊への武装に不足する時は、必要により、狩猟等の全ての武器を収用できる。内務省行政事務担当次官が本命令を執行する。

一〇月六日[33]

今日一羽の伝書鳩がパリに文書を運んだ（籠城中書簡の往復は、皆気球を使うといっても、急な用事や小事件の時は、この伝書鳩の翼の下や首の下に文書を括り付けて放す）。トゥール政府からの報告[34]では、このたびブルターニュ地方でパリ応援の軍隊のため七万六〇〇〇名の市民を募集したという。

今朝九時、パリ市モンマルトル地区から気球を一つ上げた。これは、ガンベッタ内務大臣が仏国政府派遣部のあるトゥールに行くためで、部下二名と伝書鳩六羽とともに出発したという[35]。

パリを囲む普軍がこの二、三日一四ヵ所に布陣し、全軍が五〇万名、今、仏国内の全普軍が一〇〇余万名である。こうして普王がヴェルサイユ城に本陣を据えた[36]。

一〇月七日[37]

市中に発表の一〇月七日国防政府令[38]。

パリの籠城の長期化に伴い、内務大臣が直接諸県と連絡し、パリと連絡し、防衛を強化するため、ガンベッタ内務大臣を政府トゥール派遣部に派遣し、同大臣が直ちに、その職務に就く。ファーヴル外務大臣をパリでの内務大臣臨時代理に任命する。

この命令の実施のため、ガンベッタ内務大臣が今朝、気球でパリを出発した。同氏が諸県宛の次の要旨の宣言を携えた。

仏国民へ

現在、パリ市民は、世界に独特の様相を示す。人口二〇〇万名の都市が四方を包囲され、前政権の犯罪的怠慢により今日まで救援軍を欠きながら、勇気と冷静さにより、全ての危険と包囲による全ての恐怖を受け止めてきた。敵は、それを信じないで、パリが無防備と思っている。首府で恐るべき多くの作業が行われている。しかも、四〇万名の市民が命がけで守っている。敵はパリが無政府状態にあると思っている。敵が混乱を招く反乱を待っている。反乱が大砲よりも確実に、包囲した場所を敵に引き渡す。敵は、それを待っている。パリ市民は、団結し、武装し、十分蓄え、決意し、仏国の幸運を信じ、長きに渡る侵略者の前進を阻むには、自らと良き秩序とその我慢にしかないことを知っている。仏国民よ！パリ市民が外国人の鉄と火に立ち向かうのは、祖国、栄光、そして将来のためである。われらにその息子たちを与え、毎日、その情熱と武勇を示す勇敢な遊動国民衛兵を送り出した貴方たちよ、一団となり、立ち上がれ、そして救援に来てほしい。われらは、孤立しても名誉を守る。しかし、貴方たちと一緒に、また貴方たちにより、仏国を救うことをわれらは誓う。

この命令が去る四日の日付であり、本七日に発表した。[39]かつてこのような遅れはなかった。しかし、内務大臣が密かに気球でパリを出ることが先に敵軍に漏れることを恐れてこれを秘し、出発後に発表したと思われる。

今朝、パリ市内二ヵ所から気球四台を揚げた。モンマルトル地区から揚げた二台の気球中の一台に四名ずつ、内務大臣始め役人八名が乗った。また、伝書鳩三〇羽を入れた。[40]

今朝、一五〇から二〇〇名の婦人が病院の旗を立て、パリ市庁舎に来て、「病院の所用と負傷者の世話のために今徴用している多くの男子は、皆防戦兵士に編入し、われら婦人に負傷者の世話をさせて欲しい」と訴えた。[41]この時、高官ロシュフォール氏が出て、「今の皆様のご希望に何よりも感嘆した。きっと政府はこれを許すだろう。私が直ちにその希望を上司に伝えよう。皆それぞれは、まず退き、その判断を待って欲しい」と答えた。そこで婦人たち一同が退去したという。[42]

一〇月八日[43]

今夕、ガンベッタ大臣と一緒に運ばれた伝書鳩の一羽が帰った。したがって、内務大臣は無事に地上に降りた。[44]

今日、パリに到来した一〇月三日付ロンドンの新聞を見ると、このほど英国と中国との間で一事件が起こり、その平和が破れ、双方が武力を用いるほかない勢いであり、英国は、軍艦の準備ができ次第、出兵する模様だという。[45]

伊国とローマの戦争報道では、近日、伊軍がローマに乱入し、その城近くに迫ったという。そこでローマが和睦を求めた。ここで伊国がローマ領を全て併合しようとするという。[46]

露国の軍備。現在、欧州に二つの強国[47]の興廃を賭けた大戦がある。次には、中国と英国との間に一事件が起こった。このために露国が密かに軍備をし、勢力をアジアに伸ばそうと企てた。しかし、露国が僅かな間に軍備を整えることは、できない。

一〇月九日[48]

パリ市内へ一〇月八日付国防政府大統領兼パリ総督命令[49]。

城壁上の通路の通行の自由が乱用され、城壁工事の妨げとなるので、城壁上の通路の通行を許される者は、士官、技師とその作業に雇われた作業員、この通りにある家の住民、と総督の参謀長発行の証明証を持つ者だけとする。作業用の馬車と上記の人々の馬車の通行は、同様に自由である。上記を直ちに実施し、その地区の司令官が厳格に適用する。

新聞にヴェルサイユの大泉と題するもの[50]がある。去る六日、普王の命令でヴェルサイユ城にある仏国でも有名な一つの大きな噴水を吹き上げさせた。全て噴泉は、仏国の王城と城内などの全て散歩道があるところに造り、水を地上や地中から高く吹き上げる。その中で、王城内にあるものは、約一四から一五間の高さに上げ、その眺めが最も珍しい。また、このヴェルサイユ城の噴泉が仏国では一番だという。この時、普王太子や参謀本部士官が集まり、軍の音楽を奏で、一同が大宴会を催した。しかし、その市民は、日夜苦しみ悶え、敵軍乱入以来、家屋を奪われ、それに加えて月々租税を敵軍に徴収され、大きく愁い、苦しんでいるという。

一〇月一〇日[51]

今日、内外で戦闘がない。また、新聞記事に異状がない。

考えると、今回のパリ籠城の始めに城外への各道路を遮断した後、市内で不足する食料が当然多かった。特に、ミルク、チーズ、バターの類がなくなってから既に久しい。また、魚類、鳥類が手に入らなくなってからも久しい。今日、政府が発売する牛五〇〇頭や羊四〇〇〇頭を畜殺し、食料に充てるというが、どうして二〇〇万名の口を満たせるだろうか。私が畜殺する牛羊の市内の人口への配分を試算すると、平均して一日、牛一頭、羊八頭を四〇〇〇名に配分することになる。そうすると、一〇〇〇名に牛四分の一頭、羊二頭の配分となる。その肉の量がわかるだろう。そこで、先日以来多く馬を屠し、牛羊馬の三肉を売っても、人々にはなお肉が足りず、畜殺業者の門前が終日混雑する。また、市内の諸食料価格が騰貴し、平常時の三、四倍になり、貧乏人が非常に困窮し、近頃、市内の路上に日夜小さな店を並べ、争って廉価な些少の物品を売っている。しかし、これらの店の利益は、食べていくには足りないだろう。今、市民が食料の他、みだりに無用の物品を求めないからである。この籠城が永くなるに従い、市民の困窮が増すことがわかるだろう。

私が内心思うには仏国の体制や風習では、民衆が皆政治に関わろうとし、民間に権力があり、政府に威力が薄く、民心が沸騰しやすく、それが激動する時に常に政府を突き上げ、制度を転換させせようとする。今、この共和制度も同じである。私がまた普軍の動静を察すると、六〇万名の兵でパリの周囲を囲み、強いて攻めず、また戦いを求めず、落ち着いて長く陣を構える様子を示し、残って籠城する七市へはパリからの応援を断ち、既に攻め落としたストラスブールのように、日夜要塞を攻撃し、徐々にこれを攻略し、その一連の城を次第に落とした後、諸兵を合わせ、パリの本城に迫り、戦わずに人心を委縮させ、ただ手を下さず、城中で限りがある食料の尽きるのを待つという様子である。また、パリ市中の事情を見ると、市内の守備兵は、自ら死に場所に入り、敵を追い払おうとする勢いがなく、また囲みを破り、道を開こうとする元気もない。ただ固く守るだけである。私がまた推察するところ、政府の対応で密かに期待するものが二つある。その一つが先日出した使節が欧州の英、露、墺、伊四大強国全てを巡り、それらの国による調停に任せること、もう一つが仏国内の諸県の国民衛兵を募り、部隊を編成し、敵の背後を襲撃させるという計略だ。しかし、市内では、もし籠城が長引き、食料が尽き、困窮が切迫し、老人幼児が街で泣き、婦女が道で叫ぶような日が来れば、恐らく民衆が激動し、活路を求めようとし、予想外の変動になりかねない。攻め手の狙いは、恐らくこれだろう。密かに仏政府の挙動を見れば、パリ市内の事情は、大体このようである。後日の参考にこれをとりあえず記す。

連日の戦闘で伊軍がついにローマに勝ち、ローマ法王が出て降服した。その土地が全て伊国領に入り、今後、その一部となる。[52]

今日の新聞報道に、去る七日、ガンベッタ内務大臣の気球とともに他の気球もパリ市内を同時に出発したという。そしてこの二台の気球が南方に向かい、風力に従い、しばらく走ったが、突然風が止み、空中に留まり、漂った。しかし、そこは普軍の陣営の上であり、普軍がこれを見てこの気球に向けて、大砲や無数の小銃を発射した。この時、一発の弾丸がガンベッタ氏の髪に触れた。これを見て機関手が直ちにその重しの砂嚢（気球の昇降を適度にするために、その中に砂を溜めた袋である）を捨てた。気球は、再び空に昇り、辛うじて危難を避けたという。[53]

一〇月一一日[54]

新聞が城外の小規模な戦闘を載せるが、別に変ったことではないので省略し、記さない。

最近、食料の値が沸騰するので先日来、市中所々に救助のため、仮の食堂を設けている。仏語でこれをカンティニエール・ナショナルという。この店には、少しの肉類とスープだけがある。ここで食事をする者は、各々パンを持参し、その肉やスープを貰って、食べる。これは、本当に貧しく困窮する者を救うために開いた会食の場である。その料金は一杯のスープあるいは一皿の肉で仏貨幣の二〇サンチーム、日本の一六〇文ばかりに当る。パンの値段が高くないので、困窮する貧しい者もこれを買える。また、この二〇サンチームの小貨幣は、老人童女でも容易に得られる。これがパリ市中の豪商や富者が施しの行いとして設けた会食の場である。

今日、パリ城外東南の要塞の近辺に戦闘があった。夕刻まで激しく砲声が聞こえた。

一〇月一二日[55]

記載すべき異状がない。

今日、私の知人、レスピオー陸軍中佐から軍務省の通行証を手に入れ、パリ市外東南イヴリとシャラントンの二要塞に行き、所々、野外の陣営、要塞、砲台を巡見すると、その管理はとくに厳しく、当然、証明証を持たない者は一町の間も通行できない。

また、その道路、市内や広野には所々、砲台が満ち、城外では、数百、数千の人家が全て空虚であり、一人も残らず、所々に兵隊だけが集まるのを見る。今考えると、パリ市周囲の民衆皆が家屋を棄て、パリ市内に集まり、人口が数えきれないほど多くなる。私は、以前、市内の人口を二〇〇万名と聞いた。そうすると、現在籠城後、全退去する老幼婦女子や外国人で離散する者を八〇万名として、今残る人口は、一二〇万名となる。これに陸海軍や諸地方から召集した国民衛兵を二〇万人とし、合計すれば、今市内の人口は一四〇万から一五〇万名と推測される。しかし、今日、この城周囲の住民が皆家屋を棄てて、市内に入るのを見て、初めて人口が以前より増えて、二〇〇万名を超し、あの食料の獣肉が非常に不足する理由がわかった。

昨日、パリ東南の要塞の外で戦闘があり、双方の死傷が約一〇〇〇余名、今日、仏軍に捕虜の普兵一〇〇名を送って来た。[56]

一〇月一三日[57]

今日、最近敵軍の陣営となったサン・クルー城に仏軍が大砲を発射し、全て焼亡した。[58]このサン・クルー城は、帝の別宮殿で、殊に夏の間、避暑のためパリを出て居住する、パリ近隣の要害の地である。今、普軍がここに陣取れば、パリ防衛の障害になるので、全て焼き捨てたと察せられる。

一〇月一四日[59]

新聞記事でこの日誌に書くこともない。パリ周囲の要塞砲台の防御の対策が大いに整い、城への諸道の地下全てに多くの地雷を埋め、守備は、堅固である。私が微かに聞くと、トロシュウ将軍が去る八月下旬、パリ総督に任じられ、帰途、諸道や城中の動静を視察し、この城であの勝ち誇った強敵を防ぐには、とても一週間も持つまい、と言った。しかし、今日、市内の守備がよく整い、また国民衛兵も増加し、飢餓の心配さえなければ暫く保つことができる。私が思うに恐ろしいのは期間が長引き、軍の食料が尽きることだ。

一〇月一五日[60]

世間の噂では、一昨日、ビスマルク普首相が、ファーヴル仏外務大臣に書を送り、数日間の休戦を提案する、などという。[61]

一市民がベルギー経由で得た、メッスから脱出した男からのメッスとバゼイヌ軍の状況についての一〇月六日付報告である。[62]

メッスの状況がとにかく良い。パンが半キロで二〇サンチーム、ワインが一リットル七五サンチームであり、ホテルでも三フランで、まあまあの夕食ができる。獣肉類も牛が滅多になく、馬が普通であるが、羊や豚が不足しない。コーヒー、チョコレート、インゲンも十分だ。物乞いもいない。仏国の共和制宣言は受け入れられ、世間は平穏である。

八月一四日以来のメッス近辺での仏国の推測する独軍の死傷が大体次のようである。

八月一四日ボルニーの戦い一万二〇〇〇名、同一六日グラヴロットの戦い八万名、同一八日レゾンヴィルとサン・プリヴァの戦い二万名、同三一日と九月一日サント・バルブとサント・リュッフィンの戦い一万名で、要するに、カール普親王の軍は、メッス周辺で約一二万名を失ったという。

仏司令官バゼイヌ元帥の兵の損失が約三万名である。八月一四日、一六日、一八日の三日間に約一万五〇〇〇名が負傷し、八月三一日と九月一日の負傷者が七五〇名であり、これらの負傷者のうち、普兵が一〇〇〇名である。バゼイヌ司令官がパリに進軍するための出撃を全く望まず、去る八月三一日と九月一日の戦いには、カール親王の軍をメッス城下に殲滅した後、王太子の軍を追撃するため、マクマオンを待った。もしマクマオンの軍がスダン城の戦いを避け、二日前に来れば、仏国を救い、普兵をライン河の向こうに追い払ったであろう。メッスでこれを疑う者はない。[63]

一〇月一六日[64]

仏国全国へ一〇月一日付国防政府令[65]

制憲議会選挙日を一〇月一六日と定めた九月二九日トゥール派遣部発一〇月一日政府着の電報、同選挙を延期する旨の九月二三日付政府と同二四日付トゥール派遣部令を考慮し、中でも同様の決定の実施が物理的に困難であることなどを理解し、国防政府はこの命令により、共和国の全土で同選挙が実施できるまで、上記延期を維持する。この命令に反し、執られた全ての措置を無効とする。本命令は、派遣部により全ての県で発表される。

一〇月八日、朝六時八分ザールブリュッケン発通報による。昨七日、籠城軍がメッス要塞から数回大規模な出撃をし、ラドン、シャン・グランなどサン・テロワ要塞の北の数ヵ村が攻撃された。作戦に仏軍四万名が参加し、普軍は、約一〇〇〇名が死傷した。また仏軍の被害も、ほぼ同じであった[66]。

一〇月八日、二時三〇分ヴェルサイユ発普軍の報告による。昨夜メッスに籠城の仏軍がモゼルの両岸で普軍を襲撃し、城中に引き上げ、仏兵が二五〇〇名戦死し、普軍の死傷者は、六〇〇名であった[67]。

一〇月一一日付ルアン発報道[68]による。ルアンからアルブレヒト普親王が去る一〇月八日朝四時トゥリを退去したと通報がある。このトゥリには四普親王がいて、敵兵が住民の家に居住した。四親王が市長の館を占領し、洗濯場と麦わら一束を残していった。また、市民たちは、普兵士に毎日パン一ポンド半、肉二ポンドと酒を望むままに与えねばならなかった。普兵は、夜、容易に酔った。ただし、乱暴狼藉はしなかったが、市中にカラス麦一粒も残さなかった。バイエルン兵三〇〇名が一教会に宿営したが、何の損害もなかった。ボース・オルレアネイズ地方で、敵が奪った羊と乳牛の全てを取り返したとは遥かに遠い状況である。

一〇月八日夜から九日朝まで、オルレアンに着いた普兵捕虜二七名が皆、捕虜収容所に送られた。しかし、待遇は親切であり、タバコをたくさん吸い、自ら用意するコーヒーも大事にされた[69]。

九日朝、敵兵のさまざまな武器を積んだ馬車がオルレアン市庁に着いた。その武器は、小銃一七丁、槍一本、騎兵の剣七本、歩兵の剣一八本、士官の兜一面を含む兜一八面、ある程度の弾薬入れ、弾薬帯、薬莢、重砲弾一発、背嚢と装備数組、ピストル三丁の入った鞍の革袋である。これらは、記帳後に軍当局に引き渡された。この馬車に乗った騎兵一名が収容所に連れて行かれた。[70]

トゥールからの報道で、予告された伊国のガリバルディ[71]将軍が八日、同市に到着した。この有名な共和主義者は、すぐ県庁に連れて行かれ、高官クレミュー氏始め四、五名の訪問を受けた。当市民が揃って、ガリバルディ氏を歓呼で迎えた。到着後すぐ、彼は、トゥールに駐屯する義勇兵大隊をクレミュー氏と一緒に閲兵した。その後、この二老人は、大きな感激を露わにして抱き合った。伊共和派と仏共和派が、この兄弟のような抱擁で結ばれた。[72]

トゥール市からの一〇月一一日朝発第二の通報では、ティエール氏が前日墺国の首都に到着し、フォン・ボイスト首相と二時間対談した後、墺帝に一時間拝謁した。午後、諸大臣に再度面会し、フィレンツェに向かった。[73]

マドリードの一〇月八日付新聞によれば、今日、西国議会の委員会でサガスタ[74]氏が現下の仏国の状況により英国と露国に平和のための友好的な介入を頼むべきと信じるが、二国どちらもが介入できないと言った。しかし、英政府からビスマルク首相とジュル＝ファーヴル外相が話し合い易くするためにあらゆる努力をするとの答えを得たという。[75]

独国の新聞は、露皇后がこのたび独国のヴュルテンベルグ連盟病院に多くの物品とかなりの金品を病人と負傷者の療養のために贈ったという。現在、独内の仏軍捕虜が負傷者を除き、総人数一二万七二七七名、うち士官三五七七名、兵士一二万三七〇〇名と記す。[76]

一〇月一七日[77]

新聞には、書く価値のあることはない。

私の知人、レスピオー歩兵中佐は、先日の負傷が全快し、再び出陣し、五〇〇〇名の兵を率いてパリ城外東南の砦に前衛として布陣した。昨日、彼が私に、「その陣営に来て、敵味方の対陣やその土地の様子、諸々の状況を巡視し、そして昼食を共にしたい」との一文書を寄越した。そこで私は、今朝九時、一台の小馬車に乗り、軍務省の通行証を受け取り、パリ城の砲台門を出て、遠いその陣営[78]に向かった。この時、レスピオー氏は、砲台に布陣する兵を指揮するため出ていたが、幸い、途中で遭遇した。直ちに握手し、別れた以後の無事を祝し、同じ車で正午近く陣営に着いた。間もなく、昼食に臨み、同席の皆は歩兵隊長、歩兵指揮官、医官、工兵将校らで、この砦の諸指揮官であった。食後、レスピオー氏が私を陣の前の前営砲台に誘った。ここから約五町先の普軍の前営が眼前にあった。この辺りの砲台を巡回し、その後、また同行し、付近の村落や市中を所々歩き回り、諸機器のある一つの六階建て櫓に登り、敵味方の諸陣を眺めた。敵の陣営が眼下にあり、この建物は、仏軍の監視塔の様子で三から五名の兵士と士官がいた。ここから望遠鏡で独軍の陣地や配置を見ていた時に、後方のイヴリ要塞から二、三発の砲弾が普軍の前営中に撃ち込まれた。しかし、普軍は、これに応じなかった。私はこれらの様子を見終わった後、元の陣営に帰り、それから別れを告げ、パリ城内に入り、黄昏時に帰校した。今日は、実に最近の良い眺めであり、同席の諸将校も私に真心を尽くしてくれた。

パリ市内の各道路の両側に設けたガス灯や各家の点火口を近頃から半分に減らした。このガス灯は、平常は、市内の各道路を照らし、実に白昼のようで、店や家屋それぞれが点灯するのは、まるで花のようである。そのために市内は明るく、夜中はさらに美しい景観であった。しかし、この頃は街中がやや朦朧とし、各家の点灯も政府の命令で、一〇時半を限りに皆消す[79]。

一〇月一八日[80]

パリ市内への一〇月一八日付総督命令[81]。

本日までパリ総督が発行していた城周囲の諸道の通行許可証は、今後、イヴリからセーヴルまでの間の前衛正面をヴィノワ将軍（モンパルナス駅）に、セーヴルからサントゥーアンまでの間の前衛正面をデュクロ将軍（マイヨー門）に委ねる。一〇月一二日付官報に掲載のパリとサン・ドニ要塞の間の通行に関する措置を継続し、この市の前にある村への通行許可証をサン・ドニの最高司令官が与える。要塞への立入りは、用務のため呼ばれた者以外は、厳しく禁止する。要塞と首都との間の通行は自由である。家畜、飲料、食料品その他の商品の搬出は、パリ市庁の定める書式に従う。

一〇月一九日[82]

新聞に、先日、ファーヴル外務大臣が普軍に行き、ビスマルク首相と休戦の話に及び、先に伝えた三条件を承諾しなければ休戦できない、と言われたという。そこで、仏政府は憤然とし、再び和解を持ち出さなかった。全国民に誓い、防戦の計画を定めた。

そもそもビスマルク氏の意図は、事を長引かせ、仏国の民衆が困窮の極みで自ら徐々に乱れていく機会を待つものと思われる。

ところが今日、市内防御の力を一つに合わせ、準備がかなりしっかりしてきたので、また一つの策を考え、使者を出し、暫く休戦を交渉し、この休戦中普兵がパリに入るよう提案した。しかし、仏国が同意せず、その会談が再び決裂し、ビスマルク氏の策略が大きく外れたと書いてあった。[83]

最近、パリ市内のそれぞれの会社が出す新聞は、全二七種類である。日毎夜毎に出版され、その巻数がかなり多いことがわかる。

一〇月二〇日[84]

籠城が長くなり、かねて政府で備蓄する肉類の供給が難しくなり、畜殺業者の門前が非常に混雑するので、昨日から市中の家ごとに食料の肉を買う小さな券[85]を渡した。その方法は、区長が申し出られた家族の人数を記し、獣肉を売り渡すよう書いた紙券を渡す。[86]人々は、これを持ち、畜殺業者と肉屋に行き、買う。この紙券がなければ、買えない。一日一人分の肉量一〇〇グラム（日本の二七匁）で、そうして三日分を一度に買いおくことになる。畜殺業者や肉屋の門前に明け方二時頃から日暮れまで、人が群集し、絶え間がない。この頃、国民衛兵が三から五名ずつ出張し、前後順序よく混乱がないように取り締まる。このように人数に応じ肉量の券を出すのは、籠城を長く続けるためである。そして初めは、籠城中の貯蔵獣肉は、牛四万頭、羊三〇万頭で二ヵ月分の積りだったが、今既に一ヵ月を経過し、籠城期間は予めわからない。既に貯蔵の肉の半分を食べ尽くした。別に塩漬けの肉があるが、これも数日間の蓄えしかない。そこで獣肉売買の法がますます厳しくなるが、馬肉はまだ制限がない。人が手に入れ、買うのは自由である。[87]ただ、その値段が馬肉も牛肉と同じである。

今日、市内を散策すると、約一町の間に料理店が二、三軒もあり、殊に多い。今夜、その門の張紙に、今度政府の命令で食料の肉を一定量に制限され、今日から肉を一名に一皿しか提供できない、と書いてあった。その状況は、既にこのようである。明日の食糧の欠乏が察せられる。

一〇月二一日[88]

新聞日誌の付録によれば、今回パリ籠城の日が長くなり、市内貯蔵の獣肉が次第に不足する。しかし、市内にいる馬の数は平常八万頭であるが、このたびの戦闘用の騎兵と砲兵の馬を合わせ、その数が一〇万頭に上る。一頭の馬肉を仏国の重量単位で二五〇キログラム（日本の六六貫六六七匁）とすれば、この一〇万頭の馬肉の量は、二五〇〇万キログラム（同六六六七万貫）で、今、市内の人口が約二〇〇万名であり、一名の食肉二五〇グラム（同六七匁、即ち各市民に配る量である）を配っても五〇日の供給となる。また婦女小児でこれを食べられない者を除けば、約二ヵ月の食肉は、この馬肉で不足しないといえる。

パリ籠城中の諸地方や他国との手紙の送付につき、自分から手紙を送り、先方から返書を受け取る[89]代金を一〇フラン（日本の二両）、また片道の代金を五フランと定めた。ただし、以前の手紙の送料は、日本の一朱くらいだった。[90]今でも気球であれば、その手紙の代金は以前と異ならない。ただ、手紙の重さで違うだけだ。

一〇月二二日[91]

デュクロ将軍からの二二日付戦況報告[92]による。去る二一日トロシュウ将軍は、城外諸方面に襲撃隊を配置した。その内訳は、第一集団司令官ベルトー将軍に属する歩兵三四〇〇名、大砲二〇門、一騎兵隊であり、サン・ジェルマンの鉄道線路とリュエイユ村の高地の間に配置した。第二集団司令官ノエル将軍に属する歩兵一三五〇名、大砲一〇門でマルメゾン公園南側とサン・キュキュファの池からブージヴァルへの窪地に配置した。第三集団司令官ショルトン大佐に属する歩兵一六〇〇名、大砲一八門、一騎兵隊でリュエイユの昔の風車の前に左翼と右翼の縦隊と連携し、支援するため布陣した。この他、二予備隊が手配され、そのうち一つは、歩兵二六〇〇名、大砲一八門のマルトノー将軍が指揮し、もう一つは、歩兵二〇〇〇名、大砲二八門、二騎兵隊でパチュレル将軍が指揮した。同日午後一時、全軍がその位置に就き、砲兵隊が全線にわたり、砲口を開き、約四五分後に予め定められた信号により砲撃を終え、歩兵が突撃した。五時頃、夜となり、砲撃も止み、総司令官デュクロ将軍が命令し、各隊をその宿営地に引き上げた。

マイヨー門からの二二日午後三時発報告による。仏軍の損害は、四四三名で、そのうち士官では、二名が戦死、一五名が負傷、一一名が行方不明となり、兵士では、三二名が戦死、二三〇名が負傷、一五三名が行方不明となった。[93]

ガンベッタ内務大臣は、前から仏政府トゥール派遣部に出務していたが、さらに軍務大臣も兼務せよとの命令が報じられた。[94] この人は、今年三六歳で、政府の一一名の閣僚中最も年少である。そこでその名誉が非常に盛んである。

一〇月二三日[95]

昨日城外で小さな戦いがあり、互いに若干の死傷者があったが、異状がないので省略する。

今日、農商大臣が市中の畜殺業者での馬肉の公定価格を発表した。本命令への違反者は、一一フランから一五フランまでの罰金または、五日以内の拘留が課される。[96]

新聞に、仏国の兵、海陸両軍が六万名、国民衛兵が九万二〇〇〇名、戦隊一〇万名がパリ市周囲の布陣だという。[97]

一〇月二四日（和暦一〇月一[98]日[99]）

新聞に、中国と英国がいよいよ戦争になろうとし、英国が海軍省にその第一等装甲艦を中国広東港に急ぎ派遣を命じるという。[100] この戦いは、この夏、六月二一日、北京で在留の英人と仏人を中国人が殺害したことが発端だ。[101] 今、仏国が普国と交戦し、国土の浮沈の時であり、ほかのことに構う暇はない。ただ、英国だけが良い機会を捉え、時宜に乗じ、その欲を満たそうとするのだろう。

一〇月二五日[102]

トゥールのガンベッタ内務大臣からジュル＝ファーヴ

ル氏宛の二四日付報告[103]による。去る一八日昼一二時普軍五〇〇〇名がシャトウダン[104]（この地はパリの南西に当る）を攻撃し、夜中九時半まで抵抗が続いた。ある時は、市の広場が普兵の死骸で埋め尽くされた。普軍の戦死は、一八〇〇名超と見込まれる。この市は、占領されなかったが砲撃され、火災が生じた。常駐国民衛兵隊テスタニエール司令官は、その大隊の先頭に立ち、戦死した。非武装都市であるシャトウダンの抵抗は、われらの歴史の最も英雄的な頁に記載されるべきである。政府派遣部は、シャトウダン住民家族の必要に対し、助成する貸付金を開設した。以下の命令は、この気高い小さな市が祖国に尽くしたことを示すものである。

トゥール所在の国防政府派遣部は、非武装都市である小さなシャトウダンが一八七〇年一〇月一八日、九時間以上に渡り、五〇〇〇名を超える普軍団の攻撃に英雄的に抵抗し、砲撃と火災により、ほぼ完全に灰塵に帰した後にのみ占領されたことを考慮し、この日にシャトウダン常駐国民衛兵隊がパリ市義勇軍とともに奮戦したことを考慮し、仏中に、政府の特別命令により、敵の攻撃に曝される非武装都市に対するシャトウダンの模範を示し、火災と普軍の砲弾のために家を追われた市民の緊急の必要に応じることを考慮し、シャトウダンは、祖国に良く尽くした。一〇月一八日中の普軍に対する立派な抵抗の結果蒙った市民の損害を回復するのを助けるため、内務大臣が一〇万フランの貸付金を開設する。内務、財務の両大臣が職務に応じ、本命令を実施する。

以前に英、露、墺、伊四ヵ国に派遣したティエール氏が去る二〇日明け方一時にトゥールに戻り[105]、近くパリに入城という報道があり、人々が皆和睦か戦争かのどちらに決まったのかを待っていた。

現在のパリ市内の実情を推察すると、門を開き、敵兵を追い払う勢いではない。また、潜入し、和平を求めようという機運でもない。専ら防戦の備えを厚くし、砲台を準備し、国民衛兵を訓練する。その意図が期待することは、二つある。その一つは、ティエール氏が帰り着き、英、露、墺、伊四ヵ国の意見を聞くこと、二つ目は、仏国の諸地方から国民衛兵が応援することで、他に策略がないのだろう。しかし、市内に貯蓄した食料は既に一月半分を消費した。

一〇月二六日[106]

二六日付パリ総督命令の発表。[107]

荷物を持つ者または家具、食料品を車で運ぶ者は、全て、その品の所有権と出所を証明する住所地の市町村長の認可証を持たなければ、パリに入れない。この命令は、二七日から実施する。

仏国が準備のため、去る一〇月一〇日、一五〇〇門の大砲を至急製造するよう鋳造局へ命じた。そして昨二五日、二五〇門の鋳造が整い、後の二〇〇門が来る二八日までに鋳造し、来月一〇日までには全一五〇〇門ができあがるとその局から報告があった。[108]

今日、西国の新聞に、一昨年女王を追放した後、民主共和制度となり、今夏、普国のホーエンツォルレン親王を国王に迎える話も破れて以降、なお共和制度であるが、このたび、伊国王の一子アオスタ[109]公を西国の王位に願い受けることになったという。[110] まさに今欧州の各国が手を伸ばし、他国を侵略しようとする。例えば、露国のトルコにおける、英国のエジプトにおける、墺国のセルビア[111]における、伊国のローマにおけるように、大が小を呑み、強が弱を併合しようとしていると思う。

一〇月二七日[112]

メッス要塞の籠城が長く食料弾薬がともに尽き、バゼイヌ司令官が一名の大佐を普本陣へ派遣し、この要塞を開城し、降参することを伝えたと新聞[113]にあった。

昨日、パリ市内在住の米、露、英国民八〇余名が市内を退去した。ただし、この日の退去を仏政府に以前から要請していたので、仏政府が参謀本部員三名を仏前線の陣へ送り、道路を開き、通行させ、続いて普軍に送致したという。[114]

昨日午後一時、旅行者の乗った気球がパリ市内から出たという。[115]

一〇月二八日[116]

パリ市外サン・ドニの要塞の外で戦闘という通報[117]があったが、異状がないというので、ここでは省略する。

近頃、メッス要塞が落城したと伝え聞くことが次々にあったが、政府はまだ確定的な報道をしていない。その事実がはっきりしないといっても、世間の論議は極めて騒がしかった。このメッスの要塞は、砦や砲台など守りがとくに固く、さらに、バゼイヌ元帥がその司令官であり、一〇余万名の精兵を備える。そのため、パリ市民は、敵の背後に大きな要塞があることを大きく頼りにするという。

以前、欧州諸国に派遣されたティエール氏が二、三日前にトゥールに帰ったが、今日、パリに入るため、普軍の本陣に使者を送り、ビスマルク首相にその軍中通過の許可を求めた。[118]

一〇月二九日[119]

昨夜、政府は急報を受け、メッス要塞の落城を発表した。しかし、諸大臣は、まだ半信半疑である。今日午後、ジュル＝ファーヴル外務大臣がその真偽を探るため、旅立った。その中、午後三時半、ティエール氏がパリに帰り、メッス要塞落城を通報した。このメッス要塞の城郭は、諸城塞のうちで最も堅固であり、パリ以東の独国境までの間、この要塞が第一であり、ストラスブール要塞がこれに次ぎ、パリ城に一位を譲るのみである。メッスの要塞が堅固である理由は、従来から普国を最も警戒していたからである。そして、その司令官が仏陸軍諸元帥中、有名で老練のバゼイヌ元帥であり、一〇万名の精兵を率いる。普軍が深く進入し、パリ城を囲む前にまず、二〇万名の兵で厳しくこの地を囲んだ。これは、その背後を危ぶむためである。そして、仏全国が頼みとしていたメッス要塞がなお存在し、その司令官が老練であり、その兵卒が戦力に優れ、よく防戦すると伝え聞いていた。しかし、今日、食料が尽き、弾薬が尽き、既に開城し、捕虜となったことを聞き、市内の人気は挫折し、たちまち望みを失い、世間の批評が喧しい。

新聞には、このたびティエール氏がパリに入る際、もし仏国の利益となる重要な大事件を持ち帰るのであれば、あのビスマルク氏が普軍の中を通る入城をなかなか許さず、拒むだろうが、このたびの凶報であるメッスの一事件を速やかに市内に知らせ、恐怖に陥らせるため、容易にその軍中を通し、入城を許したのだろうという説がある。私もこの説に同感だ。普軍の状態、ビスマルクの胸算用もやはり、またここにあるだろう。

ティエール氏が昨夜ヴェルサイユに一泊した。昨日、同人が同所に到着した時、直ちに普国の有名な計略家のモルトケ将軍が来て、その様子を尋ねた。ティエール氏はその神のような速さに非常に驚いたという。続いて途中でビスマルク氏に会った。この時、ティエール氏は「貴方に対し、何も語るべきことはない」と言った。ビスマルクは「私は、貴方の意味がよくわかる」と答えて別れた。翌朝、ティエール氏が同市を出発し、夕方、パリに入った。[120]

一〇月三〇日[121]

パリ市市内へ一〇月二八日付農商務大臣令の発表。[122]

一〇月一日付国防政府令により、パリの食料供給を考慮し、マルヌ川、セーヌ川、サン・マルタン運河、ヴァンセンヌとブローニュの森の中の湖の今でも近づける場所にある魚を徴用の対象とし、公共事業大臣がその漁労に必要な措置をとる。

令[123]

市中への食料用馬肉販売に関する二九日付農商務大臣

一週間ごとに各市場では、肉屋に六〇〇頭のみ販売する。市場に入る馬は八〇〇頭に限り認め、獣医委員会がその中から畜殺すべき六〇〇頭を選ぶ。

ガス消費に関する二六日付パリ市長命令。[124]

一一月一日から多数の火口を持つガス照明の消費者は、二火口のうち、一火口の割合で照明を減らさなければならない。同じ日から、個人住宅や公務に用いられる建物全てで炎の高さを下げることにより、メーターまたは時間で測るガス消費量を半減する。遅くとも、夜一〇時半には、火口を全て消さなければならない。この措置への違反は、調書に記録され、しかるべき法廷で裁かれる。違反者は、ガスの使用を止められることがある。公道・散歩道局長が本命令を執行する。

国防政府からのメッス要塞落城の発表。[125]

政府は、メッス要塞降伏の辛い知らせを確認した。バゼイヌ元帥とその軍は、英雄的努力の後、食料と弾薬が尽き、継戦できずに降伏する他なく、敵の捕虜となった。この残酷な結果は、仏全国に深い苦しみを与えたが、挫けない。パリは、彼らの勇敢さを模範とし、復讐の希望に支えられるだろう。

一〇月三一日[126]

今朝未明からパリ各区の国民衛兵隊が呼出しの太鼓を打ちならし、午前に各区の国民衛兵が集合し、一一時から隊列を組み、国民衛兵数万名が潮が湧くように、市庁舎に向け、馳せ集まり、周囲に群れ集まり、四方の道路を塞ぎ、非常に騒々しかった。[127,128] その理由は、この籠城防戦中、政府の権威が発揮されず、さまざまの件がよく処理されないので、国民衛兵が行動し、再び政府の閣僚を一変し、新たな選挙を企て、一同が競い、行動し、政府に迫ったという。その群衆が数十万名であり、あえて目算できない。[129]

直ちに、その区長が出てきて、この群衆を説得し、取り鎮めようとしたが、混乱がひどく、言葉も通じない。また、政府の閣僚ロシュフォールとアラゴの二名[130]が出て鎮めようとしたが、全くこれを聞き入れる者がなく、騒動がもっと大きくなった。ついに、市庁舎の門を開き、五〇〇名ばかりの国民衛兵が一時に入り、バルコニーに出ようとした。大統領トロシュウ将軍が群衆に会うため、座席を立ち、階上に出ようとしたところで集団に行き合い、トロシュウが立ち止まり、群衆に向かって言葉を出そうとするが、大勢の声が騒がしく[131]言葉が通ぜず、しきりに制し漸くその言葉が通じた。その時、トロシュウは、「市民諸君！一兵士の言葉を聴いてくれないか（一兵士とは謙遜の言葉である）。共和国を守るため命を懸けている私の愛国心を疑うのは無駄だ。総督に任命され、私は、パリ市の守りがないのを知った。パリは、四八時間で（即ち二日二夜である）たやすく落城するだろうという有様だった。私は、努力し、パリを難攻不落にし、それが今日の状況である。どんな強敵も城内に攻め込めない。わが身を守るには全ての手だてが必要なことがわからないのか？　わが軍が負けるのは、勝つ努力の不足による。大砲が足りない。われらは、勝つためのあらゆる努力をする。われらは、敵と戦える力を結集してきた」と言った。[132]

この言葉は、漸く民衆の耳に通じることができた。しかし、その言葉がまだ全部終わらないうちに再び群衆が騒ぎ、その道理を聴き入れず、館の前に寄り集まり、その勢いは丁度湖水が沸き起こるのと同じであった。この群衆の中には、このように急ぎ、集合するのが政府を倒すためなのか、また閣僚を辞めさせるためなのか、その趣旨を理解しない者がかなり多かった。この時、諸大臣が急ぎ、市庁舎に集まり、人々を鎮めることを話し合った。

午後二時、群衆の中から指導者五〇名余りが市庁舎に来て、「今館内で面談したいが、政府の大臣が会ってくれるか」と尋ねた。そこで、その者らを館内に入れた。その群衆の首領がモーリス＝ジョリー、シャッサン、ルフランセなどである。政府の大臣を始め幹部が居並ぶ前で、モーリス＝ジョリーが「なぜ一昨日のル・ブールジェの戦闘[133]で敗戦したのか」と問うた。政府閣僚ジュル＝フェリーが「これは全てド・ベルマール将軍の指揮の誤りによる」などと答えた。そのほか、また発言しようとするうちに、モーリス＝ジョリーがまた押し返し「これは貴殿の体裁のための言葉だ」などと言った。このような議論中、急に数十名の国民衛兵が銃を持ち、市庁舎に入り、また混乱した。この時、書記役の役人[134]がこれを制し、「民主共和の同僚である貴方たちがこのような暴動を起こすとは実に恥辱ではないか」と言ったので、国民衛兵が怒り、書記役を取り囲み、大声で「こやつを踏み潰せ、踏み潰せ」と叫んだ。その狼藉ぶりは言葉に尽くせないという。

この時、大統領トロシュウ将軍に他所から届いた一文書に、「今日は、仏国の末期であり、仏国が動揺するのは仕方がない」とあった。また、その大体の内容は今日、政府各閣僚を退任させ、新たに市民の中から選任すべきだという。群衆が館外にどんどん集まり、街路に満ち溢れた。そこで、近辺の者は、全て門を閉ざし、その店を閉じ、また雨の中、道の泥で雑踏の中、数名が怪我をした。また、この混乱中、何者かが空中へ向け、銃弾四発を発射し、民衆がさらに騒いだ。この時、首領のピヤとドレクリューズの二名が閣僚選挙の書面にピヤ、ドレクリューズ、レドリュ・ロラン、ドリアンの四名を記し、この中から大統領を任命すべきとも書いた。群衆数名が市庁舎の壇上に登り、トロシュウ大統領に迫り、「速やかに館を退去せよ、人々が今おまえを殺そうとする」と罵った。この時、トロシュウが「私は兵士である、少しも恐れない」と返答し、落ち着いた様子でいた。群衆がすぐに政府の諸大臣を取り囲み、皆捕え、閉じ込めた。ただ、ピカールがこの騒ぎの中、この館内から脱出し、至急の電信で、命令を出し、諸大隊を召集した。これが夜の八時である。この形勢がパリに迫る普軍を防ぐよりも最も難しい。また、普軍がもしこの内乱を察知すれば、城内は、実に危険になるだろうという。八時半、電信の急報で数大隊が急ぎ来て、この市庁舎を警衛し、直ちに入ってトロシュウ将軍を救い出した。トロシュウは、漸く館を出、ティヴォリ街の居館に向かった。他の閣僚フェリー、ロシュフォール、ペルタンらも幽閉から脱出した。しかし、ファーヴル、ドリアン、シモンらがなお虜になっていた。同九時、トロシュウ将軍がその居館に帰る。諸兵隊が来て、居館を警備し、諸軍司令官や士官も急ぎ集まった。この夜、トロシュウ将軍は、市庁舎から国民衛兵の服装をして兵士に混ざり、退去したという。同夜一二時半、国民衛兵二万名余りがリヴォリ街に満ち溢れた。この夜少し雨が降り、非常に寒かった。しかし、国民衛兵が小銃を持ち、道に立ち、明け方二時頃から次第に減るといっても遊動隊三大隊が市庁舎を警備した。明け方三時、トロシュウ大統領が兵隊を率い、再び市庁舎を奪い、群党が幽囚した各大臣を救出し、その元の職に戻した。明け方四時、数大隊が政府警護のため、市庁舎に集合した。

今夜、諸閣僚を幽閉した時間に、この群党の指導者が市内に本日付ドリアン選挙管理委員長、シェルシェール選挙管理副委員長、エチエンヌ＝アラゴ市長、フロッケ、ブリソン、エリソン、クラマジェラン各助役連名の次の要旨の発表を張り出した。[135]

今日一時、市庁舎に集まった、二〇区の暫定区長は、現在の状況で、国家の安全のため、直ちに市の選挙を行うことが必要である、と全員一致で宣言した。本日の出来事は、共和主義者を糾合した市の権力を構成することが焦眉の急であることを示す。そこで、明一一月一日一二時に各選挙区で選挙人が招集される。各選挙区は候補者名簿から四名の代表を選ぶ。この命令は、各区長により実施される。

以上の壁書きを、広く市内に貼り付けた。しかし、市民がこれを信用せず、無駄な布告であり、白紙といえる。

今日、ティエール氏が再び普軍本陣のヴェルサイユ城へ向かった。これは英、露、墺、伊四欧州大国の仏普両国間の停戦、平和交渉の提案を普代表と会議するためである。[136]以前、ティエール氏がこれら四ヵ国に使者として行き、仏普間の和平を四ヵ国の公平な判断に委ねたいと求めたが、今なお四ヵ国いずれも手をこまねき、あえて着手し難い状況であるという。[137]

一一月一日[138]（和暦一〇月九日である）

昨日の騒動後、狂暴な群衆がついに制圧され、再び以前の各閣僚が元の職に戻り、今朝、ファーヴル外務大臣・内務大臣臨時代理から次の一一月一日付発表文[139]を市中二〇区に張り出した。

昨日発表の張書は、閣僚が監視されていた間、今日物理的に不可能ではあるが、政府が市民の大多数の意向を知る機会としての選挙を知らせたものである。そこで、区長がその責任で開票することを禁止する。パリ市民は、次の木曜日、市と政府の選挙を短期間のうちに実施すべきか否かを投票することになる。この選挙が終わるまで政府は権力を保持し、力を尽くして秩序を守る。

今日午後、私は市庁舎に行き、その動静をみた。この館の内外四方を国民衛兵数大隊が囲み、警備し、全く人を近づけない。銃剣を組み立て、垣根を作り、勢いが非常に盛んである。ただ、その外の道路上には、群衆が評論し、相談し合い、通行を妨げ、その数は、幾万名とも知れない。

一一月二日[140]

パリ市に発表された一一月一日付国防政府令の第一[141]

政府の尊厳と防衛の使命にとり、政府がパリ市民の信頼を保っているかを知ることが重要であることを考慮し、また、一〇月三一日朝、パリ市庁舎で合法的に開催された二〇区長の審議により、定期的に二〇区の区役所を選挙により構成することが時宜を得たこととされたことを考慮し、次のとおり命じる。

パリ市民が国防政府の権力を支持するか否かを一一月三日木曜日朝八時から夕六時まで、各区の定例の投票所で投票する。また、一一月五日土曜日に、区長と三名の助役の選挙を行う。本命令を内務大臣、パリ市長、現在の各区長とセーヌ県担当政府閣僚がそれぞれその職務に従い、実施する。

パリ市に発表された一一月一日付国防政府令の第二[142]

国防政府は、籠城中、街中での全ての無秩序を鎮圧することを断固決意し、政府と国民衛兵は、一瞬たりとも敵との抗争をゆるがせにしてはならないので、次のとおり命じる。

通常の訓練以外に定例の召集なしに、武器を携え、市中に出る国民衛兵の大隊を全て、直ちに解散し、武装解除する。通常の訓練以外に又は通例の命令なしに出動させた国民衛兵大隊の隊長は、軍法会議に呼び出される。

パリ市に発表された一一月一日付国防政府令の第三[143]

国防政府は、次の八名の国民衛兵隊の隊長を罷免する（隊長の名を略す）[144]。後任の選挙日は、追って示す。

パリ市に発表された一一月一日付国防政府令の第四[145]

第三地区司令官クレマン・トマ将軍をセーヌ国民衛兵隊の次席副総司令官に任ずる。

考えると、この隊長を免職されたのは、先日、国民衛兵を煽り、政府を騒がした連中であった。今日、諸民が市内の状況の方向がわからず、明日の投票の結果の決定を待ち、論議が大変盛んであった。

西暦一一月二日（和暦一〇月一〇日）夜、記し終わる。

訳註

1 パリは、晴。『漫游日誌』は、この日、石油製品倉庫が二時間にわたる火災で焼失した（九月二九日付「le Figaro」）ことを記載する。

2 九月二七日付官報。

3 この後に、全ての市長選挙と制憲議会を中止、延期する旨宣言が付され、その内容の国防政府令が掲載されている。

4 右記官報。

5 同右。

6 二八日付官報。なお、葉書についても同様の命令が出された。

7 パリは、晴。

8 二八日付官報。

9 同右。

10 パリは、晴。

11 三〇日付官報。九月二九日告示。

12　同上。
13　パリは、晴。
14　一〇月一日付官報。
15　クレトィユ付近である。
16　右記官報。
17　パリは、晴。
18　三〇日付「le Gaulois」は、トゥル陥落のニュースが株の取引所に入り、混乱が起きたことを報じている。
19　政府発表は一〇月二日付ガンベッタ内務大臣の発表（三日付官報掲載）。
20　パリは、晴。
21　一〇月三日付官報。
22　各隅に、ルアン、ブレスト、ナント、ボルドー、マルセイユ、リヨン、ストラスブール、リールの石像が置かれている。
23　二日付官報。
24　パリは、晴。『漫游日誌』では、この日が旧暦九月九日の重陽の節句に当たるので、「重陽九月九日」と題し、次の感想を記す。
今度、パリ市の籠城の状況では、その危急存亡の時期がこの朝夕に迫っている。私たちは、今、敵軍一〇〇万人に包囲されている。籠城中は、ただ軍の動きにだけ耳目を寄せ、日の経つのを忘れている。今夕、突然、日本の歴史を思い出し、わが重陽の夕べであり、日本にいれば、草花の赤白、艶やかな香りが競うを見るはずである。しかし、図らずも、欧州で甲乙を争う二強がその勇ましさを争い、今、その雌雄、紅白を一度に決める状況にあって、まさにすさんだ気持ちだ。いずれをか、見競うべくも、白草の、色香を競う、今日となりぬる。〔仮名遣いを改めた〕
25　出典未確認。五日付「le Journal des débats」は、脱走兵らから聞いた話として、ヴェルサィユでの普国軍人の粗暴な行動を報じている。
26　ナポレオン一世皇帝の棺が置かれている。
27　三日付官報の予告記事に三日午前九時からの葬儀の出席者は同記事を招待状として持参することを求め、五日付官報に葬儀の様子を記載する。
28　パリは、晴。
29　ヴィクトリア女王。娘のヴィクトリアがヴィルヘルム一世の息子（後のフリードリヒ三世）と結婚していた。
30　六日付「le Journal des débats」引用の「l' Electeur libre」記事。
31　パリは、晴。
32　七日付「le Journal des débats」掲載のセーヌ・アンフェリエール県知事からの報告電報に示された命令。
33　パリは、霧。
34　出典未確認。
35　ガンベッタが気球に乗ったのは、一〇月七日である。

この日気球は三台上げられ、ガンベッタの乗った気球アルマン＝バルベ号は、九八キロメートル飛行し、オワス県エピニューズに達した。二台目のジョルジュ＝サンド号は、一二〇キロメートル飛行し、ソンム県のクレムリーに達したが、三台目は、一二キロメートルしか飛ばず、セーヌ・サンドニ県のステンに着いた。

36 出典未確認。

37 パリは、曇、夜雨。

38 八日付官報。

39 右記官報は、七日付と発表するが、このような可能性はある。

40 八日付「le Journal des débats」は、最初の気球にガンベッタとその秘書官、二台目の気球にアメリカ人二人と新任のブルターニュ郡長を乗せ、両気球が書簡も運んだとする。

41 出典未確認。

42 同右。

43 パリは、雨。

44 九日付「le Journal des débats」。

45 一一日付「le Journal débat」引用の「la Vérité」は、天津での虐殺事件以降の英国での緊張感の高まりを伝える。

46 右記「le Journal débat」引用の「la Vérité」は、ローマ市の問題はほぼ決着したと伝える。

47 仏国と普国のこと。

48 パリは、雨。

49 九日付官報。

50 一二日付「le Temps」引用の「la Vérité」。

51 パリは、晴。

52 出典未確認。

53 一一月一一日付「le Temps」再引用の「la Vérité」引用の「the New-York Tribune」。ただし、普軍の射撃を気球から荷物等を投げ捨て、上昇し始めた後とする。

54 パリは、曇。

55 パリは、午前小雨、後曇。

56 出典未確認。

57 パリは、曇。

58 一四日付官報。

59 パリは、曇。

60 パリは、曇、小雨。

61 一五日付官報（誤って一三日付と記載）に一一日一一時から午後五時まで普側の申入れにより、戦死者収容のための休戦があった。

62 一八日付「le Temps」。

63 同右。

64 パリは、曇、小雨。

65 一七日付「le Journal des débats」引用の「la Vérité」。同記事は、この原本が普軍の手に落ちたとする。

66 同右。

67 一六日付官報引用の「the Daily News」。
68 一八日付「le Temps」再引用の「la Vérité」引用の一一日付「le Nouvelliste de Rouen」。ただし、「le Journal du Loiret」による補足とする。
69 同右。
70 同右。
71 イタリアの統一に功績のあった将軍。
72 一七日付「le Journal des débats」引用の「la Vérité」。他に「le Temps」など。
73 一六日付官報。
74 スペインの政治家。当時の首相は、ファン＝プリム。
75 右記官報。
76 右記官報引用の八日付シュツットガルト発「Times」報道。
77 パリは、晴、朝一時雨。
78 『漫游日誌』は、イヴリ要塞とシャラントン要塞の中間にある陣地とする。
79 右記官報掲載の消費者への一〇時半以降の使用停止のパリ市長要請文。
80 パリは、晴。
81 一八日付「le Journal des débats」。
82 パリは、晴。
83 出典未確認であるが、一八日付官報は、「North German Correspondent」に掲載のビスマルクのファーヴル宛公開質問状の仏語訳とファーヴル外務大臣が在外使節宛通達の形で出した反論を掲載する。その中で、ビスマルクは、ファーヴルとの会談の主題は、講和条約でなく、休戦であり、また、モゼル地方の割譲、「ドイツの玄関の鍵」の確保、休戦中の現状維持保証を求めている。ファーヴルは、領土変更なしの休戦講和、メッスの休戦地域からの除外等から反論する。正元がこの官報記事を指す可能性がある。
84 パリは、晴。
85 配給券のことである。
86 二五日付「le Temps」記事がこの配給券を説明する。
87 二一日付官報掲載の二〇日付農商務大臣命令で健康な馬の肉のみを畜殺業者が畜殺し、馬肉市場で、月曜日、水曜日と金曜日に売買する旨定めた。定価の定めはない。
88 パリは、曇。
89 つまり往復料金である。
90 一両は、四分または一六朱に等しい。
91 パリは、雨。
92 二三日付官報。
93 この戦闘を「ビュザンヴァルの戦闘」という。
94 二二日付「le Temps」引用の「le Journal de Paris」。一六日付官報。
95 パリは、雨。
96 二四日付官報。

97 出典未確認。
98 パリは、曇、夕方雨。夜明け五時、日没五時半。気温摂氏五度。
99 この日、植物園付属の動物園のヤク、シマウマなどの動物が、初めて畜殺業者に売られる。
100 二七日付「le Journal des débats」引用の「l' Electeur libre」。
101 出典未確認。ただし、この日に天津で仏人宣教師らが襲われる事件（天津教案）が発生した。
102 パリは、雨。
103 二五日付官報。
104 この戦闘は「シャトウダンの戦闘」と呼ばれ、市が戦後受けた、レジオン・ド・ヌール勲章が市の紋章に示されている。
105 右記官報。
106 パリは、一日中雨。
107 二七日付官報。
108 出典未確認。
109 後の西国王アマデオ一世。一八七三年に革命により退位。
110 一一月二日付「le Journal des débats」。
111 なお、後のセルビア王ペタル一世（仏国では、ピエール一世）は、独国を嫌い、外人部隊の一員（少尉）として、普仏戦争に従軍した。
112 パリは、曇。
113 二八日付官報によれば、フェリクス＝ピヤの「le Combat」のバゼイヌがナポレオン三世の名により、メッスの降伏と和平のために申し出た旨の記事を指し、官報はこの報道を無責任と非難する。
114 二七日付「le Temps」引用の「Vérité」及び「le Temps」によれば、従来仏政府が中立国民の立退きに消極的であったが、ウォッシュバーン米公使がビスマルクと交渉し、ビスマルクの許可証を得た中立国民が退去できるようになった。
115 右記「le Temps」には、二六日の気球打上げの記事がなく、二八日付同紙は、二七日朝の気球打上げを報じている。
116 パリは、雨。
117 二九日付官報記載の「le Bourget」などでの戦闘。
118 出典不明であるが、二九日付「le Temps」引用の「le Français」は、露皇帝が普王からティエールの通行許可を得たとする。
119 パリは、曇小雨。
120 出典未確認であるが、二日付「le Temps」引用の「la Liberté」記事は、モルトケ将軍は、ティエールの自由通行を保証し、ビスマルクとは、偶然、ヴァロワ通りを横断中に出会い、この会話をしたとする。
121 パリは、曇。

122 三〇日付官報。
123 同右。
124 同右。
125 三一日付官報。
126 パリは、雨。
127 この事件を「一〇月三一日の事件」という。
128 正元のこの日の記載の出典は未確認であり、また、新聞報道は、異なるが、関連新聞の記事により、検証を行った。なお、正元は、記載していないが、ギュスターヴ＝フルーランスが市庁舎内で国民衛兵を扇動し、トロシュウらの軟禁を指示した旨、多くの新聞が伝える。
129 二日付「le Figaro」は、四〇〇〇から五〇〇〇人とする。
130 右記「le Figaro」記事は、アラゴ市長とフロケ助役であるとする。
131 右記「le Figaro」記事によれば、群衆は、「休戦反対。共和国万歳、死ぬまで抵抗」と書いた紙を掲げ、ティエールを倒せ、などと叫んだとされる。
132 二日付「le Temps」引用の「le Moniteur」。
133 一〇月二八日から三〇日にかけての戦闘で、普軍からいったん奪還したが、再度奪われた（第一次戦闘）。なお、第二次戦闘では、一二月二一日、仏軍が奪還を試みたが、敗北した。この敗北がメッスの降伏、ティエールの普国との和平交渉と合わせて、一部の国民衛兵が政府の失策と対独弱腰と非難し、この騒動を起こす背景となった様子を当時の新聞が描写する。
134 原文「官員セクレッケル氏」。セクレテール（書記役secrétaire）のことと思われる。
135 一一月一日付「le Journal des débats」。
136 一一月一日付官報。
137 二日付「le Temps」引用の「la Liberté」は、四ヵ国が仏国に講和交渉を行う権限を持つ通常の政府を構成させるために、休戦させるという案を提示した、とする。
138 パリは、晴。
139 一一月二日付「le Journal des débats」。
140 パリは、晴。
141 二日付官報。
142 同右。
143 同右。
144 フルーランス以下八名である。巻の六参照。
145 右記官報。

巻の四

西暦一八七〇年一一月三日（和暦明治三庚午年一〇月一一日）

一一月三日[1]

仏政府の信任投票。

去る一〇月三一日、パリ市内の民衆が騒ぎ、政府を一新し、現在の閣僚を替えようと計画し、国民衛兵たちが隊列を組み、大いに政府に迫ったので、今日、市内二〇区の選挙民や諸兵隊が国防政府に従うか否かを表明するため、市内全二〇区で朝八時から投票が始まった。また、この投票は、予め朝八時から夕暮れ六時までと定めていたが、終日そのことを議論し、終わらなかった。引き続き、夜になっても、その変革の可否、従うか否かの二つの方向がまだ決まらなかったので、市中の議論が特に喧しかった。

昨二日、政府の一員ロシュフォールが職を辞した[2]（このロシュフォールは、近年、しきりに共和制度を主張し、密かにこれを実現しようと企て、ナポレオンの在位中、たびたびその企てを主張し、いろいろと国政を誹謗し、そして帝を罵り、蔑む書籍を著述し、また、密かに帝を暗殺しようと企む党派の一人であったので、ナポレオンが在位中に彼を牢に長い間幽閉した。しかし、去る九月四日、ナポレオンが敵の捕虜となった報せを聞き、この党派が激しい勢いで団結し、この機に乗じ、国政を一変した。彼は、国防政府に加わった後の功績がなく、別に専任の職務もなく、ただ、閣僚の列に加わるだけであったが、去る三一日の騒動後その職を辞した）。

一一月四日[3]

昨三日、政府信任投票の開票のため、パリ市二〇区全区長が出席し、その会が終日、終夜続き、また、海陸二軍と遊動国民衛兵の投票も終わり、今日発表の開票結果は、次のとおりである（表中で可が現閣僚をそのまま認める者、否が現閣僚を一新したい者である）。

パリ市内20区の住民投票の結果[4]

区	可	否	区	可	否
第1区	15,403名	812名	第11区	18,425名	9,114名
第2区	14,964名	827名	第12区	10,532名	1,925名
第3区	17,832名	2,108名	第13区	8,374名	1,970名
第4区	16,838名	1,823名	第14区	11,007名	2,424名
第5区	13,840名	1,839名	第15区	11,503名	1,627名
第6区	16,625名	816名	第16区	7,288名	189名
第7区	13,897名	483名	第17区	14,740名	2,364名
第8区	10,650名	264名	第18区	17,006名	5,882名
第9区	16,978名	709名	第19区	11,277名	3,415名
第10区	24,370名	3,406名	第20区	8,291名	9,635名

パリ市周辺地区の住民投票の結果[5]

地区	可	否	地区	可	否
サン・ドニ地区	16,118名	1,075名	セーヌ・エ・オワーズ地区	8,764名	186名
ソー地区	14,225名	647名	セーヌ・エ・マルヌとオワーズ地区	2,258名	35名

海陸軍・遊動国民衛兵兵士の投票結果[6]　可　236,623名　否9,053名
パリ市内・周辺地区全住民の投票結果[7]　可　321,373名　否53,585名

合計で可とする者が五五万七九九六名、否とする者が六万二六三八名。

今日の開票結果の公式発表では、現政府閣僚をそのまま承認する者の数が既に一〇分の九あった。ここで市内が統一されて落ち着き、安らかになった。

私が詳しく事情を観察すると、現在、世界万国のうちで文明開化し、豊かさ、強さを合わせ持つ国は、欧州に最も多い。中でも仏国は、その文明が世界に轟く一大強国である。われわれは、日本にかつていた時に、仏国の状態を伝え聞き、また、その歴史を学び、長い間、常にその国が人材に富み、文化、教育、軍備が諸国の中で優れているのが羨ましかった。ところが、私は、今その都にいて、その国の得意とする陸戦を直接見、またその国の栄光と没落、国家の存亡の時期に至るという日に巡り合った。その戦闘の勝敗などは、さておき、今、その政府や民衆の状態を見ると国家の存亡が間近に迫り、城門の外には無数の強敵が満ち溢れ、日夜隙を窺っている時期であり、人民が皆心を合わせて協力し、専ら防衛の手段をとるべきなのに、逆に政府を改革し、急に市内の人民を動揺させ、兄弟争うような内乱を生もうとする。狂っているのか？　愚かなのか？　そもそも反逆者なのだろうか？　われわれは、その目的を全く理解できず、全く嘆かわしい。国の柱や土台となる報国や道義の心がな

ければ、悪い風習がどうかするかと大波のように激動し、たびたび艦船をひっくり返そうとするかの勢いである。私は、今一人内心、文明開化が極まることは、それが及ばないことに近いのだと嘆く。哀しいものだ。

一一月七日[8]

昨日、ヴェルサイユ城の普軍本陣で、欧州の英、露、墺、伊四大強国の諸大臣に、普国のビスマルク大臣、仏国のファーヴル大臣とティエール代表らが会合し、和平を交渉したが、普国がその約束を拒み、和平会議が再び決裂し、四ヵ国の大臣が空しく腕を組み、黙り込んだ。この結果、パリ市民の望みは絶え、再び戦争を議決した。[9]

昨日、和平会議が決裂し、市内は、さらに防戦の備えをした。その歩兵、騎兵、砲兵の三軍の配置の概略は、次のようである。[10]

総司令官　トロシュウ将軍。[11]

第一軍（パリ市城内の守備兵である。パリ周囲の砲台と呼応し、守備する兵である）

総司令官　クレマン・トマ将軍、総参謀長　モンタギュ大佐、常駐国民衛兵二六六大隊、騎兵軍団　クィクレー大佐、砲兵軍団　シェルシェー大佐。

第二軍（進撃戦隊）

総司令官　デュクロ将軍、総参謀長　アペール将軍、同副総参謀長　ヴァルネ中佐、砲兵司令官　フレボー将軍、工兵司令官　トリピェー将軍、主計将軍　ヴォルフ将軍。

この軍は、三軍団に分け、その指揮官と配置は、次のとおり。

第一軍団（三軍団中の攻撃軍）

総司令官　ヴィノワ将軍、総参謀長　ド・ヴァルダン将軍、砲兵司令官　ユベシー将軍、工兵隊司令官　プエ将軍、主計官　ヴィギエー主計官

第一師団　師団長　ド・マルロワ将軍、第一旅団　旅団長　マルテノー将軍、第二旅団　旅団長　パチュレル将軍。

第二師団　師団長　モウデュイ将軍、第一旅団　地方の遊動国民衛兵集団　旅団長　ヴァランタン大佐、第二旅団　旅団長　ブレイズ将軍。

第三師団　師団長　ブランシャール将軍、第一旅団　旅団長　コント大佐、第二旅団　旅団長　ド・ラ・マリウーズ将軍。地方の遊動国民衛兵集団　旅団長　コロニュー大佐。

第二軍団

司令官　ルノー将軍、総参謀長　フェリ・ピサーニ将軍、砲兵司令官　ボワソネ将軍、工兵司令官　コルバン大佐、主計官　ベイヨ主計官。

第一師団　師団長　ュスビェ将軍、第一旅団　旅団長　ボネ大佐、第二旅団　旅団長　ルコント将軍。

第二師団　師団長　ベルトー将軍、第一旅団　旅団長　ボシェー将軍、第二旅団　旅団長　ブティエー大佐。

第三師団　師団長　ド・モーシオン将軍、第一旅団　旅団長　クールティ将軍、第二旅団　旅団長　ド・ランクロ将軍。

第三軍団（三軍団中の応援部隊とする）

総司令官　デ・クセア将軍、総参謀長　ベルガリー大佐、砲兵司令官　プランストー将軍、工兵司令官　ラゴン大佐、主計官　プレヴァル主計官。

第一師団　師団長　ド・ベルマール将軍、第一旅団　旅団長　フルネ大佐、第二旅団　旅団長　マッタ将軍、第一旅団　地方の遊動国民衛兵集団　旅団長　ファロン将軍、第二旅団　旅団長　ドードル将軍。

騎兵師団　師団長　シャンペロン将軍、参謀長　ロスモルジュック騎兵隊長、第一旅団　旅団長　ド・ジェルボワ将軍、第二旅団　旅団長　クーザン将軍、憲兵騎兵連隊　アラヴェーヌ大佐。

第三軍

パリ総督の特別指揮下

第一師団　師団長　スーマン将軍、参謀長　ペシャン中佐、第一旅団　旅団長　ダルジャントル将軍、第二旅団　旅団長　ド・ラ・シャリエール将軍。

第二師団　師団長　ド・ラ・ロンシェール海軍少将、第一旅団　旅団長　ラヴォワネー大佐、第二旅団　旅団長　アンリオン大佐、第三旅団　旅団長　ラモット・テネー海軍中佐。

第三師団　師団長　ド・リニェール将軍、参謀長　モルランクール少佐、第一旅団　旅団長　フィロル・ド・カマ大佐、第二旅団　旅団長　ド・シャンベレ大佐。

第四師団　師団長　ド・ボーフォル将軍、参謀長ルコック少佐、第一旅団　旅団長　デュムーラン将軍、第二旅団　旅団長　ダンドレー海軍中佐。

第五師団　師団長　コレアー将軍、参謀長　ヴィアル少佐、第一旅団　旅団長　シャンピオン中佐、第二旅団旅団長　ポリオン大佐。

第六師団　師団長　ドューグ将軍、参謀長　デロワ少佐、第一旅団　旅団長　ド・ブレ海軍中佐、第二旅団旅団長　ブロー大佐。

第七師団　師団長　ポチュオー海軍准将、第一旅団旅団長　ルメン中佐、第二旅団　旅団長　サルモン海軍中佐。

騎兵　第一旅団　旅団長　ド・ベルニス将軍、第二旅団　旅団長　ブロンデル中佐。

一一月八日[12]

今日の新聞に書くべき変わった珍しい話はなかった。

今朝七時、パリ在留の英国人その他外国人三〇〇名余りが市内を退去した[13]。

昨日、市民投票の選挙によってパリ市二〇区の区長を新たに選出した[14]。その人名は省略する。

一一月九日[15]

今日、新聞[16]を見ると、昨日朝英国人がパリ市退去の時、仏政府は、その通行のため、士官に案内させた。この時、普軍陣地の前で両軍士官同士が会話した。普士官が仏士官にメッス要塞開城について、概ね次のように語った。

ガンベッタは、バゼイヌが祖国を裏切ったと非難するが、とんでもない。彼だけが真剣に抵抗し、わが普軍隊をたびたび痛めつけ、大変な努力で突破しようとした。降伏後、仏軍が皆ひどく飢え、馬もひどく疲弊し、大砲を曳けなかった。その状況で彼が最後の出撃をしたのに、どうして彼にそれ以上の抵抗を望めたのか。メッスのわが普軍がリヨンに向かった。メッス降伏前でも一部を南に振り向けたので、今頃は、わが軍も大丈夫であろう。われらは、パリに入城したいわけではないが、確実に諸氏の要塞の二つは、攻め取れる。そうすれば、パリが手に入るだろう。それで、終わりだろう。われらも皆平和を望む。

一一月一〇日[17]

今日、パリ市内の国民衛兵を以下の五分類に分けた。[18]つまり、国民衛兵一大隊を八から一〇の中隊（士官を含め一〇〇名または一二五名）に分け、健全な者を以下の順序で充てる。

第一類が全ての年齢の志願者、第二類が二〇歳以上三五歳までの独身者または子がない寡夫、第三類が三五歳以上四五歳までの独身者または子がない寡夫、第四類が二〇歳以上三五歳までの既婚者または家族を持つ父親、第五類が三五歳以上四五歳までの既婚者または家族を持つ父親。

以上の五分類により、城内外の防衛に配置する。

一一月一一日[19]

新聞にあること。

ベルリン市新聞は、今、普国で捕虜となっている仏軍の将軍兵士の数は、負傷者を合わせ、三二万三〇〇〇名に上ると記す。[20]普国の軍備の金額がこのたびの戦争の始めの七月一九日から今日まで一五億ターレルだという。もしこの戦争がなお三ヵ月も続くと、普国に一〇年にわたる弊害を作り出すだろうと記す。[21]

去る九月一七日のパリ籠城以来、市民が猫を殺して食べ、その皮の数が二万七五三三枚であると市庁舎に書いてあった。そして今、市内に猫が約二五万匹蓄えてあると付け加えてあった。

パリ市内、犬猫の畜殺業者。最近、市内に犬猫の屠殺業者が現れ、その肉を売る店を開いた。また、兵士の駐屯地では主に犬を畜殺して食べるという。また、噂では、今市内で猫一匹の値段が約八フラン（日本の約一両八分）である。私が以上を書くのは、パリ市内の窮迫の状態を明確に知らせるためである。

一一月一二日[22]

今日市内で異状がなかった。

最近、パリ市内の物価が騰貴し、新聞に次の一覧が載っている。[23]

燻製のハム一ポンド（一六フラン、日本の三両一分）、牛肉（全く見当たらない）、馬肉一ポンド（二フラン、日本の一分二朱）、ロバの肉同じく（六フラン、日本の一両一分）、ガチョウ一羽（二五フラン、日本の五両）、鶏同じく（一五フラン、日本の三両）、鳩一番《ひとつがい》（一二フラン、日本の二両）、七面鳥一羽（五五フラン、日本の一一両）、兎一匹（一八フラン、日本の三両三分）、鯉一尾（二〇フラン、日本の四両）、鶏卵一二個（四フラン六サンチーム、日本の三分三朱）、人参一束（二フラン二五サンチーム、日本の一分三朱）、さや豆一ポンド（五フラン、日本の一両）、バター一ポンド（四五フラン、日本の九両）、有塩バター一ポンド（一四フラン、日本の二両三分）。

最近、市内の食料の値が以前の二倍、三倍さらには五倍のものがある。そして買おうにもその品が非常に少ない。そこで付録で、昨日、ある豪商が市内の動物園で野生の猪の仔二匹を一五〇フラン（日本の三〇両）で求めた[24]という。実に世間の人を驚かせる。

一昨日、パリ市内から出発した一気球が普軍の陣中に堕ち、その乗組員と機械がともに敵の手中に入った。この気球には多くの伝書鳩を乗せていたという[25]。

一一月一三日[26]

今日、市内に再び命令し、二五歳以上三五歳までの市民をその職業や地位を問わず、皆徴兵することにした[27]。同時に、防衛戦で負傷または戦死した国民衛兵の家族の扶助の措置を発表した[28]。

また、新聞が普国でこのたびの捕虜や捕獲品に不足しないと書いた[29]。仏国旗数本、大砲数十門、兵士三〇万名余り、士官数千名、将軍数十名、元帥数名や仏帝ナポレオンを合わせ、その掌中にし、そしてパリもまた近いうちに陥落するかという勢いであり、今回の普軍の捕獲した品々には何の不足もなかった。実に仏国が未曽有の大敗北だという

一一月一四日[30]

一一月一一日付トゥール発ガンベッタのファーヴル宛報告[31]による。去る九日から二日間の戦闘の後、オルレアンを占領し、わが仏軍は、大いに勝利を得、捕虜一〇〇〇名余り、大砲二門、大量の食糧荷馬車や二〇箱余りの火薬などを捕獲した。また、去る九日には、クルミエール[32]で激しく戦争をした。この二日間の味方の損失が二〇〇〇名足らずであり、敵軍の死傷者数はさらに大

きい。

　この報告書が伝書鳩の首に結び付けられ、昨一三日夕方四時にきたという[33]。この報告を伝聞し、市内の人民が大いに奮い立った。

　今朝、総督トロシュウ将軍が市中に指示の張紙をした。その大意は、今フランスに危急が実に間近に迫り、民衆が一層その身を投げ打ち、国に報いるべきである。長い文章をこのように省略する[34]。

　今日再び、二五歳以上三五歳までの市民を徴兵する旨布告した[35]。

　来る一五日からパリ市諸道路への門戸を夕暮れ五時に閉じるという通知[36]があった。考えると、このところはもう日が短く、夕方五時で日が既に没し、黄昏となるためである。

　今なお普国のスパイがパリ市内に潜み住んでいる。一昨日の夜、オペラコミック（劇場である）の近辺で一名の婦人を捕えた。これがスパイだという[37]。

　最近パリ市外では、多く疫病や天然痘が流行し、普軍では、このため亡くなる者の数が日々多くなり、またパリ市内でも大いに流行伝染し、国民衛兵で亡くなる者もまた多かった[38]。

　一一月一五日[39]

　去る九日、オルレアンの戦闘で、普軍の死亡が約二五〇〇名、うち五七名が隊長の士官、二〇二名が小隊長の士官である。なお、このほかに四五〇名の負傷者があった[40]。

　現在パリの機械所で一週間ごとにミトライユーズ砲（仏国が近年新しく製造した珍しい砲である）を八門と他の大砲を八門製造するという。このミトライユーズという砲は、大砲一二門から三七門を組み合わせ、製造する砲であり、今、なお大砲五〇門を組み合わせて製造するミトライユーズ砲がある。この三七門を組み合わせたミトライユーズ砲は、一分間に五回発砲して一八五発の弾丸を発射し、五分間には九二五発の弾丸を発射するという珍しい砲である。通常、大砲は、五分間にただ一回弾丸を発射する。

　一一月一六日[41]

　新聞に変わったこと珍しいことはない。また最近、城外の戦争の報道がない。

普国ベルリンの一一月一日付新聞が、ようやく今日市内に届いた。その中に、メッス要塞に籠城した司令官バゼイヌ元帥が一五万名の兵とともに普軍に降参し、開城し、即日、普国に到着し、一一月一日午後三時半、仏帝ナポレオンに拝謁したという。[42]その他、多く当日の状態を載せるが、皆遥かに以前のことであり、全ては、記さない。

一一月一七日[43]（パリの籠城は、今日既に六〇日である）

新聞中に変わったことがない。最近の市内は静かで穏やかである。私は、密かに仰いで政府の事情を察し、伏して世間の状態を見ると、民衆の心がただ和平と戦争の二つの道に迷い、あるいは出て、勝敗を決着しようといい、あるいは屈して、和平を考えようといい、国民は、さらにその方向がわからない。思うに、政府は、既に、たびたびその機会を失い、今はその目的がない。また食料の品々が日々不足し、貧民が切迫し、町中で叫び、道路の犬猫を殺して食べる。その困窮を実に知る必要がある。現在の政府は、これをどう処置するのか。

今夜、私は機械博覧講義局[44]に行き、最近初めて鋳造された新式の元込め銃の利点の講義を聞いた。この大砲を軍務省で試験し、二〇〇〇メートル（日本の一九町）の距離で、二つの弾丸を発射し、同じ穴に入れたという。近世で未曽有の精巧な奇砲であるという。

仏国は、兵器に富む。大砲にはミトライユーズがあり、小銃にはシャスポーがあり、奇抜で精巧であることは、実に驚愕すべきである。しかし、その人心は発憤の気力がなく、これをまた憂い、嘆くことに堪えられない。

一一月一八日[45]

普国ベルリン一〇月二八日付新聞を要約する市内の新聞[46]では、同日、メッス要塞開城、仏軍降伏の日、普軍司令官フリードリヒ・カール親王が太鼓を打ち鳴らし、軍旗を掲げ、メッス要塞に入った。その捕虜と捕獲した物品が元帥三名、将軍五〇名、大佐以下の士官、六〇〇〇名、遊動国民衛兵を含む兵士一七万三〇〇〇名、大砲四〇〇門、ミトライユーズ一〇〇門である。

このたび、このメッス要塞を囲んだ独軍は七軍団、普後衛兵一師団、ヘッセン一師団の二二万名だった。開城後その城に残った兵が二万名であり、他は、戦場に向かったという。今、普国に捕虜となっている仏軍将師や士官・兵士の数が次のとおり。元帥四名（バゼイヌ、マク・マオン、ル・ブフ、カンロベール）、将軍一四〇名、士官が大佐以下一万名、兵士三二万三〇〇〇名、この他、仏帝ナポレオンも捕虜となった（以上、一〇月二五日の計算である）[47]。

このたびの戦いが仏国未曽有の大敗であり、パリがこのように激烈な攻撃を受けたことは、仏国の歴史上いまだ見ない。

一一月一九日[48]

昨日一八日、国防政府令[49]で、パリ市国民衛兵隊の諸士官や兵士の給料を定めたという。その概略は、次のとおり。

一ヵ月の給料、大隊長三三三フラン三三サンチーム（日本の六六両二分余）、大尉と外科軍医が二三六フラン一〇サンチーム（日本の四七両余）、中尉と軍医助手が一六六フラン六六サンチーム（日本の約三三両）、少尉が一五〇フラン（日本の三〇両）、副官の大尉が別に月々五〇フラン（日本の一〇両）を受け取る。国民衛兵隊が一律に一日一フラン半（日本の一分二〇〇文）。この定めはパリ市街で行動した日からである。そして城外で野営すれば諸食料など皆、政府から給付される。

一一月二〇日

今日、新聞に異状がなく、市内が殊に静かで穏やかである。また城外の戦争の報道はない。

パリ市内に貯蔵するガスが不足し[50]、石炭が当然乏しい。そこで、この二、三日以来、石油を灯火に使い、市街が夜中朦朧とする。また、各家は、全て夜一〇時半からその灯火を消した。

一一月二二日[51]

新聞に変わった珍しいことはなかった。

写真の書簡。今回の籠城中、仏政府派遣部所在地トゥールやその他諸地方からパリへ送る急報や重要な新聞などは、これを集め、薄い紙に写真で縮小[52]し、その重さや量を減らし、伝書鳩の首や羽の下に結び付け、これを放した[53]。パリ市内へいろいろな地方から送る報告や新聞は、多分この写真の書簡である。このたびは、鳩が密使となり、大変便利であり、人は、初めてその重要性に驚いた。

今日から政府貯蔵の塩漬け獣肉を市中に分配し、市民が皆同じように塩漬けの肉を食べた。私もまた塩漬け獣肉の味を知った。

一一月二三日[54]（日本の閏一〇月一日である）

今日、城外の砦、要塞の前にいた国民衛兵隊四名が負傷し、彼らを市内に送って来たという[55]。

新聞を見ると、パリ在留の南米のブラジルの外交使節が市内から退去を求め、先日来、両国政府と交渉したが、普軍の本陣からまだその通行証が来ない。しかし、このたび、敢えて市内を出、普軍前営に着き、その通行を求めたところ、この陣の司令官が直ちにヴェルサイユの本陣にそのことを告げた。首相が容易にこれを許し、速やかに軍中を通行させたので、直ちにロンドンに向かったという[56]。

一一月二四日[57]

去る一九日、ビスマルク首相がヴェルサイユ城の普軍本陣からパリ在留のウォッシュバーン米合衆国公使へ一文書[58]を送った。

その文の要旨は、

先日のご書面によるファーヴル外務大臣からの非公式のレナル氏の消息依頼の件で得た情報では、同氏が情報を敵に通報するとの証拠があり、軍当局が逮捕し、軍法会議で裁くため独国に送ったとのことである。この機会をお借りし、最近、パリ市内を出発した幾つかの気球がわが軍の手に入り、乗員が同様に、戦時法規により裁かれることになった。このことを仏政府にお伝え頂きたく、今後とも許可なくわが軍を越えたり、わが軍を損なう情報を持つ者は、わが軍に捕まれば、通常の方法で同様の行為をした場合と同じ扱いになることを申し添える。

敬具

右の書簡を直ちに同合衆国公使から仏政府に伝達したので、今日、政府がこれを新聞に載せ、発表した[59]。

一一月二五日[60]

今日市中に一一月二五日付総督命令の発表[61]があった。

明後日、二七日、日曜日から新たな命令があるまで、城壁の諸道への門を一切閉鎖し、その出入りを禁止する。その出入りができるのは、軍と物資の通過、軍のための軍や民間の車列、個別の軍隊、城外での軍事工事に携わる技師と職工だけである。

一一月二六日[62]

新聞に、新しい記事や変わったことはない。ここに一つの小さな笑話がある。今日、市中警衛の国民衛兵がある豪商の家に行き、密かに貯蔵する食料品の有無を検査したところ、その家の地下蔵に一七一四個のハム（塩漬けの豚肉）を見て、直ちにこれを当局に告げ、その家の主人が罰せられたという[63]。この頃、市中の食料の品々が不足するので、このような小事件が非常に多い。

最近の市内の食料は、少量の塩肉や塩魚のみで、塩漬けでない馬肉を得るのも非常に難しい。塩肉や塩魚の味は、とても不味い。

一一月二七日[64]

今日、私は、技能博物館[65]に行った。この中に、蒸気車、蒸気船、風車、気球、水車、天文測量器、地中検査器やその他の各器械、さらには各種の時計、磁石、織物の器械、耕作の諸道具に至るまで全ての品や種類を展示していた。欧州が器械に優れていることは、実に人の目を驚かせる。

帰路、市街を通り過ぎ、その状態を見ると、この日は、日曜日なので途中には散歩し、歩き回る人がとくに多い。屈強の男たちできれいな服を着て、その妻の手を取り、ゆっくりと散歩する者は、幾千名であるのかわからない。この連中は、皆、今、仏国がほとんど敵の掌中に陥ろうとし、危急存亡が朝夕に迫り、その危うさがまさに朝露のようであるのを知らないようである。パリ市民は、虚飾に集中し、言葉を巧みに操り、胸の内には報国の真心がなく、常に国政を罵るが、危急に臨んでも、国を顧ないようだ。その節操の薄さは、また、私の仲間の目を驚かせる。思うに今、仏国の兵器や機械が精巧であり、実に良質で美しさを極めているが、政府に人材がなく、民間に節操がなく、威力武力が衰え廃れ、強敵に当たっていくだけの精神がない。ああ、国にすばらしい機器があっても、人材がなければ、またこれをどうすることもできない。

一一月二八日[66]

最近、兵隊が多く城外に出陣する。また、今夜、パリ総督トロシュウ将軍が市内の兵を率い、城外に出陣した、と報じる。[67] これは近日中に一戦があるためである。しかし、市内の兵力は、大きく衰弱すると思われる。

市民集会所（クラブ）。このほど、市内所々に市民のクラブを設けて、多人数が会合し、各々がその席で時世を話し、持論をはくことは、立法院に似る。今夜、私がこのクラブに行き、聞くと、市民がしきりに欧州各国の事情や状態を論じていた。

今日、市中に国防政府令[68]が発表された。今回の籠城中、市民が皆国民衛兵となった。そこで、先日から国民衛兵一人に毎日一フラン半（日本の約一分一朱）を与えた。[69] 今回、また、その国民衛兵の妻に一日七五サンチーム（日本の約二朱）の補助金を与える。これは物価が騰貴し、貧しい者の家計を助けるためである。

一一月二九日[70]

今暁三時頃から城外で激しい砲声が聞こえ、終日砲戦があった。

今日、政府から市民に発表[71]した。昨夜から市内の兵隊が城外に布陣し、所々で戦争が始まり、今日明け方から激しい砲声が聞こえる。そして、パリ総督トロシュウ将軍が陣頭で指揮を執る。今朝、総督から政府に送った報告書[72]に、城外の各陣や部署は、既に準備を整え、盛んに戦闘を開始したと記してある。[73]

今夜、私の知人、レスピオー氏からの一文書に、今日の戦争で部下の兵士の損失が二〇〇名余り、そのうち大尉一名、中尉三名、兵士五〇名が戦死し、九〇名余が敵の捕虜となり、負傷者がとくに多いという。その他、今日戦った数大隊の死傷者がまだはっきりしない。

一一月三〇日[74]

今暁三時頃から、城外に大いに砲声が轟き、終日絶え間なかった。夜になり、終わった。

市中では、各家で灯火に使うガスを止めた。パリ市内は、石炭が次第に不足し、ガスを使うことが日毎に減少し、今夜から市内の人家がその部屋の中の灯火に使うガスを一切禁止し、各々ろうそくでこれを代用するが、市街の道路の灯火だけこのガスを使う。しかし、この灯火も、先日以来大きくその数を減らし、ただ、僅かに路上を照らし、通る人や馬車の行き来に便利であるだけである。市内の窮迫がわかる。

去る一一月一六日付のマドリードの新聞[75]が漸く今日パリに届いた。その報道では、西国は、かつて普国のホーエンツォレルン親王を国王に擁立する約束が破れた後、国民も騒ぎ、全国の意見が定まらなかった。そこで今度、西国議会で全国からの三四五名の議員が選挙で国王を選んだ。その投票結果は、次のとおりである。

アオスタ公[76]（伊国王の子）一九一名、共和制度六三名、（共和民主三名）[77]、モンパンシェ公（仏王ルイ・フィリップ王の末子）二七名、エスパルテロ氏[78]（西国元首相）八名、アフォンソ親王[79]（葡国王の子）二名、モンパンシェ公夫人[80]一名、白紙の投票（そのうち一二名が女王の前に在位した王の男系子孫を国王にしようという者）[81]一九名。

この投票は、過半数（一七三票）で決めるので、数えると、三四五名のうち、アオスタ公に票を投じた一九一名に二名の賛同者を加え一九三名となり、アオスタ公を選ぶことを議会議長が宣言した。

一二月一日[82]（和暦閏一〇月九日である）

戦況報告[83]が新聞にある。昨日は、終日戦ったが、夕刻になり、仏軍がマルヌ川を越え、進撃し、普軍が大砲二門を残し、負傷や死亡の者を打ち捨て、退散した[84]。サン・ドニ方面で仏軍が大砲二門を奪い、さらに七二名を捕えた。味方の死傷は、不明であるが、少ない見込み[85]。

今朝、総督トロシュウ将軍からパリ市のシュミッツ参謀長へわが軍隊が昨日来、占領した位置に留まり、敵軍が残した負傷者を収容し、死者を埋葬した。わが軍の意気が殊に盛んであると報告した[86]。

一二月二日[87]

昨一日は、終日大戦闘がなく仏軍が所々、陣地を配備し、終日味方の死亡者を埋葬するだけであった。

今日、多数の負傷者を車に乗せ、市内の病院に連れ帰った。

今日、政府は、アミアンの県知事の一一月二〇日付報告を得た。その文では、先日のオルレアンの戦争後、大戦争がない。仏地方の北部シャティヨン・シュル・セーヌ[88]で普軍七〇〇～八〇〇名が仏側ガリバルディ将軍に奇襲され、全て死傷するか、捕えられたという。[89]

新聞[90]を見ると、去る一〇月二七日、メッス要塞が開城の際、仏軍の総兵力が一三万五〇〇〇名で、このうち負傷兵が二万五〇〇〇名、また一万名が病人であった。精兵といっても、全てで一〇万名である。これは歩兵、騎兵、砲兵三兵の合計であるが、騎兵隊や砲兵隊は、メッス城中の馬を食べ尽くし、精兵でよい武器があっても役立たなかった。ついに城中に食料が尽き、弾薬が尽き、全員開城降伏し、将軍、兵士ともに生け捕られた（この城の司令官バゼイヌ元帥がメッス要塞に入った八月一七日から一〇月二七日まで全七〇日余り籠城した）。

一二月三日[91]

新聞中に昨日の戦争の状態の記録があった。総督トロシュウ将軍が一二月二日夕三時一〇分、陣中から報告[92]を発信したという。

今朝、夜明けに、普軍が強力な兵力で仏軍の先鋒デュクロ将軍の陣を襲撃した。わが軍には、敵襲を防ぐ準備が既に整っていた。アヴロンの陣地、ノジャン、フェザンドリー、グラヴェルの各要塞、サン・モールの諸砦やシャラントン要塞からの砲撃の進展が敵軍の進撃を防いだ。普軍の歩兵は、森林中に退却したが、わが軍が優勢である。この襲撃の知らせにより、参謀長が、ヴィノワ将軍と既に現場に国民衛兵三三個大隊を出動させたクレマン・トマ将軍に出動させた。その時に、ド・ボーフォール・ドプル将軍とド・リニェールの二将軍も活発な牽制攻撃を行ったとのことだ。

また、以下のトロシュウ将軍の一二月二日夕五時三〇分発報告[93]。

一二月二日、ノジャンの陣に五時に戻った。明け方、敵軍が予備軍と新たな戦力でわが先隊に襲撃したが、三時間かけて陣地を守り、五時間かけて、敵陣を奪い、そこで寝た。多くが家に戻れなかったが、この残念な死者は、この若い共和国にとり、国の軍の歴史に輝かしい一頁をもたらした。

昨日、戦闘中[94]、先鋒の勇将ルノー将軍が敵の弾丸に右足を撃たれ、非常な重傷で速やかに病院に送り、療養をしたが[95]、数ヵ所に傷があり、ついに今日死去したという。[96]今年六二歳であった。

このたびの戦闘は最近の一大戦であり、敵の死傷者が莫大であった。仏軍にもまた死傷者が多いというが、政府が隠し、示さなかった。最近市内に運ばれる負傷者は数千名であり、この時の戦死・負傷・捕虜は、約一万名余りという。しかし、まだはっきりしない。

一二月四日[97]

昨日、国防政府閣僚一同からパリ防衛の総督兼大統領トロシュウ将軍に以下の要旨の書面[98]が贈られた。

この三日間、われらは、貴殿とともに、国運を決める光輝ある戦いの場に思いを馳せる。われらは、貴殿の危機も分かち合うが、その危機の中でよく準備され、貴殿の貴い忠誠により今や確実となったわが勇敢な軍の成功の栄誉は、貴殿に帰せられる。それに高ぶらないことは立派であるが、貴殿の模範に感動した仲間の兵士からの喝采は避けられない。われらの喝采を心地よく贈りたく、少なくとも貴殿に感謝と愛惜の気持ちを表したい。わが軍の勇敢なデュクロ将軍、かくも献身的な貴殿の諸将校、諸勇士に、われらが賞賛すると伝えて欲しい。今、仏共和国は、その救いとなった、彼らの気高く純真な勇ましさを認め、それが仏共和国を救う希望とした。われらは、貴殿の同僚として、これらの美しく偉大な日々がわれらの解放の始まりとなると深く確信し、喜んで歓迎する。

今日、新聞に新しい報告が多いが、かなり煩雑になり、今はここに記載しない。

外国の諸新聞は、露国がトルコに対し戦端を開こうとし、その勢いが極めて切迫するという。[99]黒海を巡る一つの争いである。

一二月五日[100]

デュクロ将軍の軍がヴァンセンヌの森の中で野営した。捕虜の普軍士官、兵士四〇〇名が市内に送られた。[101]去る二日の戦争で将軍士官の負傷と戦死は、次のようであった。

ルノー将軍が足に流れ弾を受け、病院でついに亡くなった。[102]ラドレイ将軍が砲弾二発を受け、負傷した後、亡くなった。[103]パチュレル将軍とボワソネ将軍が負傷し、入院した。[104]ド・グランセー大佐が戦死。[105]ヴィリェ大佐が負傷。[106]ヴィネラル大佐やイレ・ヴィレンヌ大隊の指揮官全員が戦死したという。[107]将軍死傷四名。一名が戦死、三名が負傷。大佐の死傷が三名。一名が戦死、二名が負傷。その他の士官兵士の死傷は、明らかでない。

今夜、私の知人、レスピオー中佐が私の仮住まいする学校に来た。幸い、会うことができ、このほどの戦闘の事情を聴いた。この人は、今度位が一級上がり、大佐となった。去る二九日、ムーラン・ド・サケ砦での激戦では、部下の士官兵士らの死傷捕虜全てが二八〇名、うち大尉一名、中尉三名、兵士五〇名が戦死し、兵士八九名が敵の虜となったほかは、全て負傷者であると語った。

一二月六日[108]（パリ市籠城が今日で既に八〇日である）

昨日、内務大臣の確認した戦況報告[109]では、これまでに、普軍士官兵士合わせて八〇〇名超の捕虜を市内に送ったという。

現在、市内の食料の獣肉が全て尽き、政府貯蔵の塩漬けの獣肉や塩魚などを少しずつ市中に分配する。そして、市中では、犬猫や鼠[110]を捕って食べることが、とくに多い。先日以来、市中輸送の馬車の馬を畜殺することが既に多い。しかし、この馬肉を広く市民に支給するには足らない。そこで政府は布告し、畜殺業者と肉屋たちに獣肉の代わりに干し魚や塩魚の類を売らせた。[111]

先日以来、市内所々に犬、猫、鼠の多くの畜殺者が店を開いた。そして今日、犬の肉が最も高価で、その腿肉一本の値が八フラン（日本の一両二分二朱）という。最近の市民の食料の肉の多くが犬や猫の肉だという。市中の野菜がとくに少なく、さらに市内では、パンを作る穀類が乏しく、物価がますます高騰するという。

一二月七日[112]

本陣ヴェルサイユ城のモルトケ将軍とパリ総督トロシュウ将軍との書簡交換の経緯を説明の発表文。[113]

〈モルトケ将軍の一二月五日付書簡〉

ロワール軍が昨日、オルレアン近くで敗北し、同市は、再度、独軍が占領したことを閣下にお知らせすることが役立つと存じる。しかし、将軍が一士官を派遣し、それをご確認したいのであれば、私は、その士官にわが軍中を往復する通行証をお渡しすることにやぶさかではない。

敬具

〈総督の一二月六日付返書〉

閣下は、ロワール軍がオルレアン近くで敗れ、同市を再度独軍が占領したことを私に知らせることが役立つとお考えになった。私は、そのお知らせを頂いたことを認めるのを栄誉と存じるが、閣下が示された方法で確認する必要を認めない　敬具

〈一二月六日付国防政府声明文〉

この敵軍から来た報告が正確であるとしても、われらの救援に駆けつけようとの仏国内の大きな動きに期待するわれらの権利を妨げるものではなく、われらの決意と義務を変えるものではない。一語で言えば、戦おう！　仏国万歳。共和国万歳。

考えると上の報告の虚実は、当然、知ることができない。しばらく、その真偽はおいて、ただ、当日の両軍間の実情を観察すると、これは、全く普軍参謀部の策略だろうと推察してわかる。

今、市内では、諸地方から国民衛兵の応援が来るのを待ち、ロワール軍を第一の救援軍とし、この救援軍が近いうちに敵の後ろに迫り、市内を応援することを期待する。しかし、今この軍が全て敵軍に圧倒され、敗れ、遠くに陣を引き上げたといえば、市内の望みが全く絶え、気力が一時に衰え、それに従い、必ず防戦の力を削ぐ。恐らく、普将軍の策略の意図がここにあるのではないだろうか。もし、今、仏将軍が使者を派遣し、その真偽を調べても、徒らに日時を費やし、さらに防戦の気力を挫くだろう。思えば、トロシュウ将軍は、このことを察し、この返書を送ったのだろう。さて、トロシュウ将軍がその事件を直ちに市内に公開し、努めて防御の努力を強化するため、血戦のほかはないということを書いた一文書を添えたものであろう。優れた将軍の雄大な計略であり、その内容が深い。

一二月八日[114]

今日、午後、私は、市街を散歩し、様子を見るが、市内は平和で静かである。帰り道に王城の前を通り過ぎると国民衛兵七大隊が出陣するのを見た。士官にその数を聴くと三五〇〇名だという。

去る一一月二八日、二九日、三〇日と一二月一日の戦いについて、仏軍の死傷者数を官報に載せた[115]が、次のようである。

将軍以下士官合わせて戦死七二名、負傷三四二名、第二軍、第三軍、サン・ドニ軍団の三兵合わせ、諸兵士の戦死九三六名、負傷四六八〇名、総計六〇三〇名、戦死の士官兵士一〇〇八名、負傷の将軍兵士五〇二二名。[116]このの発表中、死傷者の数だけ記し、捕虜の数を記してないのは、その数がまだはっきりしないからである。

一二月九日[117]

新聞[118]の付録記載の普国が現在所有する軍諸艦船の種類。

フリゲート艦という蒸気スクリューによる大軍艦三隻、第一艦をヴィルヘルム[119]といい、大砲二三門、一一五〇馬力。第二艦をフリードリヒ・カール[120]といい、大砲一六門、九五〇馬力。第三艦は、クロンプリンツ[121]といい、大砲一六門、八〇〇馬力。鉄張り軍艦二隻、第一艦をアルミニウス[122]といい、四門の大砲を備え、三〇〇馬力。第二艦をアダルベルト[123]といい、三門の大砲を備え、五〇〇馬力。コルヴェット[124]という軍艦が五隻ある。各二八門の大砲を備え、四〇〇馬力の蒸気艦である。その名称をアルコナ、フィネタ、ヘルタ、エリザベト、ガゼルという。コルヴェットポンラという蒸気艦四隻。艦ごとに一七門の大砲を備え、二〇〇馬力、その名称をアウグスタ[125]、メデューサ、ニンフ、ヴィクトリアという。別に三隻のモニトール[126]という軍艦がある。これは、アメリカ製である。シャルーフという小型船舶が一〇隻、艦ごとに三砲を備え、九〇馬力の蒸気艦である。第二等のシャルーフ艦一六隻、艦ごとに二砲を備え、六〇馬力の蒸気艦である。蒸気両輪の小型船舶数隻がある。その数は不明である。両輪船の軍艦一隻の名をバルバロッサ[127]という。そのほか、四三隻の両輪の蒸気艦や数多くの船がある。その数は、不明。帆船がまた数隻ある。テティス、ゲフィオン、ニオベ、ヘラ、ロフェール、ムスキトなどである。

その他また帆船が数多くあるが、その数は、不明である。上に書いた軍艦は、最も有名な軍艦のおおよそのものであって、その他の小型船に至っては、全てこれを枚挙できない。

市中に発表の一二月七日付国防政府令[128]による。このたび軍の先頭で栄光の戦死を遂げたルノー将軍の葬儀を廃兵院[129]の教会にて、国費で行う。軍務大臣が本命令を執行する。

一二月一〇日[130]

捕虜の士官の交換。

一昨日、トロシュウ将軍は、城外の陣[131]中から以下要旨の緊急の手紙[132]をシュミッツ将軍に送った。

私は、このたび市内に送った普軍捕虜の士官四名が最近市内を通行中、わが市民から侮辱的な悪意ある扱いを受けたと聞き、非常に嘆かわしい。この四名の士官を早急にこちらの陣へ送り、この四名を普軍に捕われの同数、同階級のわが士官四名と交換したい（このため、速やかに四名の普士官を市外の陣中に移したという）。

昨日、新聞中に記された政府から市中への発表[133]

最近、市内貯蔵のガスがいよいよ乏しくなり、市中各道路の灯台に石油を使い、ガスの代用とした。

一二月一一日[134]

新聞中の発表[135]に次のように伝える。

去る一一月一二日パリ市内を出発した一気球が普軍の手中に堕ちた。この気球に乗せた数羽の伝書鳩の多くが普軍の手中にある。そうしたところ、この伝書鳩一羽が昨九日夕暮れ五時にパリ市内に帰ってきたが、その翼の裏に一枚の報告書[136]があった[137]。その文にいう。一二月七日、ルアン発。当市、普軍に占領された。その軍がシェルブールへと進撃する。オルレアンが、悪魔どもに再占領された。また、ロワール軍完敗。抵抗に救いの見込みない、など。

ラヴェルトュジョン

同日夜七時半、第二の伝書鳩が市内に帰って来た（その翼の裏に一通の文書があった）。これは、仏政府派遣部所在地トゥールからであった。その文[138]の要旨。

一二月八日トゥール発。なんという災難。オルレアン再占領される。普軍は、トゥールとブルジェからの二リュー[139]の距離。ガンベッタ氏ボルドーに去る。ルアン占領される。シェルブール危うし。ロワール軍なし。脱走兵が盗賊化。農村住民が普軍に協力的。皆うんざり。野は荒廃。強盗横行。馬、家畜の欠乏。どこでも葬式。希望なし。パリ市民に知らせることは、パリだけが仏国ではない、民衆は、意見を言いたい。署名は読み難いがド・ピュジョルまたはピュジジェ伯爵（以上は、市内新聞社[140]中に送る一文書である）。

上の二通の報告書が皆普軍による偽の文書で市民の気力を落とし、速やかに開城させようと企てた偽造文書だと判断される。[141]

今日、新聞[142]に、以前のメッス籠城中の事実が載っていた。メッス要塞の籠城が八月一七日に始まり、一〇月二九日に開城した。籠城全てが七〇日であった。この間、負傷や陣中で病気の兵や病院で死ぬ者の数を八月一九日から同三〇日までの間四六八名、九月中二〇九四名、一〇月中一五二二名、総計四〇八四名と記録した。

一二月一二日[143]

先日、仏軍が捕虜の普軍士官四名を送り、仏士官四名との交換を求めた。昨日、この交換された仏士官四名が市内に帰った。記録では、この四名の士官が去る一二月二日のオルレアン付近の戦闘で捕虜となった。これら四名は、皆少尉で[144]、士官中では身分が低い[145]（日本ではまだ、戦闘中に敵味方の間で捕虜の士官を交換する例を聞かない。思うに囲碁で双方が手に入れた黒白の石を交換することに等しい。これは、また一つ変わった便利な方法である）。

昨日、市内でパン屋が皆その門を閉ざし、商売しないということが市中に伝えられ、市中は、一時大きく動揺し、市内の穀類が既に尽きたと街中で叫び、その騒ぎが特にひどかった。

国防政府からパリ住民へ発表の声明[146]。

昨日不安な噂で消費者が幾つかのパン屋に押し掛けた。市民がパンの配給制を心配するが、その心配は、全く根拠がない。政府は、市民への生活物資を注意する義務を負い、供給が不足する状況から程遠い。多くの籠城が恐慌で混乱させられるが、パリ市民が賢明なので災いを避けるだろう。

一二月一三日[147]

パリ市内貯蔵の石炭が既に不足した。諸砲や武器の鋳造が石炭に限られ、薪炭で代用できない。そこで昨日市内に次の内容の一二月一一日付国防政府令[148]が発表された。

パリとパリ包囲線内の市町村の五〇〇〇キログラム未満で家庭消費用を除く石炭とコークスを徴発し、石炭を貯蔵する市民から申告させ、政府が一定の価格でこれを買い入れ、違反貯蔵や無申告者には、没収や罰金の刑に処することとし、パリ市・セーヌ県行政担当閣僚と公共事業大臣がこの命令を執行する。
今日、また仏政府派遣部が移転した。籠城中、政府派遣部所在地をトゥールにした。しかし、普軍が諸地方の県や市を進撃略奪し、勢いがますます急迫し、政府派遣部をボルドーに移したという。[149]

一二月一四日[150]

今日から市内には燃やすための石炭がない。家ごとに皆木片でこの代用とし、諸機械工作所でのみ石炭を使う。そのため、市中で木片を商う店の門前に人民が群れ集まり、賑わった。
今暁三時、北駅[151]の地方から一つの気球を飛ばした。その中に政府の密使が一名乗り、トゥールまで出発した。この気球の中に市内の昨日までの書状を積み、送ったという。[152]
今市内では多くの畜殺人が犬、猫、鼠を畜殺し、肉を売る。犬、猫の肉は、殊に値段が高く、また一匹の鼠の肉は、その値段が一フラン余りで日本の金貨の一分に相当する。

一二月一五日[153]

パリ総督から市中への一二月一三日付発表。[154]
普国の捕虜である軍士官を両親に持つ何人かの者が負傷者の搬送、死者の埋葬などでの軍使による定例の通信があるので、手紙の交換ができると思っている。しかし、これは、全くの誤りである。全ての連絡、全ての手紙の交換は、どんな事情があろうとも戦争法規で厳しく禁じられている。この点は厳しく監視されている。本命令に違反する者は軍法会議により裁かれる。

一二月一六日[155](パリ市の籠城今日既に九〇日である)[156]

昨日、政府から市中各区に壁書きの発表[157]があった。その文の趣旨は、パリ籠城が既に九〇日に及ぶ。しかし、市内の抵抗の威力が損なわれることがなく、食料の穀類や獣肉はまだ不足しない。先日も発表したように、政府が貯蔵する穀類は大量にある。民衆は安心して、皆同じく防戦に力を合わせよ。以下省略する。
この頃、天気がはっきりとせず、連日の雨、雪、霞や霧で、城外では戦闘の警報が全くない。双方が兵を抱えて、空しく対陣するだけである。この二、三日、日夜時々城外に鳴り響く砲声が聴こえる。新聞を見ると、これは新たに鋳造した大砲を実験する音だという。この頃、書くような異状がない。ただ、市中の困窮、物品の不足が昼も夜も増し、貧しさに窮まる者が街で泣き叫ぶのが聞え、さらには、餓死する者もいる。夜中の市街が一層寂寥とし、全ての家が門戸を閉ざし、市中の灯も希で、パリの夜景が全く失われた。

一二月一八日[158]

市中への一八日付パリ総督告示[159]に明日一九日一二時から市の全ての城門を閉じるという。考えると、諸方の城門は籠城の始めから閉ざすことが必要だったが、人民の利便のため、昼間、その出入りを許していた。しかし、普軍のスパイがたびたび市内に出入りし、その様子を通報していた。そこで、政府がその通行を禁じ、軍務省や政府の通行許可証がなければ、その通行を許さなくなった。しかし、なお、市内から敵方のスパイに通じる者を止め難く、このたび断固としてその出入りを禁じ、門戸を閉ざすことになった。

こうなれば、このように隠れて行う策を実行し難くなるといっても、新聞記事[160]では、昨日、市内にあるセーヌという川の中に、栓をしたガラス瓶が浮かび、流れているのを見た。これを拾って調べると、瓶の中に数通の書状が入っていた。これが市内から普軍に送る、市内の事情を書いた密書である。このような内通者たちが時々いて、既にこの川の中でガラス瓶中の密書を拾ったことが二度あるという。この河の下流に普軍の陣があるからである。このようにパリ市内でスパイを抑えることが難しい。これは、普軍が戦争の始めから老若男女、児童幼児を多くパリ市中に入れ、市内の状態を詳しく見聞し、調査させているからである。[161]

一昨日以来、伝書鳩が市内に内務大臣の密書をもたらした。その文に、政府派遣部所在地トゥールの近郊が全て普軍のために蹂躙され、この市の兵が遠くに退けられ、ガンベッタ内務大臣とトゥールを去り、今ブルジェにいると報じた。[162]

一二月一九日[163]

今日、市中に国民衛兵隊配置の命令[164]があるが、他に変わったことがないので省略する。

最近、市内の石炭がいよいよ不足し、道路の照明台に供給するガスを全く欠いた。そこで、石油を代用し、路上が一層朦朧となった。

今日から市内食料のパン、大小麦の穀類、その上等のものは、既に尽き、パンの色が少し薄い黒色を帯び、薄鼠色ともいうべき色になった。民衆皆がこれを食べる。これは、麦類が下等品のためである。しかし、その味はとくに変わらない。

一二月二〇日[165]

今日大統領トロシュウ将軍は、市内の国民衛兵数大隊を引率し、再び城外に出陣した。[166]

新聞に記載の一二月六日付独国の新聞[167]によれば、北独同盟国のバイェルン[168]国王ルドヴィヒが、独南北の同盟国と協議し、普王に独皇帝の尊号を称させようと企てた。そしてバイェルン王がザクセン王に次の趣旨の同日付書簡を送った。

独民族は、数世紀に渉り、言語、文化、科学、芸術により結ばれてきたが、普王の英雄的行動が統一独国の力強さを示す、武力面での協力も成し遂げた。独統一に急ぎ、尽くしたく、そのための交渉を北独同盟首相と始めた。そこで、私は、独の諸君主、とくに陛下には、普国王陛下に、今後北独同盟盟主が独皇帝の尊号を称するよう提案することにご賛同頂きたい。ご賛同頂けると幸いである。また、陛下とともに他の諸君主と諸自由都市のご意見を期待する、など。以下省略する。

考えると、これは間違いなく、ビスマルク首相が企てたのだろう。今、普国が仏国を蹂躙し、その土地を分け、自分の領土に入れ、内には南北独諸国を併合し、その影響を近隣に及ぼし、小国、弱国を併合しようとする。皆ビスマルク首相の胸中から出ると察せられる。

一二月二一日[169]

今暁三時頃から、城外北部に対する戦闘が盛んで、遠くに砲声が響くのを聞いた。

昨夜一一時、シュミッツ参謀長名の戦況報告[170]による。今夜、パリ総督トロシュウ将軍は、軍の先頭に立ち、明二一日夜明けから始まる大軍事作戦のため、出発した。現時点で、一〇〇余大隊が城外に動員された、など。

二一日午前一一時発の戦況報告[171]による。今朝、夜明けから城外モン・ヴァレリアン要塞からノジャン塞城までの間で、大攻撃を開始し、今夕、敵軍のブルジェから来た捕虜一〇〇名をサン・ドニに輸送した。総督が軍頭で指揮した、など。

今日の戦闘は、死傷者がとても多く、午後、負傷者が数台の車で市内の病院に帰って来た。しかし、今夕は、まだ勝敗がわからない。

一二月二二日[172]（日本の一一月一日である）

昨二一日夜発、ド・ラ・ロンシェール提督とシュミッツ参謀長からの戦況報告[173]による。今朝から終日、引き続き全方向に一斉に戦いを挑んだ。昨夜、わが軍占領の陣地への敵の攻撃を強力に退けたが、不幸にして、ブレイズ将軍が瀕死の重傷を負い、軍は、有能な指揮官の一人を失った。戦闘がさらに激しく、敵味方の死傷がとくに多かった。まだ味方の死傷数がわからない。サン・ドニ要塞[174]で戦った海軍兵は、とくに苦戦し、その死傷がまた多かった。大統領が今夜、諸軍指揮官を集め、最後の作戦行動を調整した、など。

一二月二一日、パリ発[175]戦況報告による。今日戦闘中、自ら指揮し、参謀とともに出た大統領トロシュウ将軍が突然に敵砲台の射撃に曝され、危うかったが、幸い誰も負傷せず、そのまま歩み続けた。

一二月二三日[176]

新聞を見ると、去る一五日にヴェルサイユ城の普軍本陣で普王自ら軍への一二月六日付の以下の命令を出した。[177]

わが独同盟の兵士諸氏よ。

戦争が新たな段階に入った。この前、私が諸氏に話した時、開戦以来、われらに抵抗してきた敵軍の最後の部隊がメッス要塞の落城により殲滅された。それ以来、敵が異常な努力で新たに編成した部隊でわれらに抗う。仏国の大半の住民は、われらが妨げもしないのに、穏やかな仕事を捨て、武器をとる。敵は、たびたび数の上でわれらを上回るが、諸氏がそれを打ち破るのは、勇気、規律、大義への確信が数の多さよりも価値があるからだ。至るところで、パリ解放のために、進んでくる敵軍が例外なく敗れた。多くの要塞がわが軍の掌中に落ち、多くの兵器などを捕獲した。私の大きな喜びは、諸氏が私を大いに満足させることをこの目で見たことである。私は、将軍から一兵士に至るまで諸氏皆に感謝する。もし敵が戦争を続けることにこだわるならば、諸氏が決意した血と生命の大きな犠牲に値する栄光ある平和を勝ち取るまで、諸氏が今日までの成功をもたらしたと同じ勇気を奮い続けることを私は知っている、など。

一二月二四日[178]

市内に発表した戦況報告書[179]による。昨日、ヴィル・エヴラール[180]の地下蔵にいた敵兵がわが軍の占領した陣地を襲撃し、その戦闘が非常に激烈であった。この時、ブレイズ将軍が軍頭に立ち、大至急で駆けつけたが、瀕死の重傷を負った。今日の戦争では、双方ともに負傷戦死が最も多いという。

去る一五日、仏政府派遣部所在地ボルドー（仏西南部にあり、バルチック海の海岸に近い[181]。以前、パリ籠城中、仏政府派遣部をトゥールに置いた。近日普軍が次第に諸県、市に乱入、蹂躪し、政府派遣部所在地トゥールのほとんど近くまで襲来した。そのため、その政府派遣部を再び移転し、遠く、このボルドーに置いた。そこでパリはもちろん、仏諸地方のことを全て、この政府において判断した）で市街海岸港内に壁書きした発表文[182]によれば、この戦争中の政府派遣部をボルドーに置くこととし、この港に外国船の滞在、入港を禁じ、現在、港内に停泊する各国の艦船全てに今月一五日から二六日までに退去を命じた。セルキニーからルアン、ル・マンからトゥール、トゥールからアンジェーの鉄道線路の運行のための人員が編成された。などとのことである。

今日、新聞[183]の付録では、昨日一人の商人が一〇〇〇個の鶏卵を一〇二三フランで売ったという。卵一個が一フラン二サンチーム（日本の三朱三〇〇文余り）である。その高値に驚くべきである。しかし、人が求めるものは、非常に希にしか売られず、容易に買えない。

パリの籠城が既に一〇〇日、市内の抵抗の力がやや緩み、気力が大きく衰えた。いろいろその事情を観察すると、以前、政府が頼みとしたのは、専ら地方からの救援軍であった。もし、地方の救援軍が敵の背後を襲い、進んで市外まで近づく機会を得れば、たちどころに市内の全兵力で追い払おうと、憤りも露わにし、内外の仏軍が協力し、敵の囲みを破り、進撃の道路を開こうとしたであろう。しかし、普軍がこのことを察し、先回りし、兵を配備し、頻繁に地方の救援軍を追い払い、その根拠地を暴き、進んで政府派遣部のあるトゥールに迫り、地方の救援軍が遠くに逃げた。

そこで、パリ市内の望みが一度に失われ、活路を求めようがなく、敵を排除する策もない。大統領トロシュウ将軍が内外の国民衛兵を率い、城外に布陣するといっても寒さの厳しい時期であり、連日の雪や霜に曝され、兵士は、このために手足に傷を負い、病気になった。今、仏普両軍を上から見て、状況の進退や難易を推察すると、一日何もせずに日を送れば、城中では一日分の食料を費やし、落城の時が一日近づくことと同じである。これでは、攻撃兵の策略が一日ごとに進展し、防衛兵の抵抗力が一日ごとに消耗する。その利害得失が時々刻々明らかになる。明日の状態もまた推察できるだろう。

普首相ビスマルク

普親王フリードリッヒ・カール

ザクセン王太子アルブレヒト

訳註

1　パリは、晴。
2　三日付「le Temps」引用の「le Rappel」（ただし、同紙一一月三日号は仏国立図書館所蔵のものでは、欠号である）。一一日付「le Rappel」で辞任を再確認するロシュフォールの書簡を掲載する。
3　パリは、晴。
4　五日付「le Temps」。
5　同右。
6　五日付官報。
7　同右。ただし上記内訳とは合わない。
8　パリは、曇霧。
9　ヴェルサイユには、ティエールが行き、四ヵ国代表同席の上での交渉ではなかった。
10　六日付官報。
11　この他、総参謀長シュミッツ将軍、副総参謀長フォワ将軍、砲兵総司令官グィド将軍、工兵総司令官ド・シャボー・ラ・トゥール将軍、主計将軍ヴォルフ主計将軍が記されている。
12　パリは、曇。
13　一〇日付「le Rappel」は、人数を英国人約一〇〇人、スイス人約一五人とする。
14　六日付と七日付官報掲載。
15　パリは、曇、夕方雨。
16　一〇日付「le Temps」引用の「l'Electeur libre」。
17　パリは、曇。日中雹霰降る。気温摂氏二度。
18　九日付官報掲載の八日付国防政府令。その他細かな定めがある。
19　パリは、快晴。
20　一八日付「Journal des débats」引用の「the Times」一〇月二五日付ベルリン発記事。
21　出典未確認。なお、一一月一九日付「le Siècle」は、普国の年間歳入を一億六八〇〇万ターレル（同記事中約一六〇〇万ターレルを約六〇〇〇万フランとするので、約六億三〇〇〇万フラン）とし、戦費の一五億ターレルは、多すぎ、一桁少ない一億五〇〇〇万ターレルと思われる。
22　パリは、晴雪。
23　一二日付「le Petit journal」。
24　出典未確認。
25　一三日付官報。
26　パリは、快晴。
27　一三日付官報掲載の一二日付国防政府令は、これまで徴兵対象とされながら遊動国民衛兵隊に属さなかった、二五歳から三五歳までの未婚者または子のいない寡夫であって、全く兵役に服したことのないセーヌ県住民および他県住民で現在セーヌ県に居住する者を召集するものである。同時に、ジュル＝フェリー名で該当者のこの発表後四八時間以内の居住地の区役所への出頭を命じている。
28　一三日付官報掲載一二日付国防政府の国民衛兵宛告知文。負傷者や遺族への年金、補償、遺児の国家による養子縁組などの措置を示す。
29　出典未確認。
30　パリは、晴。
31　一五日付官報。
32　仏軍の唯一の戦勝。
33　出典未確認。
34　一四日付官報。パリ総督のパリ市民、（常駐）国民衛兵、軍と遊動国民衛兵宛声明である。
35　一四日付官報。国民衛兵への一八七〇年度の徴兵対象者への動員を命じる一三日付国防政府令である。
36　一四日付官報掲載一三日付パリ総督参謀長シュミッツ将軍名の通知。
37　出典未確認。
38　一三日付「le Rappel」引用の「l' Electeur libre」。普軍三万人が病に罹り、うち二万人が天然痘でパリ市内よりもパリ周辺に病人が多いと報じる。
39　パリは、晴。
40　出典未確認。
41　パリは、晴、夕刻小雨。
42　一七日付「le Temps」引用の「le Gaulois」の二日および三日付ロンドン発行紙の一一月一日付報道との引用。
43　パリは小雨、深霧。
44　技能博物館（コンセルヴァトワール・デ・ザール・エ・メティエ）内にある講義室。
45　パリは、深霧。
46　一八日付「Journal des débats」引用の一〇月二五日付ベルリン発「the Times」。
47　上記「Journal des débats」引用の「the Times」記事。
48　パリは、曇。
49　一九日付官報。
50　一四日付「le Temps」引用の「le Soir」は、二〇日からの個人住宅向けガス供給停止を予告する。
51　パリは、曇、小雨。
52　要するにマイクロフィルムである。
53　このやり方は、一五日付官報に掲載。
54　パリは、晴。気温摂氏九度。
55　出典未確認。
56　同右。
57　パリは、晴。
58　二五日付官報。これは破棄院（最高裁判所）ド・レナール次席検事は、息子のヴェルサイユのレナル検事代理が独軍当局に逮捕されたと聞き、ファーヴル大臣にその消息を依頼し、非公式にウォシュバーン公使がビスマルクに対し問い合わせて得た返事である。
59　同官報に掲載の政府声明は、いずれも無辜の市民に対する権利侵害であり、普国の横暴を全欧州に訴えるとする。
60　パリは、曇。
61　二六日付官報。
62　パリは、曇、小雨。
63　出典未確認。
64　パリは、曇。
65　技術教育・技術博物館・工業的実験を兼ねる施設。タンプル地区にある。
66　パリは、曇。
67　二九日の項の注記の二九日付官報。
68　二九日付官報。
69　一九日の記事参照。
70　パリは、曇。
71　二九日付官報掲載のトロシュウ総督の侵略と征服政策に断固抵抗する旨の市民、軍・国民衛兵隊兵士への二八日付宣言。
72　三〇日付官報掲載のシュミッツ参謀長の報告。
73　この日、国防政府は、軍当局発表以外の軍事情勢に関する報道を禁止し、違反した新聞の発行を中止する命令を出した（三〇日付官報）。
74　パリは、晴。
75　三〇日付「Journal des débats」引用の一六日付マドリッド発「the Times」。
76　この後、西国王アマデオ一世。一八七三年に革命により退位。
77　正元は、このように記すが、上記の出典には見当たらない。
78　当時は、政界から引退していた。
79　一八六五年七月三一日生まれ、一八七〇年には五歳。
80　イサベラ女王の妹である。
81　カロリスタ。イサベル女王の父王フェルディナンド七世が彼女に王位を継がせるため、議会に諮らず、男系相続を廃止したため、同王の死後、同王の末弟カルロスの即位をボルボン家の正当性を根拠に主張した。
82　パリは、晴。
83　一二月一日付官報掲載。
84　総督からシュミッツ参謀長への報告。
85　三〇日午後八時二〇分発サン・ドニ総司令官から総督宛報告。
86　二日付官報掲載一日付報告。
87　パリは、晴、気温は零下六度。
88　パリ市南郊。
89　二日付官報。
90　二日付「le Siècle」引用の一一月一八日付「the Daily Telegraph」掲載のシャンガルニェ将軍のインタヴュー記

事。この中で同将軍は、バゼイヌ元帥は裏切ったのでなく、無能ゆえに降伏したと述べる。
91 パリは、曇、小雨。気温は、零下二度。
92 三日付官報掲載政府発表。
93 三日付官報。
94 「シャンピニーの戦い」または「ヴィリエーの戦い」という。
95 二日付官報。脚の切断手術をするとされていた。
96 死亡につき、七日付官報掲載の六日付戦況報告は、同日朝とする。
97 パリは、晴、寒風が酷い。
98 三日付官報掲載であるので書簡発出は、二日となる。
99 一一月一一日付「la Presse」が露国のトルコに対する開戦の動きを報じたが、一二月三日付「le Siècle」は、「the Standard」と「the Daily Telegraph」を引用し、露国が一八五六年のパリ講和条約違反の動きをするとし、英国が露国を牽制しようとする旨報じる。
100 パリは、晴。
101 四日付官報。
102 七日付官報掲載の六日付シュミッツ参謀長の軍事報告。
103 四日付官報。
104 同右。ただし、入院については触れていない。
105 同右。
106 同右。
107 同右。ただし、翌五日付官報は、指揮官全員戦死は誤りで、負傷者はいたが、死者がいなかった、と訂正した。
108 パリは、朝、小雪寒風甚だしい。
109 六日付官報。
110 一一月一二日付「le Siècle」。
111 出典未確認。
112 パリは、曇。寒気酷烈。
113 七日付官報掲載。
114 暁から霧深く、朦朧。
115 八日付官報。
116 右記官報は、救急車で運ばれない軽傷者を含まないので負傷者の少なくとも三分の一しか示さないと注記する。
117 パリは、昨夜雪が降り、曇。
118 出典未確認。
119 普王の名。
120 普王の甥の名。
121 王太子の意味。
122 ゲルマンの英雄の名。
123 同右。
124 船の種類(フリゲート艦より小型の三本マスト、砲二〇門装備)。
125 ヴィルヘルム王の妃の名。この艦は、ブレスト沖などで三隻の仏商船を捕獲。仏軍艦に追われ、西国フィゴ港に逃れ、終戦を迎える。

126　米国南北戦争中に開発された中型艦。
127　赤ひげという綽名の神聖ローマ帝国皇帝フリードリッヒ一世。
128　八日付官報。なお、葬儀は、九日に行われた（一〇日付官報）。
129　中に幾つか教会や寺院がある。
130　パリは、曇霧。
131　ヴァンセンヌである。
132　九日付官報。
133　出典未確認。
134　パリは、曇霧。
135　一一日付官報。
136　電報の様式で簡略された文体である。
137　右記官報では、仏諜報員が用いるのと異なる方法で付けられていた旨述べ、具体的な方法を示さず、その部分は正元の意見である。
138　電報の様式で簡略された文体である。
139　一リューは約四キロメートル。
140　「Le Figaro」編集者宛である。
141　右記官報も上記二件の報告は、文体、書体から、独側の偽造とし、ルアンからの文書に署名したとするラヴェルトュジョンは、パリにいたと注記する。
142　一一日付「le Siècle」。
143　パリは、曇小雨、霙降る。気温は、零下一度。
144　一二月一二日付官報掲載記事。ただし、一名は、中尉である。
145　同記事では、この四名の士官からロワール軍の健在が確認された。
146　右記官報。しかし、一一日にパリ市担当閣僚ジュル・フェリー名の命令でパン屋にある種のビスケットの製造禁止（一一日付官報掲載）とパン屋による小麦粉の販売とパン製造以外への使用禁止（一二日付官報）が行われた。
147　パリは、曇小雨。
148　一一日付官報。同官報が実施手続を定めた公共事業大臣命令も掲載する。
149　出典未確認。
150　パリは、曇小雨。気温摂氏一〇度。
151　原文「アルドン」。Gare du Nord（ギャルドノールの発音）の聞き違いと思われる。記録としては、一二月一一日午前二時一五分と一五日四時四五分の北駅出発の郵送用気球打上げがある。
152　出典未確認。
153　パリは、曇小雨。
154　一二月一四日付官報。
155　パリは、曇。
156　この日の官報が五日付のガンベッタのオルレアン撤退の報告を掲載。

157　出典未確認。
158　パリは、曇。
159　一二月一九日付官報掲載。
160　出典未確認。
161　この方法は、仏側も城外との連絡に使ったという。
162　一二月一八日付官報掲載の一四日付ガンベッタ大臣書簡では、オルレアン撤退後ブルジェ滞在、ブルバキ将軍とともにロワール軍再編中などと伝え、トゥール撤退に直接触れていない。
163　パリは、曇。
164　一二月一九日付官報掲載。従来選挙で選ばれた遊動国民衛兵の士官につき、能力に合った任命をするため、現下の軍事作戦中は、政府が国防大臣の推薦に基づき、任命するとする。
165　パリは、曇。
166　二一日の項の戦況報告書。
167　二〇日付「le Temps」は、ミュンヘン発とする。
168　一八七〇年一一月二三日、北独同盟に加入した。
169　パリは、曇。気温氷点下。
170　一二月二一日付官報。
171　一二月二二日付官報。
172　パリは、曇。
173　一二月二三日付官報。
174　市内に東、ドゥブル・クロンヌとラ・ブリッシュの三要塞があった。
175　二三日付「le Journal des débts」引用の「la Verité」。
176　パリは、晴。
177　二四日付官報。
178　パリは、晴、気温は一気に下がり、零下八度。
179　二一日の項で引用の二三日付官報。
180　ヌイー・シュル・マルヌにある精神科病院。
181　これは、誤解である。正元は、北海をバルチック海と誤解した可能性がある。
182　二四日付「le Temps」記載の一五日付ボルドー発報道によれば、閉鎖された港は、ボルドーではなく、ル・アーヴル、ディエップとフェカンの三港であり、一一日間の期限付きで退去を中立国艦船に求めた。ただし、二三日付「le Juornal des debats」によれば、ディエップは、一二日には占領されており、上記の鉄道路線も一三日には切断されていた。
183　出典未確認。

巻の五

西暦一八七〇年一二月二五日（和暦明治三庚午年一一月四日）

一二月二五日[1]

欧州に世界の有力国が集まり、万国が深く羨む。そして、その中で強国といえるのは、英、仏、普、露、墺や伊が主である。これらの国は皆、長い間その軍備を蓄え、その威力を競い、ついにはお互いが盛んに侵略や攻撃をしようとし、並立できなくなり、この夏の仏普二強国の開戦から既に五ヵ月経ち、パリの籠城もほとんど一〇〇日になる。そして普軍の威力は、日毎に盛んで、その破竹のような勢いは、間近にパリ城を陥れようとする。今、普国がこの機会に乗じ、またルクセンブルクを併合しようと企てている（このルクセンブルクは、仏、白、独三国に挟まれ、かつて蘭国に属していた。しかし、少し前、欧州の有力国が相談し、この土地を分け、独立国とした。まず、一八三九年八月一八日、仏、英、露、普、墺、伊、蘭、白等諸国が会合し、条約を作り、その強大な力でこの国を脅かし、威嚇してはならないと約束した。その後、一八六七年三月一一日、英国ロンドンで大会議を開き、英、仏、露、普、墺、伊、蘭、白等諸国の全権代表が皆、参加し、お互いにその国を助け、強暴な行為を慎むと誓う七ヵ条の新条約を作った。そしてもし、この条約の締結国中の一国がこの国に傲慢に強暴な行為に及べば、そのほかの締約国が協力し、制裁する。この誓約は、確固とした決定であり、変わらない。その抄訳をここでは省略する）。この条約があるのに、露、普二強が互いに助け合い、密かにその勢力を欧州に広げようと企て、この夏以来、独国が仏国と戦い、勝利に乗じ、その土地を占領し、その地域を併合しようとする。ここで、露国がその腕を伸ばし、トルコの地を併合しようと企てる。そして、普国がまたその威武を誇り、ルクセンブルクを取ろうとし、新たに使節を英、墺の諸国に送り、ルクセンブルクの誓いを破ろうとした。しかし、普、露両国が協力し、その思いのままにしようとするので、英国も、今この条約の破棄の申入れを拒めない状況である。まだその成り行きがわからない。昔から強暴な者は、不正で道理を制する。今、普国に勢いがあり、人がその傲慢さを憎むべきとわかっていても、あえてこれを抑えられない。今の英国の武力でも、これに対抗することは難しいとみえる。これから先のことは、どうするのだろう。

北独同盟で普王を独国の帝位につかせようと計画し、去る一二月一四日、北独同盟議会の議員が三〇名、言上の一文書を作り、ヴェルサイユ城の本陣で普王に捧げるため、出発した。その内容は、以下のとおりである。[2]

寛大な王にして、君主へ

陛下の呼掛けに応じ、人民は、指導者の周りに集まり、犯罪のように挑発された祖国を外地で守る。戦争が大きな犠牲を強いる。しかし、かくも大事な息子たちを失って経験する苦しみが、より安全な国境が嫉妬深い隣人の新たな攻撃から平和をしっかり守るようになるまで武器を置かない、という固い決意を動揺させることはない。忠実な独同盟軍が陛下にもたらした勝利により、国民が永続する連合を期待する。北独同盟議会は、独諸君主と同意し、陛下に対し独皇帝の冠位を受け、統一の事業に献身されるよう願った。陛下の頭上の皇帝の冠が法による保護の下、独国に再建された帝国に力強さ、偉大さ、平和、繁栄と自由の日々を開くであろう。祖国は指導者と光輝ある軍に感謝し、その先頭に征服した地で陛下がおられる。国民は陛下の子らの献身と武勲を忘れまい。神よ、光輝ある独皇帝による平和を人民がやがて享受できるように祈る。統一した独国はその王の下の戦争で強さを示したが、独帝国は強大で、平和を皇杖の下、愛好するであろう。陛下にとり、極めて慎ましく、忠実な北独同盟議会より。

今日は、キリストの誕生日（ノエル祭日）[3]で欧州各国の大祭日である。

一二月二六日、[4]パリ市の籠城は、今日で既に一〇〇日である。

近日、戦争の報道がない。この朝、戦況報告[5]では、昨日、終日諸軍が野外に駐屯し、築城のため土木工事の兵士を使ったが、地中五〇センチメートル（日本の一尺五寸余り）のところが全て凍り、働けないという。今日の寒気が野外の陣営では、非常に苦難であることを市民に知らせるためなのだろう。

一八七〇年一二月二四日付国防政府令で[6]（去る二三日の戦いに）陣頭に立って指揮し、戦死したブレイズ准将の葬礼を国費により行うこととし、軍務大臣がこの命令を執行すると発表した。

一二月二七日[7]

今日は雪が降り、市中に三寸積もった。

一二月二六日、夕四時二七分発、司令官ヴィノワ将軍の報告[8]に今日メゾン・ブランシュの地で先陣の兵の小戦があった。味方が一名戦死、八名負傷、うち一名は士官であった、など。

昨日、政府の布令が新聞中にあり、『パトリー』[9]という新聞社が三日間その営業を禁止され、新聞を出版できない[10]。この新聞が軍中の兵隊の挙動を掲載した（これは、かねてから軍務省が発表していた一つの大きな禁止事項である）ためである。

一二月二八日[11]

パリ市の砲撃が始まる。

昨二七日夕の戦況報告書[12]による。今朝から普包囲軍砲台が姿を現し、われわれの東（レスト）、ノワジィからノジャン諸要塞、アヴロン高地要塞の一部を攻撃した。敵砲台は、皆遠距離砲から構成されていた。一一時現在、上記砲台への砲撃も激しく、敵攻撃を撃退する総攻撃の前触れとしてあらゆる措置が取られている。今夜、モン・ヴァレリアン要塞の外で、ルアン線の鉄道鉄橋の破砕と思われる大きな爆音が二回轟き、響いた。今朝、普軍がショワジーの牛駅（ガル・オ・ブフ）を破壊した。これらは、一〇〇余日と長いパリの籠城、抵抗に敵軍が持て余し、長い間に集めた長距離砲で、この攻撃を始めたのだろう。敵の攻撃はパリ市民の勇気を高める効果しかない。普軍は、エルミタージュからレンシィまでの道路上、また、ガニー、ノワジィ・ル・グラン、グルネイ各所に大口径の諸砲台を造営した。今朝から上記の砲台がノワジィ、ロニィ、ノジャンの要塞、アヴロンの陣地に向け、激しく砲撃した。砲撃戦は、五時まで続いた。わが損失は、死者約八名、負傷者が海軍士官四名を含む五〇名であった。わが強力な砲火が敵に相当の損失を与えたはずである、など。
今日、わが軍左翼の司令官ヴィノワ将軍が軍中に発表[13]した命令。
過日、ブレイズ将軍が接近戦をし、陣頭で指揮し、戦死した日、軍の規則に違反し、わが国民衛兵隊の士官や兵士がその隊から脱走したという。これは、全く一時的な状況の変化から起きたとしても、そもそも軍中に厳格な命令があることは、皆が当然知っているところである。もしどんな事変が起こっても、その隊から脱走し、軍の規則に背いてはならない。今後、その兵器を捨て、陣中から脱走する者は直ちに捕え、軍の規則に従い、厳罰に処する、など。
今日終日、遠く城郭外に砲声が絶え間なく響き、轟くのを聞く。これは今朝から普軍が諸要塞を攻撃するものだという。
一二月二九日[14]
昨二八日朝一〇時三〇分発トロシュウ大統領の戦況報告[15]による。敵軍が昨日ほどの激しさでは、アヴロン陣地を攻撃しなかったが、砲火は、止まなかった。昨日、トロシュウ大統領がアヴロンを朝から視察したが、異常はなかった。ボンディと付近の砲台が森の中に正確に砲撃し、敵を悩ませた。セーヌ第五大隊デルクロ指揮官の部隊がバ・ムードンなどで活発に偵察し、敵軍が何名か捕虜を残し、退散した。偵察隊がイッシ要塞に戻る際、かなり激しく砲撃されたが、敵は撃退された。わが軍に戦死二名、負傷六名があった、など。
一昨二七日のアヴロン高地の死傷士官は、戦死が副官の大尉一名、大尉一名、少尉一名、従軍司祭一名、負傷が海軍陸戦隊大尉二名、少尉一名、海軍中尉三名、海軍大尉一名、国民衛兵大隊長一名、支出官一名、大尉二名、少尉一名、全一六名である。[16]
昨日市内にあった発表。[17]
例のない厳しい寒さがわが兵に極めて酷い苦痛を与えている。市民の愛国心に訴え、羊の毛皮、毛の靴下や手袋を提供できるパリ住民全てがそれらを自分の区役所に持参するようお願いする。区役所がこれらを軍務省に渡す。

二七日の発表。[18]

国防政府、各閣僚、主要官僚は、元旦の儀礼を遠慮する。各人は、この措置の必要性と適切さを理解されよう。

二七日の発表。[19]

パリの都心から離れた区の様々な場所で極めて遺憾な混乱がある。多くは余所者の集団が空き地の囲い板を剝がし、ある者たちは、資材置き場を荒らし、ある者たちは、庭に入り込み、樹木を切り始めたりする。この悪党を追い払うには、国民衛兵の巡回で十分である。多数の逮捕もあった。これらの犯人は、軍法会議に送られ、市民に危険な問題を起こす行為の再発を防ぐため、厳しい措置が取られよう。敵がわれわれに攻撃しようとし、市が全力で反撃しようとする時に、秩序の維持と法の執行を断固として行うことは政府の義務である。パリ市長は、数日来、パリ周辺の森で燃料源を増やすための伐採を命じたところである、など。

今日の新聞中に、昨夕、仏兵死傷者四〇名と病人四〇名を市内に送り、病院に入れたという。[20]

今日、城郭外の要塞や城において終日砲声が轟き響くのを聞いた。

一二月三〇日[21]

昨二九日付戦況報告[22]による。敵軍の攻撃が午後と夕刻極めて激しかった。このため、わが砲撃隊は発砲を止めるほかなかった。大統領が大砲を要塞の後ろに引き揚げさせた。また、アヴロン高地の陣地を前夜撤退した。陣営を維持することもできなかった。引き揚げた七四門の砲はほぼ無傷であった。日中の敵の猛烈な砲撃が殊にロニィ、ノジャンやノワジィ要塞に向けられたが、非常に大規模で、長距離からの雨のように降る砲弾の下で、冷静に対応した、など。

去る二七日以来、普軍が砲撃し始め、連なった諸砲台から遠距離に達する大砲で仏軍の陣地、諸要塞やアヴロン高地などを同時に猛烈に撃ち、その勢いに逆らえず、仏軍前衛が皆撤退し、砲撃を避けた。そこで、昨日非常に多くの砲弾が雨のように降ったが、仏軍の死傷者は、僅か死者二名、負傷者六名に過ぎなかった。[23]昨日、仏軍がついにアヴロン高地を守れず、その歩兵と砲兵の二軍を引き上げた。

近頃、独軍が猛烈に発射する大砲は、普国のクルップの大砲という。このクルップの大砲が欧州の陸戦では、無二の長距離の大砲である。今を去る三年前、一八六七年、パリ博覧会に普国がこの大砲を出展し、世界中の人の目を驚かせ、万国の人の胆を冷やしたという。仏人は、昔からよく知っており、常にこの大砲に恐怖をもって久しい。今、普軍がパリ攻撃にこの大砲で近距離からパリ城郭外の諸要塞を撃つ。仏軍の大砲がこれに応戦できず、一層、兵の気力を挫く。

今朝未明から夕暮れ後まで、砲声が市内に轟き、実に絶え間がない。これは皆、普軍があの長大砲で城郭外の二、三の要塞を攻撃し、仏軍が要塞から応戦する大砲の響きである。

仏国も、当然大砲を多く持つが、遠距離に到達する普国のクルップ砲に比べられるものがなく、一昨日以来、敵の弾丸を受けるだけで、これに対抗できなかった。アヴロン高地の近くの村に配置した砲兵の諸部隊を引き上げ、皆要塞中に入ったという。

このクルップ砲の弾丸が、八〇〇〇から九〇〇〇メートル（日本の二里から二里一〇町）の地点に達する。そこでパリ市民は、皆この大砲を恐れ、内心舌を巻いた。

一二月三一日[24]

戦況報告[25]による。昨日、普軍がわが四要塞とアヴロン高地の陣地を終日猛烈に砲撃し、勢いは防ぎ難く、アヴロン高地の兵隊と七四門の大砲を全て引上げ、辛うじて退陣した。同日、この長大砲による四要塞の死傷者は、次のとおり。ノジャン要塞中、負傷者一四名、ロニィ要塞中、死者三名、負傷者九名。ノワジィ要塞中、負傷者若干有り。またボンディ要塞中、死者二名、負傷者六名、など。

二八日付第二地区司令官の報告[26]による。同日、普砲兵発射の砲弾は、五〇〇〇から六〇〇〇発と思われ、非常に多くの砲弾が落ち、ロニィとアヴロン間の道が使えなくなった。村や鉄道で負傷者が出た。

ヴァンセンヌ城への通報[27]による。夜極めて静かで異状がない。昨夜八時半、普軍がこの要塞に向けて発射した長大砲の砲弾四発が要塞の上を飛び越えた。また、敵兵が何名か砲台の国民衛兵と銃火を交えたが、その弾丸がこの城の堀の中に落ち、城中に負傷者は、いなかった、など。

モン・ヴァレリアン城の二九日付報告[28]による。ルアン鉄道の鉄橋に変化はない。一昨日、敵兵がサン・ジェルマン鉄道の鉄橋を破壊した。また、敵軍が日々兵力を増やす。

三〇日夜付戦況報告[29]による。敵の砲撃が今朝七時四五分に再開し、日中の一部は、その砲火が激烈であったが、深刻な効果はなかった。主な目標のノジャン要塞では、三名しか負傷せず、ロニィ要塞で二名負傷した。ノジャン要塞が朝八時から夕四時半まで砲撃された。総督自身が要塞守備兵の士気と団結を目の当たりにした、など。

パリ籠城が一〇〇余日となり、市民の気持ちが大きく挫け、嫌気がさし、最近、しきりに休戦の策を望む状況である。以前、九月四日に政治体制を一変し、共和制度にしてから、人民は、ただ政府の動きを仰ぎ望み、トロシュウ大統領がきっと異常な働きで、速やかに敵を追い払う成果を挙げると思っていたが、今では籠城が既に一〇〇余日に及び、トロシュウが軍頭で指揮しても毎日毎夜、敵軍の乱入を聞き、これを抑える良策があることを聞かない。また、市内の食料や諸物品がまさに尽きようとするので、市民には、トロシュウ大統領の処置が果断でなく、遅く頼りにならないという者もあり、そのため民衆が指導者を選び直そうと密かに主張し、動揺させようとする。このため、トロシュウ大統領が市内の諸街路に広く以下の宣言[30]を壁書きした。

市民と兵士諸君！　パリの籠城が一〇〇日を超えてもわれわれが挫けず、抵抗するのは連帯の気持ちと相互の信頼の賜物であるが、それを打ち砕こうとする大きな企みがある。敵は、盛大に宣言した、このクリスマスの祭日にパリを独国に捧げることを諦め、守備軍を苛立たせようと様々な脅迫の上、わが前衛陣地や要塞を砲撃する。異常な冬、終わりない疲労や苦痛がわれわれを苦しめるという誤算を世論に訴えようとする。また、政府閣僚に課せられた大きな利害の方向につき、彼らの中で意見が違うともいわれる。軍は、ほかの軍が経験したことのない敵の激しい砲撃で必要な短い休息も妨げられている。軍は、国民衛兵の協力を得、作戦に備え、一丸となり、任務を尽くそうとする。私はここに宣言する。政府の会議で意見の違いはなく、不安と国の危機に面し、解放を思い、希望し、われわれは緊密に団結する。

一月一日（和暦明治三庚午年一一月一一日）[31]

一二月三一日付戦況報告書[32]による。敵が大口径の砲兵隊を増し、その中の多くを攻撃地点に近づけている。本日中、かなり多数の砲弾がグロスレィの農園[33]、ドランシィ、ボビニィ、ボンディに、また幾つかの弾丸がラ・フォリオとノワジィ・ル・セックまで飛来した。同時に、敵がロニィ、ノジャンとノワジィ諸要塞城を砲撃した。しかし、幾つかの物的損害とごく少数の負傷者しかなかった。

昨三一日夜、市庁舎中で一つの会議があった。諸軍司令官が全員会合した[34]、など。

今朝、新聞中に、政府が今処置すべき二つの課題があるという[35]。

その一は、今日の市内の状態は、政府がなお一層の軍事力を奮い、抗戦し、決着をつけるべきか、もしそうであれば、その策略をどうするのか。その二は、現在の事情で、戦って興廃が一度に決められなければ、断然終戦にし、和平を図るべきであり、もしそうであれば、どう進めるのか。まさに、今事態が切迫し、終戦和平のほかに策がない。察するに普軍は、既に長い間の包囲戦に飽き、うんざりする様子である。ヴィルヘルム国王、ビスマルク首相もまた、別の考えではなかろう。今、もし速やかに和平を図れば、わが共和制度を維持できるだろう。また、わが軍の敗戦が極まり、普軍がその必勝を極めるならば、あの傲慢でわがままな普王は、わが国に一層、苛酷となり、必ず、再び新たに国王をおこうとするだろう。このため、今日は速やかに和平を図ることがわが共和制度にとり良い策であると、など。

今日、市内の事情は、まさにこのようである。人民が既に食料に困窮し、戦争に疲弊し、抗戦の気分も段々緩み、民衆が皆、和平を望む。また、政府の事情をよく見ると、政府は、自ら、その武力がこの強敵の噛み取るような勢いに敵わないと深く理解する。しかし、諸地方の国民衛兵が敵の背後に迫ることを内心期待する。今もし和平を望めば、あの強大な二地方[36]を分割し、加えて五〇億フランの賠償金と手足と頼む海軍を奪われよう。このため、躊躇する。また、この共和制度を永久化しようと、その策を諸軍の将帥に問い、密かに人民の意向を知ろうとする。今、私は、他国から来た一人の学生に過ぎないが、これを傍観し考えると、今日の政治につき、よくその内容を理解してはいない。しかし、以前の内政変革の日に、今日のように切迫する可能性があることを当然予想できたはずで、当然、確固たる一定の方策を立て、少しも躊躇すべきでなかった。なぜならば、この戦争を起こした始めから、仏軍の敗戦の報告が日夜来て、兵の気力が大きく挫折し、敵と争えない状況であった。ついに、九月四日、ナポレオン仏帝がスダン要塞の籠城に敗れ、自ら抗えないことを知り、敵の軍門に降り、その軍の将軍兵士とともに捕虜となった。この時、仏国は、急に内政を変革し、共和制度を立てた。当時、今回の戦は、ナポレオン仏帝が自ら好んで起こしたもので、かつて一度も仏人民が求めたこともなく、敢えてこれに関わらないと仏人皆が言った。一斉にその失策をナポレオンのせいにし、民衆が競い、逃げ口上にしたのは非常に醜くやかましい。普軍も今度の戦争では、われわれはナポレオンと戦い、仏人民と戦うものでないという。これは、実にご都合主義である。そして、今もしさらに政府を委された各大臣政府諸官たちがこの機に乗じ、開戦の罪をナポレオンのせいにし、急に和平を図れば、普王の望みが決して例の三大問題[37]には至らないだろう。その理由は、仏帝ナポレオンがその軍とともに全てスダンで捕虜となっても、その残りの精兵がいまだ数多く、かつ有名な老練の将帥がこれを率い、前後におり、また、パリも簡単には陥落しないことを知っているからだ。そこで、仏共和制度を立てた初めに、ナポレオンの起こした戦争の和平を図れば、その補償金が僅かで、その後の損害も受けず、仏国の挫折が今日のようにならずに共和制度の功績が大きいといえた。そして当時その和平を図り、その賠償として土地を譲れば、金貨、海軍を維持できた。しかし、その状況が今日のように切迫し、仏政府に抗戦する策略がなく、和平する方法がなく、日々逡巡するうちに、外には敵軍が日夜に迫り、内には朝夕にも食料が尽き、飢えて叫ぶ声が街区に満ちている。結局、鷲、鷹、豹や虎が噛みつき毆るに任せるほかない。このため、仏国の内政変革の時機だとはいえない。また、その国のためにもならないと私は、思う。

一月二日[38]

一月一日付戦況報告[39]による。昨夜、大半の夜中、敵が砲撃した。わが軍に死傷者が若干あった。ボンディへの砲撃が夜中倍加したが、ロニィへの砲撃は、並みであった。今朝、攻撃が激化し、ほぼ休みなく射撃が続く。

新聞の付録[40]にある。

去る九月四日に仏国が共和制度を立てて以来、政府は、この市城を守るほかに策がない。民衆が皆その挙動を仰ぎ見ている。そうであるが、今日切迫が極まってもなお、確固とした態度をとる様子がなく、わが民衆が何を目標とし、何を仰ぎ見るのだろうか。今日すべきことは、講和するというただ一つであり、ほかにはない。その理由の一つは、今、市内の人民が格別に発憤し、城郭外に満ちている敵兵を追い払うべきであるが、その策略をどうするのか。その二は、今、市内の軍が敵を追い払うのに足りなければ、速やかに講和を交渉し、平和終戦を謀るほかに道はない。今、政府が明確にその方向を定めるべきである。今日なすべきことは、ただ、戦争か平和かの二つがあるのみである、

など。

新聞に載っているパリ市内二〇区居住者の人数は下表のとおり[41]。

一月三日[42]

一月一日夕発戦況報告[43]による。敵の砲火が午前一一時から次第に減り、午後、ノワジィとロニィ要塞へはほぼ止んだ。ノジャン要塞へは、緩慢な砲撃が続き、要塞中一名の負傷者があるだけだった。

一月二日朝発戦況報告[44]によ

区	人数（名）	区	人数（名）	区	人数（名）
第 1 区	77,831	第 8 区	75,880	第 15 区	92,807
第 2 区	77,671	第 9 区	102,215	第 16 区	44,034
第 3 区	96,422	第 10 区	141,485	第 17 区	120,064
第 4 区	96,341	第 11 区	183,723	第 18 区	154,517
第 5 区	98,213	第 12 区	100,877	第 19 区	113,716
第 6 区	90,803	第 13 区	79,828	第 20 区	108,299
第 7 区	68,883	第 14 区	82,100	総計	2,005,709

この数字は、陸軍、遊動兵、海軍を含まない。

る。昨夜は静穏であった。二、三の爆発がシャティヨン[45]高地で聞こえた。トゥール・デザングレ塔[46]が爆破された。敵が活発に活動したようだ。敵のノジャン、ロニィ、ノワジィとその周囲の村落への砲撃がこの朝から今なお続くが深刻な損害は、ない。ノジャンへの砲撃が極めて激しく、飛弾の多くは空中で破裂するが、村に向かうという、など。

一月四日[47]

一月二日夕発戦況報告[48]による。敵の砲火が今日ノジャン要塞に向かい、その数は六〇〇発であった。しかし、物的損害なく、ただ軽傷者一名のみであった。

一月三日朝、戦況報告[49]による。今朝、グロスレィ近くで斥候兵が小さな偵察をし、普軍の数名を殺し、六名を捕虜にした。わが方は、一名の士官を含む三名が負傷した。今朝から砲撃戦が始まったが、特段の損害はない。ノジャン要塞では、この朝から夕四時四五分まで、砲撃がとくに激しかったが、ただ一名の軽傷者のみであった。ボンディ要塞への砲撃が一分間に三発の頻度であった。ロニィ要塞では、砲撃がかなりの弾丸の爆発で三名が軽傷を負った。

今日、新聞付録中に、ナポレオン第一世の経歴を書いたものがあった。仏帝ナポレオン第一世は、過去、西暦一八一〇年代に欧州の数々の実力者全てを追い払い、ほとんど欧州を席巻し、掌握しようとしたが、最後の一戦で大きく敗れ、英国の捕虜となり、アフリカ西部のセント・ヘレナの孤島に送られ、六年の後一八二一年、ついにこの島で亡くなった。つまり、今を去ることまさに五〇年である。帝がこの一孤島に流され、亡くなる前、常に慨嘆し、長い溜息をついて言った。五〇年後、欧州に一大変革があり、各国がそれぞれその国の体制を変化させ、わが仏国のような国は、全て露国に併合されなければ、共和制度となるだろう。そして露国、独国の間で最も強大となる時があり、その勢いが欧州を制圧するだろうと。しばしばこの言葉を述べ、亡くなったという。奇妙なものだ。実に今年三月五日、ナポレオンが亡くなった日からまさに五〇年の年月が経過する。そして今欧州各国の盛衰状態を見れば、まさにこのとおりになっている。ああ、才智ある英雄の優れた見識には、また感嘆のほかはない。

ナポレオンの業績は、万人がよく知るところである。しかし、私は今、その生前の経歴の年月をここに付け加える。帝の姓はボナパルト、名はナポレオンと称する。その父は、シャルル　ボナパルトという。地中海コルシカ島アジャクシオの身分の低い役人[50]であり、この地に住んでいた。一七六八年八月五日、ナポレオンがアジャクシオに生まれる。一七七七年、ブリエンヌの士官学校に入る。九歳の時である。一七八四年、パリの兵学校に入る。一六歳である。一七八五年、軍務初等士官の中尉となる。一七歳であった。一七九五年、将軍の位に登る。二七歳。一八〇四年三月一八日、仏帝の尊号を得て即位し、帝王の位に登った。これをナポレオン第一世と称する。三六歳であった。一八一二年九月一四日、露国を攻め、モスクワに入り、退却した。一八一四年四月一一日、帝位を剝がれ、エルバ島へ流されること一〇ヵ月、翌一五年二月二六日再び仏国に入り、兵を集め、再びパリ城に入り、帝の座についた。一八一五年三月二〇日である。同年六月一八日、ワーテルローの一戦に敗れ、英国の捕虜となり、同月二二日、アフリカ西部の一孤島であるセント・ヘレナ島に流された。六年この地にいて、一八二一年三月五日島で亡くなった。時に五二歳であった。今を去ること、実に五〇年である。

一月五日[51]

籠城は既に一一〇日である。去る一二月二七日以来、日夜普軍が例の長大砲でパリ城郭外の諸要塞を攻撃し、その砲声が絶え間ない。

昨四日、一日中激烈な砲声が聞こえた。今朝このことを訊くと、敵軍がモン・ヴァレリアン城を激しく砲撃し、また城中からもこれに応戦し、両軍の砲声が震えるように轟いたという。また、今日も非常に激烈な砲声が轟くのを聞いた。

四日朝一時発の戦況報告[52]による。今暁四時頃、普軍の一隊がメシュ農園前を奇襲しようとして激しい銃撃を受け、何名かの怪我人を担ぎ、駆け足で逃げた。半時間後、わが斥候が敵の巡視隊を奇襲し、普兵三名を捕虜にした。同夜、敵兵がモントルイユとボンディの要塞を同時に激しく砲撃したが、大きな損害はなかった、など。

四日夕の戦況報告[53]による。今日、東部要塞に敵が砲撃を続け、ノジャン要塞が砲弾一二〇〇発を受けたが、前日以上の損害がなかった。

普軍の長大砲について新聞中に付録でいう。去る一二月二七日以来、普軍が長大砲でパリ市外諸城砦を攻撃する。日夜、朝晩の間隙もない。この二七日から一月一日夜まで六日六夜の間、これら要塞に発射した全砲弾が二万五〇〇〇発となる。この砲弾一発の重量が五〇キログラム（日本の一三貫三三三匁である）、この二万五〇〇〇発の総量が一二五万キログラム（日本で三三万三三三三貫である）となる。この砲弾を独国からパリ城外に運送すると二二〇両のワゴン（汽車の中の貨車）が必要だという。この長距離弾一発の費用が六九フラン（日本の約一四両）であり、この二万五〇〇〇発の費用が一七二万五〇〇〇フラン（日本の三四万五〇〇〇両）に上るという。

一月六日[54]

一月五日夕五時、政府より市街への発表[55]。

パリの砲撃が始まった。敵は、わが諸要塞を攻撃するだけに満足せず、われわれの家に向けて弾丸を発射し、われわれの住まいや家族を脅かす。この暴力は、戦い、勝とうとするこの市の決意を倍加するだけである。絶え間ない火で覆われた要塞の守備兵がその冷静さを全く失わず、攻撃者に恐るべき報復を行うであろう。パリ市民は、この新たな困難を勇敢にも受け入れる。敵がパリ市民を脅えさせようとするが、強力な反撃を受けるだけだ。パリ市民は、敵を撤退させたロワール軍やわれわれの救援に向かう北部軍にふさわしい。仏国万歳、共和国万歳。

戦況報告[56]による。クレトイユ陣地でバイェルン軍士官一名を捕虜にした。今朝、敵兵ボンディ要塞を襲撃したが、狙撃兵は、撃退された。朝八時から夕四時半まで、ボンディ要塞と東部諸要塞が砲撃されたが、例により、損害はなかった。一日中、イッシ、ヴァンヴとモンルージュの諸要塞が大小の口径の砲で激しく射撃された。砲弾が幾つかサン・ジャック[57]通りまで届いた。今日、戦死が士官一名を含む九名、負傷者は、士官四名を含む約四〇名である。昨夜、敵が夜通し、ノジャン要塞を砲撃したが、効果はなかった。今朝から敵兵がモンルージュ、ヴァンヴ、イッシの三要塞に向け激しく射撃した。敵の砲台はシャティヨン高地にあった。わが諸要塞からも激烈に応戦した、など。

後装砲[58]は、仏国の近年の新製品である。その弾丸の形は、尖った円柱であり、かつ旋条弾である。[59]

この弾丸の速力は、一秒ごとに四〇〇メートル（日本の約二二〇間）を飛行する。そして、この弾丸が砲口を出た後、一メートル八〇センチメートル（日本の五尺九寸四分）を過ぎる間に一回転する。これはその弾丸に旋条があるためである。そこで、一秒間に螺旋状に二二二回回転する。その速力が迅速であるので、弾丸の威力が

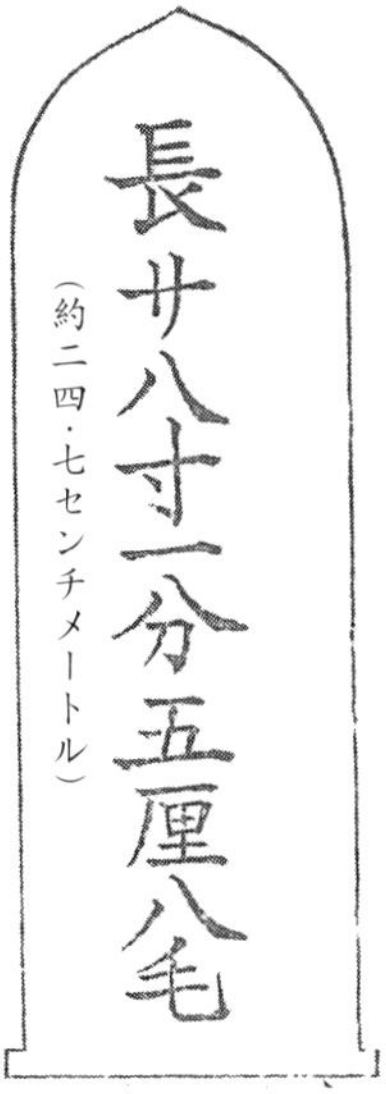

径二寸八分三厘
（約六・七センチメートル）

激烈であることが理解できる。

普軍が一昨日以来、あの長距離カノン砲を発射し、パリ城南西の要塞の外から市内の鉄道を崩壊しようとし、やたらに多く発射する弾丸が乱れ落ち、市内の西南の隅で破裂し、近辺の人家を少なからず損壊した。これにより、街の中で男女の死傷者が若干あった。

今朝、私の知人の仏人一名が来て、話すには、その友人の某中尉が、昨夕外の陣から市内に入り、この街の中を過ぎて家に入ろうとしたところ、たちまち、あの砲弾が飛来し、その脇腹に当たり、左の手足がともに吹き飛び、全身が破れて亡くなったという。

昨夕、パリ市セーヌ川の左岸にある兵学校の側の運動場[60]に弾丸が二、三発飛来したという。

一月七日[61]

昨六日夜戦況報告[62]による。モンルージュ、ビセートルを含む南部の諸要塞へは、一時間に三〇発の砲撃があった。ノジャンへの敵の砲撃が明け方三時から止み、八時に強烈な砲撃が再開された。その時刻から全線で再開された砲撃による深刻な損害はない。外部と城壁の砲台が

敵の砲撃に激しく反撃した。市中にかなり多くの砲弾が落下したが、市内の人心は揺るがなかった。市民や軍の決意や冷静さがこの酷い砲撃によく耐え、敵の威嚇は、かえってわが民衆の勇気を強めるものでしかない。各自は、祖国がパリ防衛者に求める大きな義務を感じ取っている。

昨日、パリ総督がパリ住民に宛てた壁書きの宣言[63]。

今、敵が威嚇を倍加する努力をしようと、欺瞞や中傷でパリ市民を悩まそうとする。守備に対し、われわれの苦痛や犠牲に付け込もうとする。何事も、われわれに手中の武器を離させない。勇気、信頼、愛国心だ。パリ市総督は、降伏しない。

『ヴェリテ』[64]という新聞社の社長が政府の壁書きを誹謗する文を数章書いていた。その一章では、次のようにいう[65]。

政府は、敵軍の猛烈な襲撃に対する二つの壁書きを発表した。一つを一昨夜、他を昨朝、市中に発表した。去る九月四日、国の体制が一変し、共和制度となって以来、政府が市内にその真意を明らかにするよう務めてきた。その時、市内に発表した文書は正直であり、添削の跡がない。しかし、ストラスブール要塞とメッス要塞が陥落し、オルレアンに敵が略奪侵入した後、たびたび言うことが違った。それが民衆の信頼し、納得しない一因である。そこで、人心は一日で離れようとする。現在、危急が切迫するが、今日まで、その弊害を見ないのは、思わぬ幸運である。

一昨日、政府が市中に発表した文書中に、怪しい、疑わしい、そのため、信用できない一文言があった。つまり、わが市内の人民は、近い内にロワール軍が敵を撤退させ、北部軍がわれわれの救援に向かうのを見るだろうという。この文は曖昧で不確かな失言である。ロワール軍が敵を打ち負かし、北部地方の国民衛兵がわが市の応援に来るということだ。ロワール軍の敵を追い払い、北部の国民衛兵がわが市に応援に来るという二点について、いつ、どこでその根拠となる報告があったのか。市民やわれわれはまだその報告を聞かない。最近、新聞報道での政府発表は、ブロワ、ヴァンドームやヴァールの諸地方や市全てが普軍に略取されたなどという。ほかに異なる発表を聞かない。そこで、政府がその後の報告を得ても隠し、市民に発表しないことが明白である。今、尋ねるが、このロワール地方の兵が敵を攻撃し、また、北部の国民衛兵がわが市の応援に来るならば、どういう形や状態であるのか、教えて貰えるのか。もしそれを教えて貰えないのならば、政府の一昨日の発表は明白に偽りである。もしそうならば、今の政府の罪も軽くはない。なぜならば、今日わが億兆の住民が全く政府の発表を信じ、その方向を求め、死生の間をさまよっているからだ。そして、その文の最後にある、「仏国万歳、共和国万歳」は、仏人が常に唱える国の言葉、祝いの言葉である。この言葉は、共和政体に変革以来、今日に至るまで政府公文書の文末に記す定型の、無用の文である。今この言葉が何に役立つのか。この古い言葉は、今日の仏国やその共和政府の命を救えない無駄な言葉である。

また、第二の文章は、昨日発表されたが、その意味が極めて古めかしい。今日になり、民衆に対し、しきりに義勇や報国を求めるが、当然民衆はわかっていることである。恐らく、政府がその義勇報国の防戦力がもはや不足するだろうと推察するのだろう。ただし、これらの文意をここで批判することが主ではない。しかし、その末尾で、「パリ総督は、降伏しない」などと言う。この言葉の意味が最もわからない。今、その約束の主意は何か。敢えてその回答を求める。これは、人民の命に関わる重大事件を軽率に扱うものではないか。なぜならば、今、市内の人民が一致協力し、あくまでも防戦し、開城をしないという者は、ただパリ総督一人だけではない。また、その総督一人に限られるものではない。市民全てでなくてはならない。なぜ、今、わが総督がこのような一言を市民に発表したのか、または、今、市民たちが容易に開城を図ってよいのかと恐れる。今夜、時すでに深夜に及び、新聞を発行する時間が迫る。そして、文章を続ける時間がない。今私は、前述の最大の疑問を挙げ、謹んでその答えを待つ。上を仰ぎ、政府の弁明を、下に伏し、市民の回答を求めたい。私がその解説や討論を聞いた後、全てこれを新聞に書き、広く公開しよう、など。

私は常に嘆く。仏国の人民の心は、傲慢で上司を恐れず、政府に遠慮せず、勝手にその政治体制を誹謗し、その政府を軽蔑するという、その習慣が常にパリの風俗である。そして、彼らは、その舌先の才能を発揮し、容易に国の政治を喧しく罵るが、もとより出て、重要な国政を担当できない。無用に市民を煽り、過激に動き、その政府を変革しようとしがちである。そのため、権力が大体民衆にあり、政府が深く民衆を恐れる。もっとも政治の道の奥義は、ここが拠り所でなければならないが、その民衆の上に立つ者としての威厳や権力は、当然その主導者にある。思えば、仏国のような国は、傾向として、ナポレオンのような帝王が上にいて、自ら市内を足元に治め、全国を一つに掌握しなければ、とてもこれを制御できない。とても、この傲慢な人民では、民主共和の政治を永く行えないだろう。以前その国の体制を変革し、共和制度を立てた後からわれわれは、次第に密かに、このトロシュウ・パリ総督・大統領やそのほか共和政府各閣僚の進退や挙動を見てきたが、その処置が常に市内の人心に媚びるようであり、今仏国が危急存亡の時に至っても、なお、ただその人心を宥め、安心させ、密かにその衝動を押さえ、政府の計画を進めることが難しい。そこで、民衆の意見が常に政府の上にあり、新聞社の論者でさえ、大げさで傲慢な言葉が極みに至る。有識者は、さらに激しい。そして今日、その国家が興廃の日に至っても、政府と民衆の間の実情が大体このようである。その国の政治状況が推察できる。今、私は、拙い文章力を尽くし、前の文章を要約した。これはつまり、後日、事情を顧みる時の参考にするためである。

一月八日[66]

パリ総督から発表の一月七日付戦況報告[67]による。夜と日中のある時間、敵軍がサン・モール砦とシャンピニー橋付近の建物を砲撃したが、成果は、なかった。ノジャンとロニィ要塞で微弱な砲撃による微かな損害があり、誰も傷つかなかった。ノワジィ要塞では、三個の強力な舷側砲により敵の全砲台を砲撃した。今朝八時から敵軍がクールヌーヴ要塞への砲撃を再開し、負傷者三名、死者一名があった。イッシ、ヴァンヴ、モンルージュの三要塞への砲撃が一時極めて激しかったが、工事に少し損害があり、死者四名、負傷者は、数名であった。オット・ブリュイェールとムーラン・ド・サケの前線砦では、敵の砲火が前日よりも少し弱く、工兵大尉一名を含む負傷者五名であった。ビセートル要塞に若干の砲弾が落ちたが、誰も傷つかなかった。ティエの敵軍砲兵がわがヴィトリ近くの砲台とセーヌ川左岸に向け砲撃したが、成果がなかった。わがムードン要塞も第六と第七地区を砲撃し、市民のみが苦しんだ。また、ポワン・デュ・ジュール[68]とブローニュ（この町はパリの西南の隅にある）で数名が負傷した。南部前線からの報告全てが今夜シャティヨン平原でのかなりの集結を知らせている、など。

普軍が今パリ市城周囲に配備をし、日夜遠く市内の市街を攻撃する長大砲が欧州でも比類ない独国の有名なクルップ砲（クルップは製造者の名）で、この大砲二〇〇門をその城の外郭に配備し、一門ごとに砲弾四〇〇発を配分し、総計は八万発だという。

普軍がパリ東側の諸要塞に向け約八〇門の砲を備え、これを仏側要塞に向け、毎日発砲した。この時、仏前線要塞や周囲の村に乱れ落ちる弾丸は約二万発だという。

南部の諸要塞や市内市街に乱れ落ちる弾数は、大体右の文と同じである。クルップ砲は鉄製の後装砲であり、その口径が仏国の単位では、二二三ミリメートル（日本では、七寸三分五厘九毛）の大砲である。[69]その重量は、仏国の単位では、二万五〇〇〇キログラム（日本で六六六七貫）である。その砲弾を仏語でオビュス（obus）という。鉄製砲弾のことであり、その形は先の尖った円柱である。その略図を左に書く。

長さ　一尺八寸一分五厘五毛、その径七寸三分五厘九毛[70]、その重量は、一四二キログラム（日本の三七貫八六七匁）、この弾丸の速力は一秒間に仏国の単位で四二〇メートル（日本の二三一間）を進み、一昼夜に一五〇発を発射する。その距離が九キロメートル（日本の二里一一町）に達する。欧州の陸軍では未曾有の長大砲であり、人が舌を巻き、胆を冷やす。

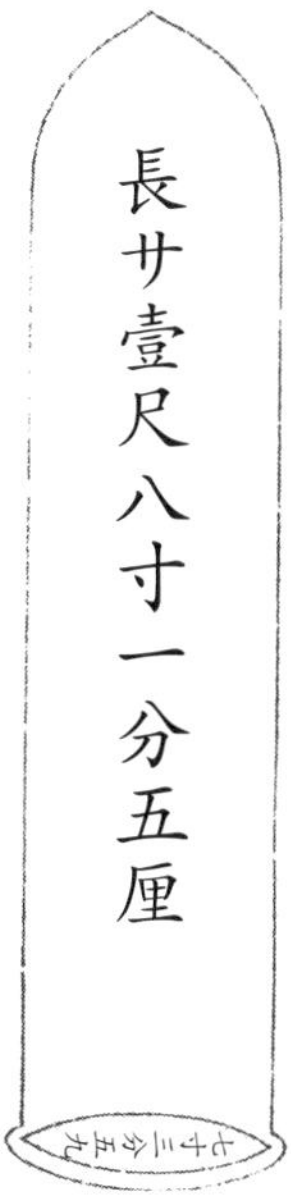

原本の砲弾の図

一月九日[71]

一月八日付戦況報告[72]による。敵軍の砲撃が前日と同様に続く。要塞の守備兵も市民も団結は、変わらない。今日、パリ総督が敵砲火に曝される城壁の全要塞を巡察し、パリ市民の愛国心の大きな発露の証を直接見た。

昨日パリ市内諸区中への発表[73]。

現在、わが都市パリが包囲され、籠城が既に長い。先日、市中に発表したように、大麦小麦全て穀類を貯蔵する者は、これを政府に申告せよ。政府はそれを相当の値で買い入れる。この穀類を市中の食料のパンに使う。この命令に違反し、隠し、貯蔵し、出さず、籠城後に商務大臣の許可証なく穀類を売り出す者を罰し、五〇〇から一〇〇〇フランの罰金を課す、など。

パリ市長から第二区への一月八日付発表[74]。

最近、敵軍の砲弾が日夜市内に雨霰のように乱れ落ち、市中北部の市民には、体や家を損なう者が少なくない。そこで、その災害を避けるため、市内第二区に転居する者が非常に多い。そこで、この区に空き家、空き部屋を所持する者は貸して欲しい。もっともその貸借の方法は、この区の区長から切符を渡すこととする。

今日、パリの環状鉄道の全ての駅での掲示[75]

砲撃のため、環状線の鉄道の運行を一時、中断する。

また、遊覧船（バトー・ムーシュ）の一隻が砲弾で沈められたので、遊覧船のポワン・デュ・ジュールとアルマ橋の間の通行を中断する。

昨日、セーヌ川左岸の市内リュクサンブール地区で若干の砲弾が散乱し、家屋を焼失させ、負傷者が少なくなかった。その中、路上で男性一名が頭を砕かれ、倒れ、亡くなったことが憐れだ[76]。

新聞中に現在のパリ市城守備兵の数を記載する[77]。海陸の正規兵士七万五〇〇〇名、諸地方からの国民衛兵九万五〇〇〇名、パリ国民衛兵四五万名、寄せ集めの救援兵士三万名、合計は六五万名以上という。

一月一〇日[78]

パリ総督の一月九日夕刻発戦況報告[79]による。昨日午後、マルメゾン脇で、敵と数回の遭遇戦があり、今朝、攻撃が再開され、わが軍が敵を引き付け、損害を与えて退散させた。パリのパンテオン付近と第九地区に多くの敵砲弾が落ちた。三〇発超の大口径の砲弾がピティエ病院に落ち、婦人が一名即死し、一病室の病人が地下蔵に移った。ヴァル・ド・グラース病院も同様に砲撃された。敵軍が市内の病院を標的に砲撃するようだ。この行いは、憎むべきであり、彼らが戦争法規や人道に背くのは一度でない。昨日、敵の砲撃が南部の諸要塞にも、終日続いたが、前日よりも激しくなかった、など。

昨日、伝書鳩が市内に帰り、地方からの報告二通を運んだ。[80]ガンベッタ内務大臣が送ったもので、地方の兵が日夜尽力してパリ市内の救援をしようとし、その兵の威力が大きく振るうという文であるが、極めて長く、内容が深いので、その抄訳をここに略記した。

上記伝書鳩が一緒に運んだ報道によれば、[81]ガンベッタ内務大臣は、一二月二〇日ブルジェを退去し、リヨンに八日間滞在し、二八日ボルドーに入った。また、地方都市ニュイ[82]で仏軍一万名が二万五〇〇〇名の普軍と戦い、仏軍の戦死が一二〇〇名、普軍の戦死が北独同盟バーデンの司令官ヴィルヘルム親王[83]を含む七〇〇〇名と目覚ましい戦果を挙げた。また、普軍は、仏領内に進入の後、この一二月まで既に兵三〇万名を喪失し、寡婦一〇万名、孤児二〇万名がいる。現在仏内の独兵が六〇万名いるが、うち病人が一〇万名である。独軍が郷土防衛兵を召集するが、抵抗に遭う。最近、わが地方を略奪し、蹂躙する敵兵の掃討が大きな功果を挙げるという、など。

西国の王(伊国王の子)[84]が去る一二月二七日に、即位のため、同国に入国した。[85]翌二八日夜、首都マドリードで悪者がプリム元帥を射った。プリム元帥は、三発の銃弾を受け、傷が非常に重く、[86]かろうじて命を保ち、自宅に帰ったが、三〇日夜九時、ついに亡くなったという。[87]翌三一日、西国の新王は、即位の儀式を広く全国に公開し、その法令を発布したという。

この日、西国文民政府は、民兵を解散し、武器の返納を命じた。同日中に大半の武器は返納されたが、同夕、返納されない武器の捜索が家ごとに行われる、[88]など。

欧州列国は、国際法の規律の下で互いに対戦する。そのため、守備側がその本城に籠城した際は、攻撃側が落城させるための方法がほかになく、その市城に対し砲撃しようとする時は、これを砲撃する前に使者を出してそのことを守備側に伝え、これにより、その守備側の市内の老人、幼児、婦女、病人や外国人たちをその場所から退け、避難させる。その後、攻撃側が砲撃する。これが近世の欧州の国際条約であり、列国軍事法規中の一規則とする。しかし、今回、普軍はパリを囲んで後一〇〇日の一二月二七日以来、勝手にあの長距離砲を使い、遠くから諸要塞や市内の市街を破壊し、好き勝手に攻撃するが、以前にこのようなことは、聞いたことがない。一月一日以来、頻繁にその砲弾を飛ばし、傲慢、残酷に、市内を射撃し、爆弾が病院や負傷者がいる建物内に落ち、そのために死傷する者も少なくない。仏人がこれを罵り、怒り、その行動を残忍の極みと怨む。そこで、今日、仏政府が協議し、普軍が都市砲撃の国際戦争法規に従わず、傲慢残酷行為をするとした文書を外務大臣が広く欧州各国政府に送ったという[89]、など。

私が考えると、普軍は、パリ籠城の始めは、人民の意見が一つに纏まらず、必ず近い内に市内が混乱し、直ぐ開城するだろうと思った。しかし、今や籠城が既に一〇〇余日に及び、未だに開城の様子がない。そこで、速やかに開城させるには、その中の老人、幼児、婦女を避難させないで、早く城中の食料を尽きさせ、その後さらに、一発が雷のような轟音の砲弾で、日夜その市内に爆音を散乱させて、先ず、婦女子を恐れさせる。次に、市民の肝を冷やさせ、急に市内を混乱させ、開城を速やかにしようとの策略に出たのだろうか。しかし、この都市攻撃の戦時国際法は、当然、強大な国であっても破ってよいものではない。そのため、国際法上も、その行いは残忍で横暴といってもよいだろう。しかし、私が思うに、普軍には知識や勇気のある良い将軍がいる。それなのに、なぜその強大な力を背景に強暴を示し、国際法を犯すのか。兵力の強大な者は、その重要な法律を正しくし、その国際法を守らせるよう努める必要がある。これは、強者が他者を制御する方策ではないか。人がもし、その強大な力に任せ、その法律をおろそかにして、どうして国際法や制度を実施できるのか。道理は、このとおりであるが、今日、欧州の事情は、強国が必ずしもその古い法律や前例を第一とせず、殊更に力ずくで百戦百勝した後、隣国を分割し、土地を併合し、その勢いで掟を定めようとする。今日の欧州は、強猛な者の考え次第である。先日、ナポレオンが普国に向かい、開戦した時、その大義名分をどうしたのか。一学生に過ぎない私がこれを見ても、傲慢や嫉妬により強暴な力を振るうというほかは、ない。これが大体今日の欧州の変動の事態ではないか。今、仏国がこの事態になり、欧州各政府に通牒を送るのは、後日、責任追及の一つの世論を促す意味のものなのか。しかし、天下の国際法を一日でも忽《ゆるが》せにしてはならないと私は思う。その上、欧州の人は、常にその文明開化を世界中に誇る。恐らく、その意味は、法律を尊び、強大な力で思うままに他国に乱暴をしないことであろう。そうであれば、今、仏国は急いで軍使を普国の本陣に遣り、その誤りを示し、その過失を詰問し、二国が各々法律を犯さず、公明に、快くその戦争を遂行するのがよいであろう。また、パリ市内には欧州各国の外交使節が無数在勤し、市内に居住するそれぞれの国民の生命を預かっている。それなのにこの外交使節たちは、攻撃側が残忍に噛み破るように国際法規律を破るのを目の前にしながら、何もせず、黙って傍観する理由があるのか。今日の状況で列国の使節が手を控え、座って見て、進んで責任追及する様子がない。強者の不正を放置するもの、といってよい。

一月一一日[90]

パリ総督が市中に発表した昨日付戦況報告[91]による。昨夜、普軍前衛に対し、二作戦があった。北方前衛の戦いをコント大佐が指揮し、一戦で普兵二名を捕虜にし、かつ多数の兜、小銃、夜具、露営用品を分捕った。わが軍の損害は、重傷者一名を含む、七名の負傷者だけだった。南方前衛の戦いをポリオン大佐が指揮し、この軍が普兵二一名を捕虜とした。わが軍で戦死は一名、負傷三名、うち一名が士官であった。また、ヴィトリ付近の偵察で国民衛兵一名が負傷した。今日、諸要塞への敵の砲弾の飛来は昨日ほどではなかった。

一二月二八日付ロレーヌ発報道による。[92]現在、独諸要塞には、既に仏捕虜が充満する。そのため、新たな仏捕虜を仏国のメッス周辺の大要塞に入れるという。収容できる捕虜は一万二〇〇〇名から一万四〇〇〇名だという。

八日から九日への夜、サン・シュルピスからオデオンへの地区に二分間隔で砲弾が落下した。病院、救急車、学校、博物館・美術館、教会、家屋が負傷者で溢れた。路上や自分の寝床で婦人が死んだ。母に抱かれた子供に弾が当たった。ヴォージラール街の学校で一発の砲弾で児童四名が即死し、児童五名が負傷した。植物園（ジャルダン・デ・プラント。パリ市内の動物学、植物学、鉱物学の広大な場所で世界の植物、万国の鳥獣、海山の動物を集める）の中の病院に砲弾が数発飛来した。負傷者と職員が河岸の建物に避難した。[93] サルペトリエール病院に一五発超の砲弾が飛来した。[94] ピティエ病院に若干の爆弾が落ち、婦人三名が死に、ほかにも負傷者がいる。[95]

昨日、私は風邪気味で熱があり、夕方から寝床に入り、夜中に熱気がしばしば襲い、眠れなかった。夜通し床で聞くと、独国の長距離砲の弾が市内市街に雨のように降る、轟きや震動が極めて激烈で、私の近くの街に爆音が破裂するようである。夜一一時以降から夜半を徹し、明け方三、四時が最も猛烈であった。

一月一二日[96]

一月一一日付戦況報告[97]による。昨夜中、諸要塞に敵が砲撃しつづけたが、これまで同様、僅かの負傷者ととるに足らぬ損害のみであり、火災の報告もなかった。日中、南部の諸要塞への砲撃が極めて激しく、主に敵の主目標とみられるイッシ要塞に向けられた。オット・ブリュイエール、ムーラン・サケ、クレトイユへの砲撃が軽微で被害なし、など。

一月八日から九日の夜、パリ市ピティエ病院に砲弾が殺到し、管理棟と病人を収容する建物が大損害を受けた。婦人科病室への砲弾で死者一名、負傷者二名が出た。砲撃の当初、故意とは思わなかったが、昨夜、同じ方向から同じ場所に砲弾が炸裂し、用心のため、病人を安全な場所に移した。この仮借なさが病院を狙い撃ちした野蛮な残酷さを意味し、古来の戦争に前例がなく、権利、文明、人道の名で抗議するために、事実を公表する、など。[98]

昨一一日午後、普軍中から軍使が仏軍の前哨に手紙を送り届けた。[99] 英外務大臣がこれを送った。その文の趣旨は以下のとおり。かつて、露国が黒海を手に入れ、トルコの地を併合しようと問う文書を欧州諸国に回した。

一八五五年、露国が黒海を手にし、トルコの地を侵略し、欧州の有力者たちが団結し、これを拒み、露国と戦い、露軍がその境界を侵略してはならないという条約を作り、その境界を決めた。この時、ナポレオン仏帝が率先してトルコを救い、露国を拒む戦争をした。今日、欧州の事情が混乱する機会に乗じ、露国が再びこの条約から脱退し、その長期計略を達成しようとする。そこで、この照会文を各国に回した。今度、ロンドンで各国代表がその件を拒むか、許すか、二方向の判断につき相談する。そこで、ファーヴル仏外務大臣を会議に出席させるため、文書を送った。今夕六時半、仏政府の諸閣僚、高官が政府に集まり、その件やその会議に出席するか否かを議論する。しかし、外務大臣の出席の可否が未だにわからない。

　フリードリヒ・カールは、独国の王族であり、勇敢で才智武勇をもって戦う。常に先頭で大軍を率い、その指揮が非常に細部にまで行き届く。先日以来、オルレアンの一戦で負傷し、陣中に退くというパリ市内の噂があるが、人はその確証を得ていなかった。しかし、この五、六日より前、パリ市内のセーヌ川水面に浮き、流れる一つの瓶を見て、きっとスパイの密書だろうと疑い、人がこれを取り開いたところ、やはり数通の書類があった。つまり、パリ市外東部の町モーに布陣する普軍が河水沿いに流し、市内を通過し、その西部の普軍に送る書類であった。その中にわが先陣の指揮官フリードリヒ・カール親王が先日の戦いで傷つき、今、モーの陣中で療養すると書いてあった。この文書を直ぐに新聞社に行き渡らせ、広く市内に公表したが、その真偽は、わからなかった。ところが、一昨日の戦いで捕虜となった普兵一八名を仏軍の要塞に輸送した時に、仏人がその真偽を探るため、突然この捕虜に「その後フリードリヒ・カール殿下の傷の具合はどうか」と尋ねた。普国の捕虜兵が大変驚き、仏人が早くもその状態を知っていると察し、躊躇なく即答し、「私は、最近、彼の消息を聞かないが、彼が以前重傷を負ったという一報を知るだけである」と言った。そこで、市民は初めてその事実であることを知ったという[100]。

　昨日、市内南部のモンルージュ大通り[101]の街で五〇歳くらいの婦人が哀れにも砲弾で二分されて亡くなったという[102]、など。

一月一三日[103]

昨一二日付戦況報告[104]による。昨一一日夜、わが前線の兵隊がアヴロン高地を偵察し、敵兵を追い払い、兵士六名を捕虜にした。昨夜中、パリ市内と目立った施設に砲撃が続いた。夜半から明け方二時過ぎまで、サン・シュルピス地区に約一分間に一発砲弾が落ちた（その猛烈であることはまた想像できる）。前日と同様、城外の南北諸要塞が砲撃を受けた。わが諸要塞も多く応戦の発砲をし、敵に損害を与えた。国民衛兵少尉一名がクレトイユ前哨付近で亡くなった、など。

パリ市内に発表の一一日付国防政府令[105]

普軍の砲弾で傷ついた全仏国民を敵に襲われた兵士とみなす。

砲撃のため亡くなった者の寡婦や同様に亡くなった父母の孤児は、敵に殺された兵士の寡婦や孤児とみなす。

新聞[106]が記載する欧州四大国の面積と人口は、下表のとおり。

	面積（平方独マイル[107]）	面積（方里[108]）	人口（名）
独国	9,301	2,791	40,148,209
仏国	9,588	2,876	36,528,548
露国	100,285	30,085	69,779,500
墺国	10,780	3,234	35,943,592

普国が現在領有する仏国のロレーヌとアルザスの二地方をその面積と人口に含め、仏国の面積と人口から除く。

今朝から市中のパン焼き職人の多くがその戸を閉ざし、売っていない。市民の大きな騒ぎが起こり、人々が困窮する。[109]

一月一三日付戦況報告[110]による。昨夜、従前と同様、諸要塞に効果はないが、激しく永続的な砲撃を受けた。そして市街への砲撃が止まず、夜一〇時から夜半まで最も激しかった。南部要塞への砲撃の激しさが緩み、何回かの敵軍の襲来を全て撃退した。多くの敵負傷者が捕虜になった。一七日間にわたる敵軍の砲撃で莫大な弾薬を費やしたが、深刻な損害がなかった。この厳しい、長く続く難儀の中、わが軍の諸士官、兵士と国民衛兵が示した絶対的な献身の輝かしい証拠を報告できることを総督が喜びとする。また、市民の固い決意に感動する。

一月一二日付パリ市内に発表の国防政府令[111]。

公共や一般目的のほかに、パリ市各区や郊外各町村での手押し車で運べない物の輸送の必要性等を考慮し、地域住民に必要な馬数の表を作成する。その表は、市内二〇区で保持する馬を、人口一〇〇〇名に約一頭の割合とし、その馬数を、第一区馬七八頭、第二区同じ、第三区九六頭、第四区同じ、第五区九八頭、第六区九〇頭、第七区六九頭、第八区七五頭、第九区一〇二頭、第一〇区一四一頭、第一一区一八三頭、第一二区一〇〇頭、第一三区八〇頭、第一四区八二頭、第一五区九三頭、第一六区四四頭、第一七区一二〇頭、第一八区一五四頭、第一九区一一三頭、第二〇区一〇八頭、計二〇〇〇頭とする。郊外諸町村につき、同じ方法でセーヌ県担当閣僚が後に定める。市内二〇区の各区長は、それぞれの区の状況を農商務大臣に一六日夕刻までに報告する。農商大臣が本命令を執行する、など。

一月一三日付発表の閣僚・パリ市長の告示[112]

パン屋は、その通常の顧客でない者またはその地区の住民であることを示す食糧配給証を持たない者にパンを売ってはならない。

仏元帥マク・マオン

仏元帥バゼイヌ

仏外務大臣ジュル＝ファーヴル

仏大統領トロシュウ

訳註

1　パリは、晴。
2　二五日付「le Journal des débats」引用の「l' Electeur libre」掲載の一六日付「la Gazette de Breslau」記事の仏語訳で、「一昨日三〇名の議員が出発した」旨記載があるので、一四日のことと判断される。
3　クリスマスのこと。
4　パリは、晴。
5　二六日付官報。
6　二五日付官報。
7　パリは、「雪風殊更に厳酷」。
8　12月27日付官報。
9　〃La Patrie〃（「祖国」の意味）。
10　出典未確認。
11　パリは、小雪、気温零下六度。
12　二八日付官報。
13　出典未確認。
14　パリは、晴、寒気酷。
15　二九日付官報。
16　二八日付官報。
17　同右。
18　同右。
19　同右。
20　出典未確認。
21　パリは、曇。酷寒。気温零下六度。
22　三〇日付官報掲載の複数の報告で三一日の項の記載と重複。なお、『漫遊日誌』旧暦八日（新暦一二月二九日）の項に、今夜、太田が来て語るには、今朝、仏軍パリ城外のアヴロン山の陣営を棄て、退陣し、七四門の大砲を引き揚げたが、これはこのところ、独軍の長距離砲で日夜激しく攻撃されたためであるとのこと、と記載する。
23　三一日の項の記載のとおり、これはボンディ要塞のことである。
24　パリは、曇。気温零下六度。
25　三〇日の項記載の三〇日付官報掲載の二九日付戦況報告のやや詳細な引用。
26　三〇日付官報。冒頭に、モントルイユ門の参謀将校報告とする。
27　同右。
28　同右。
29　三一日付官報。
30　三一日付官報。
31　パリは、晴。酷寒。
32　一八七一年一月一日付官報。
33　ブルジェの戦いの戦場近く。近くにモンモランシー要塞（同市）、ラ・ビュット・パンソン砦（モンマニー市）がある。

34 出典未確認。
35 同右。
36 アルザスとロレーヌ地方のこと。
37 アルザス・ロレーヌ割譲、賠償金五〇億フランと海軍分割を指す。
38 パリは、曇、雪。
39 一月二日付官報。
40 出典未確認。
41 一月一日付「le Siècle」。
42 パリは、晴、雪。
43 二日付官報。
44 三日付官報。
45 パリ南西郊外の市。
46 「イギリス人の塔」の意味。シャティヨン市の南西部にあった。
47 パリは、晴。寒い。
48 三日付官報。
49 四日付官報。
50 ナポレオンが生まれた後、アジャクシオの判事補に任命され、コルシカの貴族にも選出された。
51 パリは、曇。
52 五日付官報。
53 同右。
54 パリは、晴。
55 六日付官報。
56 六日付官報掲載の幾つかの報告の要約である。
57 パリ左岸の五区にある大通り。
58 弾を砲尾から装填する大砲のこと。
59 出典未確認。原本記載の砲弾は、長さ約二四・七センチメートル、直径約八・七センチメートルとなる。
60 シャン・ド・マルスを指すと思われる。
61 パリは、晴。
62 七日付官報。
63 同右。
64 La Verité（「真実」という意味）。
65 出典未確認
66 パリは、曇。
67 八日付官報。
68 パリ市東南端のセーヌ河畔。
69 九日付「le Gaulois」。
70 上記 le Gaulois 記載の砲弾は寸法が直径二二三ミリメートル、長さ五五センチメートル、重さ正味一二一キログラム。
71 パリは、曇、午後雪降る。
72 九日付官報。
73 出典未確認。
74 同右。
75 一〇日付「le Temps」。

76 出典未確認。
77 同右。
78 パリは、曇霧。
79 一〇日付官報。
80 同右。
81 九日付官報掲載のアヴァス通信社の報道。
82 ブルゴーニュの町。
83 この時の戦死は誤り。一八九七年四月二八日に没。
84 アマデオ一世。
85 八日付「le Figaro」。
86 九日付官報。
87 九日付「le Figaro」。
88 同右。
89 一〇日付官報に外務大臣が欧州各国駐在仏外交使節に訓令したことと医師団からの病院への砲撃への非難文を掲載する。
90 パリは、雪降る。
91 一一日付官報
92 一〇日付官報掲載の三日付「la Nouvelle Gazette de Prusse」報道。
93 一一日付「le Temps」。
94 一二日付官報。
95 一一日付「le Temps」。
96 パリは、曇。
97 一二日付官報。
98 一一日付官報。
99 一三日付官報にファーヴル外務大臣と英国外務大臣とのやり取りが公表され、一〇日夕九時同文書を中立国の米公使から入手とする。独側が通行許可証を発給しないなどでファーヴルが欠席することになった。
100 出典未確認。
101 モンパルナス地区(パリ一四区)にあり、一八七九年「エドガー・キネ大通り」と改称。
102 一二日付「le Figaro」。
103 パリは、晴霧。
104 一三日付官報。
105 一二日付官報。
106 右記官報引用の独紙「la Correspondant de et pour l'Allemagne」(「Korrespondent von und für Deutschland」)。
107 一独マイルは、七・五三二五キロメートルであるので、一平方独マイルは、五六・七三八六平方キロメートルとなる。そうすると本表の独、仏、露と墺の平方キロメートルでの数字は、五二万七七二五、五四万四〇〇九、五六九万〇〇二六と六一万一六四二となる。なお、現在の国連統計上の欧州の仏の面積は、五五万一五〇〇平方キロメートルである。
108 正元試算である。一里四方は、一五・四二三平方キロメートルであり、計算が合わない。

109　一三日付官報掲載の一二日付パリ市長命令で、上等のパン（パン・ド・リュクス）の製造販売と小麦のふるい分けが禁止された。

110　一四日付官報。

111　一三日付官報。

112　一四日付官報。

巻の六

西暦一八七一年一月一五日（和暦明治三庚午年一一月二五日）。

一月一五日[1]（パリ籠城、今日、既に一二〇日である）

昨一四日付戦況報告[2]による。敵軍のパリ市街への砲撃が昨日中、モンジュ通り、サンシュルピス、ヴァレンヌなどの諸地区に拡大した（大変激烈だった様子）。南部と前衛の要塞への攻撃が大いに緩んだ、など。

パリ駐在の外交団員（欧州と米州各国諸全権公使・代理公使一三名と領事官六名）から、ビスマルク北独同盟首相に以下の一月一三日付文書[3]を送った。

伯爵殿

過去数日以来、包囲軍が占領した場所からの大多数の砲弾がパリ市内部にまで入り込む。婦女子、児童や病人の者たちに当たる。被害者のうち多数が中立国に属する。パリにある全ての国の国民の生命と財産が継続的に危険に晒されている。

下記の署名者の多くの任務は、現時点で、自国民の安全と利益を守ることだけであるが、自国民を脅かす危険を、不可抗力、とくに、交戦者が彼らの退去に課す困難な条件により、避けることができず、また、彼らに事前通告し、その危険に備えさせる措置も取らせることもできない結果、上記の事態が生じている。

このような深刻な事態が発生し、パリ在留外交団員は、共同で、各大使館や公使館のない場合は、下記署名した領事団員は、その政府に対する責任感により、また、彼らの国民に対する義務により、協調し、決議することが必要と判断した。

下記署名者は、この合議の結果、一致の決議で、人類の権利の原則と認められた用法に従い、彼らの国民とその財産を避難所に入れられるような措置が採られるよう求める。

下記署名者は、貴下が軍当局に対し、彼らの要求の趣旨に副った介入をされるとの信頼と希望を述べ、この場を借り、伯爵閣下に非常に高い敬意を払うことをご理解するよう願う。

昨日、政府が広く市内に公開した一文書は、[4] 先月二七日ヴェルサイユ城のビスマルク普首相からパリ駐在のウォッシュバーン米公使が受け取り、それを見た上で仏外務大臣に通報した。

今月二三日、わが軍一士官が書簡を仏軍前哨に届けるため、往復に軍使の旗を立て、セーヴル橋を去ろうとした時、仏兵がこの使者に向け発砲した。開戦の後、わが士官や随行のラッパ手がたびたび、通常といってよいくらい、軍使の権利に対する仏軍の誤解の犠牲となった。

一時、軍使交換を止めるほかなかったが、改善が見られ、パリとの通常の関係維持が可能になった。しかし、二三日の事件により、類似の侵犯の再発防止の保証がない限り、敵との通信の交換を止めるほかない。私は、今謹んで閣下に、この事件をファーヴル外務大臣に告げ、このような違反への厳重な措置を求めるよう願う。もし国防政府が今後もなお軍使による書簡の往復の継続を望むなら、われわれの主張の正当性を躊躇なく認め、われわれの抗議した事実の調査を命じ、責任者を罰すべきである。われわれは、将来への保証を含むこの点に関する満足できる回答を期待するが、国際戦争法規のより良心的な遵守がなされる保証の下でのみ許される関係を中断せざるを得ない。

敬具

一月二日、トロシュウ・パリ総督が返書した。[5]

ビスマルク首相が示された、去る一二月二三日セーヴル橋のわが軍前哨に軍使として書簡を届けにきた独軍士官に発砲した事情につき、早速、厳しく調査させたが、指摘の事実を証明できる証人がいなかった。わが軍は、戦争法規の遵守を重要視するが、時に兵の誤解や粗野な知識からこのような事故が起こる。添付の二例は、このような事故が起きるのは、仏軍よりも普軍に多いことを示す。付け加えれば、ド・ラ・ロンシエール海軍少将の幕僚の場合、その場の独司令官が友好的な態度で謝罪し、受け入れられた。われらは、例外的事件が細心の注意によっても防げないと考え、普軍の団結の現れとして知られる規律の緩みによるとの偏見に立ち、これらを敵軍のせいにするものではない。
一月五日、ビスマルク首相が、米公使を介し、軍使による連絡を再開すると回答した。[6]
一月一一日、仏軍エリソン大尉がトロシュウ総督の独軍参謀長モルトケ伯宛文書を携え、セーヴル橋で普軍の前哨に届けた。[7]
パリ市外南部にある独軍の砲台からの砲撃が始まって以来、サルペトリエール、ヴァル・ド・グラース、ピティエ病院、ビセートル救済院、小児科病院の、常に救助事業に携わる病院施設に、大多数の砲弾が達する。病院内で、婦女、児童、不治の者、負傷者、児童を含む病人を襲った弾丸の、同じ方向と角度という射撃の正確さ執拗さは、偶然とはいえない。パリ総督は、独軍参謀総長、伯爵モルトケ将軍にここに厳かに宣言する。どのパリの病院も以前からの任務を放棄しない。国際条約の条文や道徳と人道の法則に従い、普軍当局がこれら施設につき、その屋根の上に翻る旗を尊重するよう命令することを確信する。以下略。
軍使が乱暴な砲撃を受けたこと。
第一に、仏軍エリソン大尉が、セーヴル橋の前哨から普軍前哨に使者を出した一件。[8]
一月一一日正午、仏軍エリソン大尉が総督の一書を携え、セーヴル橋の普軍前哨に、軍使の旗を持ち、赴いた。[9]その軍使が合図の音を出すと、普軍が同じく白旗を立てた。しかし、一向に士官が出てこなかった。さらに、ブルトイユの普軍砲台からポワン・デュ・ジュール向けの砲撃が止まなかった(軍令では軍使が来て会う時は、その合図の音に応じ、砲台の発砲を中止する)。半時間後、敵がその白旗を降ろした。エリソン大尉が何度も自分のラッパで発砲停止の合図をしたが、全く応えがなかった。敵の歩哨が彼とオーブの遊撃隊のミュテル少佐に発砲し、任務を完了せずに引き返さざるを得なかった。
第二に、右岸砲兵隊総司令官ペリシェール将軍のパリ総督宛報告書。[10]
一月一〇日、独軍軍使がセーヴル橋のわが前哨に到着したので、砲火を一時から二時半まで止めた。しかし、敵がこの中断を利用し、城壁のこの部分への砲撃を倍化した。敵の砲撃開始以降、これが一度生じた。われらは、当然、戦争法規と軍の名誉に忠実に従っている。国は、これを知ることが大事だ。

一月一六日[11]

昨一五日午後一時発戦況報告[12]による。今朝から敵軍の砲撃が実に苛酷なことは、今回の籠城後初めてである。わが諸要塞、城壁、外部砲台も激しく応戦し、幾つかの敵砲台を黙らせた。昨夜、デュクロ将軍が出撃し、敵兵を何名か捕虜にした。

その他、総督や前線の将軍から報告があったが、ただ小戦闘であり、とくに異状がないので省略する。

パリ市内の市民の死傷。昨一五日の夜、敵軍の砲撃が激しく、殊に夜半一一時頃、最も過酷で、その砲弾が要塞に落ちず、高く飛び、市内の地区に雨のように降り、無数に散乱、セーヌ川左岸地区が皆その被害を被った。また、最も遠くに飛んだものは、サン・ミシェル大通りの噴水二〇メートル近辺に来て、パリの殆ど中央に達した。このため、この北部の地区の中に住む老若男女や児童の号泣する声が街に響き、皆その逃げ道を求め、この被害を避けようとした。今日午後、この辺の市街で逃げ走る者が右往左往し、とくに混雑した。また、昨夜以来、この市街中での死傷者は一八〇名、死者が三〇余名、負傷者が一五〇名いるという。[13]中でも、児童の被害が最も多いと聞く。これは実に哀れである。この砲弾は、三万尺[14]を飛び、一発で数十名を倒すという。そうであろう。

パリ市民の死傷記録。[15]

パリ市内一月五日から一三日夜まで日夜の砲撃のための死傷者の数は、以下のとおりである。

五日から六日まで。夜間、敵砲台がモンルージュ地区などを砲撃し、サン・ミシェル大通りなどに多くの砲弾が落ち、オートイユ橋などにも多数が落ちた。多くの家屋が破壊され、二六軒に多少深刻な被害が出た。死者五名を含み、死傷者は一〇名であった。

六日から七日まで。夜間、パリ市内への砲撃が続き、この夜も個人住居にかなり重大な損害があった。負傷者は一〇名、うち四名が瀕死の重傷である。

七日から八日まで。夕七時から砲弾が市内に再び落ち始めた。そして、兵学校の近辺に落ちた砲弾は、約一〇〇発であった。この夜七時から九時半まで一時間当たり一二〇発を数えた。この夜、犠牲者は、二名の死者を含む一五名である。

八日から九日まで。夜間と九日の朝、多くの砲弾が左岸に降った。夜九時から朝五時まで夜間監視兵が主に、五、六、七、一四、一五の各区に落ちた、九〇〇発の一つひとつを数えた。死傷者五九名、うち二二名が死亡、三七名が負傷。

九日から一〇日まで。夜間の砲撃回数が倍加した。サン・ヴィクトル地区などに三〇〇発を超える弾丸が飛来した。二時間にパンテオン付近に五〇発超の砲弾が落ち、幾つかの場所が重大な損害を受けた。犠牲者は四八名に達し、一二名死亡、三六名が負傷した。

一〇日から一一日まで。夜間、左岸への砲撃が非常に烈しかった。監視兵報告では、夜九時から朝三時まで二三七発発射され、うち八九発がヴォージラール街に落ち、また三八発がグルネルとサン・ジェルマン街の市中に落ちた。リュクサンブール宮殿、パンテオンやヴァル・ド・グラースが目標だったと思われ、八件の火災が報告され、五〇軒の住宅が多少酷く損傷した。死傷者は一三名、うち三名が死亡、一〇名が負傷。

一一日から一二日まで。夜間、普砲台から二五〇発発射され、一二五発が左岸の様々な場所、とくに、ヴァル・ド・グラース、ノートル・ダム・デ・シャンなどの地区に落ちた。被災した施設が盲学校（犠牲者五名）、幼児イエスと母性救済院（助産婦生徒五名重傷）などである。三件の火災と建物四五棟の損害があった。死傷者は二一名、うち死者が一名、負傷者が二〇名。

一二日から一三日まで。濃霧で砲撃の全影響がわからないが、二五〇発がパリに着弾し、とくに、植物園やノートルダム・デ・シャンなどの地区に被害があった。死傷者は一三名、うち死者が二名、負傷者が一一名であった。

総計、五日から一三日の朝までパリの人家、市街や路上で死傷した男女は全てで一八九名、うち死者五一名、負傷者が一三八名である（死者五一名のうち、児童が一八名、婦女が一二名、男子が二一名、負傷者一三八名のうち、児童が二一名、婦女が四五名、男子が七二名である。死傷の児童は三九名、婦女が五七名、男子が九三名である)。

一月一七日、[16]

昨一六日付戦況報告[17]による。日中、これまでよりも霧が薄く、わが城壁の砲兵隊から敵砲台がよく見え、反撃でき、モンルージュ、ヴァンヴ、イシの諸要塞の負担が減った。また、ノジャン城への砲火が続いたが、緩慢であり、全く効果がなかった。今朝八時頃、ミヨーの館への攻撃をわが軍が撃退した。この攻撃を鎮圧するため、バニョーから出撃の兵をモンルージュ要塞から長距離砲撃ができた。マルヌ川の蛇行部への砲撃が続いたが、何ら損害がなかった、など。

パリ市中豪商等の救助事業。籠城は、既に日数が長く、市内の貧者が生活に困窮する。そのため、この籠城の始めから、政府は、救助の飲食所を設け、また、市中の豪商が協力し、その食物救援の道を開いた。新聞によれば、ウォレスという一豪商が市内の貧者救済のため、安い竃三〇万個の引換券として三万フランを提供した。[18]

食料のパンの定量。市内貯蔵の食料のパンは既に欠乏し、政府は、今朝からパン屋に、肉屋またはパン屋の食糧手帳を持つ者に限り、かつ一日一人に売るパンの量を成人三〇〇グラム、五歳未満の子供一五〇グラムまでとするよう、命令するという。[19]

一月一八日[20]

昨一七日正午発戦況報告[21]による。昨夜弱まっていた敵の砲火が今朝になり、再び激化した。シャティヨン砲台が砲撃を再開したが、現在まで実害はない。昨夜、敵がボンディ要塞に対する襲撃を試みたが、撃退された。モンルージュ要塞への砲撃も今夜は、非常に激しくはないが、海軍士官一名が死んだ。南部砲台への砲撃も本日は、やや緩んだ。パリ市内もこれまでと同じ地区に爆弾が多数落ちた、など。

昨一七日、農商務大臣から市街に告示[22]があった。徴用を免れた小麦、大麦、ライ麦を発見し、農商務省に知らせた者全てに、検査の上、麦の量一〇〇キログラムにつき二五フランを褒賞として与える、など。

今日から食糧のパンの量が再び減り、一人一日の食糧三〇〇グラム(日本の八〇匁)とし、五歳未満の小児には、その量の半分である。[23]最近のパンは概ね雑穀[24]で作り、固く、重く、その分量が非常に僅かである。今日の市内の困窮が推察できる。

一月一九日[25]

昨一八日夜の戦況報告[26]による。昨夜以来、南部の諸要塞に敵の砲撃は、続いたが、これまでよりずっと弱まった。そしてこの地にあるわが諸要塞から砲撃を休みなく続けた。また、昨夜市内への砲撃があり、火災が生じた、など。

全市中への壁書きでの一八日付国防政府宣言[27]。

市民諸氏。敵がわれらの婦女や児童を殺した。昼夜われらを砲撃する。敵がわれらの病院を砲弾で覆う。武器を取れ、との叫びが皆の胸から出ている。われらの中で、戦場で命を捧げられる者は、敵に向かおう。残って兄弟と同じ勇敢さを示したい者は、必要ならば、祖国に尽くす他の方法で重い犠牲を払おう。つまり、耐え忍ぶか、死ぬかだ。しかし、打ち勝とう。共和国万歳。

軍務大臣・パリ総督臨時代理ル・フロ将軍の今日付全体命令[28]。

パリ総督不在中、国防政府命令で私は、パリ、諸要塞や前進基地守備に当たる国民衛兵隊、遊動隊や軍の指揮を任ぜられた。私は、本日付で、その指揮を執る。この結果、サン・ドニ要塞司令官以下諸指揮官（列記を省略）が私の直接指揮下に入る。彼らは、守備に関わる問題全体や詳細につき、私に直接関わることになる。工兵隊総司令官以下各指揮官（列挙省略）は、本日午後一時、軍務省に集まれ。この会議が定例報告でもある。

一月二〇日[29]

昨一九日朝一〇時一〇分モン・ヴァレリアン城発の戦況報告[30]による。ぼんやりした夜中の集結が困難で苦労が多かった。右翼縦隊に二時間の遅れ。モントルトゥーでの長く、激しい戦闘などあったが、わが軍が優勢。今のところ、全て順調、など。

昨夜六時の戦況報告[31]による。昨朝以来、モン・ヴァレリアン要塞外でわが軍の兵一〇万名超の三軍団が強力な砲兵をもって敵に戦いを挑んだ。わが軍の左翼をヴィノワ将軍が指揮し、ド・ベルマール将軍とデュクロ将軍がベルジェリー丘陵の敵軍と数時間戦っている。総司令官である総督は、本日の最終成果を知ることができない。政府がそれを入手次第、パリ市民に知らせる。

一月一九日夜九時五〇分モン・ヴァレリアン城発の戦況報告[32]による。今朝、幸先よく始まった戦闘は未だ期待した成果を挙げず、今朝わが軍が奇襲した敵が日没頃わが軍に対し、予備の歩兵と強力な砲火を集結した。午後三時頃、猛烈な攻撃を受けた左翼が崩れ、その左翼に出て指揮を司り、黄昏になり、引き上げを命じた。夜になり、敵の極めて激しい砲撃が続き、わが軍は、今朝攀じ登った高さを戻った。軍の士気は高い。わが損害をまだ知らないが、敵の捕虜によれば、敵の損害がかなり甚大だと判断する。

昨一九日付国防政府令[33]による。穀類を貯蔵する者は、三日以内に農商務大臣に申告する。違反する者は、穀類を没収し、一〇〇〇フランの罰金を課し、三ヵ月の懲役とする、など。

新聞付録中の記事[34]による。昨日の戦闘の目的は、ベルジェリーの丘陵への襲撃とのことだ。そして、仏軍の三部隊を三将軍が指揮した。即ち左翼がヴィノワ、中央がトロシュウ、右翼がデュクロである。その全軍は八万三〇〇〇名、大砲が三〇〇門であるという。

新聞付録の記事[35]による。一昨日、大統領トロシュウ将軍が市庁舎から出陣する時、諸大臣、各役人や諸友人に極めて懇《ねんご》ろに別れを告げた。その決意がこの出陣で敵を追い払い、勝利の功を挙げなければ、生きて再び市庁舎に入るまい、という決意と思われた。このため、別れの礼が極めて厚かったのだと、など。

市内のパンの定めを昨日、政府が広く市中に発表[36]し、今後[37]、パンの配給量を毎日成人一人に三〇〇グラム[38]（日本の八〇匁）、五歳未満の小児に一五〇グラムとし、三〇〇グラムのパンの値段を一〇サンチーム（日本の八〇文）と定めた。また、市内各区のパン製造販売店にそれぞれ二名の国民衛兵と二名のその区の代表者を置く（その雑踏を禁じ、もめ事を制御させる）などとなった。

市内の諸食料品、薪や炭が全て尽き、市中の困窮が非常に極まった。生活に窮する貧しい者が道で号泣する。憐れである。

一月二一日[39]（和暦一二月一日）

二〇日朝九時三〇分モン・ヴァレリアン城総督発戦況報告[40]による。この朝、霧が深い。敵軍の攻撃がなかった。私は、高所から砲撃されうる部隊の大半を後方に、中には以前の宿営地に、引き上げさせた。今は、負傷者の運送と死者の埋葬のため、二日間の休戦をセーヴルで緊急に交渉中である[41]、など。

一月一四日政府派遣部所在地ボルドー発急報[42]の抜書きによる。このほどシャンジー将軍は二日間の目覚ましい戦闘の後、マイェンヌの後方に退却せざるを得なかった。この時、敵は、フリードリヒ・カールとメクレンブルクの二将軍自身の率いた一八万名と信じられる。しかし、わが軍の勢いが衰えたわけではない。同将軍が近いうちに再び攻勢をかけると宣言した。このたびのわが軍の損失は、大砲約一二門と約一万名の兵士の捕虜であるが、敵軍の損失もまた莫大であった。以下略。

昨二〇日は、戦争がなかった。一昨日、ド・ベルマール将軍の陣の前で、医官であるドクター・シカンヌ[43]という人が弾丸の降る中に立ち、負傷者を輸送する指揮をしていた[44]。この時、ド・ベルマール将軍は、その医官が弾丸により倒されることを恐れ、急いでその場所に進み、「医官よ、この場所からすぐに立ち退け、ここは貴殿のいる所ではない」と言った。この時、その医師が「戦場の負傷者のいる所は、全て私がいる所である」と、一言言い放ち、動じなかった。人は皆、静まりかしこまり、その確固である決意に感心し、ほめたたえたという、など（私は、この新聞を見て、この医官がその職務をよく尽くす者だと思った。陣中の医官は、全てこのようであってほしい。そこで私は、今この文章を抄訳する）。

一昨日の戦闘でモンブリソン大佐という人が、小銃の弾丸をみぞおちに受けてたちまち倒れたという[45]。この戦いは、独兵の潜む一軒の家を襲うため、その部下の歩兵隊を指揮した時、その家の敵兵が壁の窓の間からこれを狙い撃ったという。付け加えて、この大佐がその一軒家を襲撃するために、なぜ自らその兵を従え、襲おうとしたのだろうか。また、なぜ大砲の二、三弾でその家屋を潜伏兵とともに微塵にしなかったのだろうか。惜しむべきことだという。

パリ籠城後、市内と仏国諸地方との書簡の往来には、全て例の伝書鳩を使っている。そこで、独軍がこれを妨げようと、パリ城周囲の林の中に多くの鷹や鷲を放す。昨日、城外で、国民衛兵が一羽の鷹を捕まえたという。

一月二二日[46]

昨二一日、戦況報告[47]による。今日、敵軍とわが南部の諸要塞や城中との砲撃がことに激烈であった。また、わが一砲弾が敵の火薬庫を破壊し、爆発が強烈であった。パリ北部のサン・ドニ要塞と市には、今朝八時四五分から敵の砲撃が始まり、日中非常に酷く、市内には、夕方になり倍加した。多くの出火は、すぐ消し止められた。要塞は軽微な損害しか受けなかった。今日、ノジャン要塞に、敵軍は、いつものようにゆっくり砲撃を続けたが、効果がなかった、など。

トゥール・デザングレで、わが軍の砲弾が敵の火薬庫に入り、たちまち破裂し、その震動や爆音は非常に驚くものだった。[48]

パリ市民の死傷記録第二号。[49]

一三日から一四日。一三日夜八時から敵の激しい砲撃が再開され、一時緩んだが、その夜中と翌一四日の日中続いた。五〇〇発余りの砲弾が市内に降った。明け方二時から朝五時までの間、一時間に一〇〇発の砲弾が発射された。一〇三軒の民家が被災した。幾つか火災も生じたがすぐ消し止められた。死傷者は三三名。

一四日から一五日。砲弾がわが要塞とともに市中にも夜八時から朝七時までの間に五〇〇発余り飛来した、など。死傷者は、三一名。

一五日から一六日。要塞と市中に夕方七時から朝九時まで三〇〇発の砲弾を数えた。死傷者は、二一名。[50]

一六日から一七日。砲弾の飛来数は、前の夜から減り、市中の人家や道路上に落ちたものは一八九発であった。三五軒の家屋が損害を受けた。死傷者は、一四名。[51]

一七日から一八日。前日やや収まった砲撃がやや活発だった。家屋が多く損傷した。死傷者は二〇名。[52]

一八日から一九日。昨夜市街中に降った砲弾のその数は前の夜よりも多かった。死傷者三〇名。[53]

一九日から二〇日。夜、市内への砲撃が前夜と違い、夕方極めて僅かで、真夜中から朝にかけ激しく、午後また緩んだ。一砲弾が地下蔵に入り、石油三樽を破裂させた火事一件しか報告がない。負傷者は九名。[54]
以上の市中の死傷者は、一三日から二〇日まで、男女老幼合わせて一五八名であった。
パリ市内の騒乱。昨三一日夕刻、市内ベルヴィル街中で市民が多く集まり、再び政府の変革を図った。これは、昨年の秋一〇月三一日の変革と違い、獄中に閉じ込められた首領のフルーランス[55]という者を密かに奪いだすことを企て、夜半一二時過ぎ、若干の国民衛兵小隊が密かにその獄房に突入し、フルーランスを奪い、今日午後三時半から四時までの間に、この街中の国民衛兵が隊を組み、政府のある市庁舎に押し寄せ、不意に襲撃し、政変を起こそうとした。しかし、予め、市庁舎の不慮の事態に備え、兵隊や非常警衛のため地方から呼び集められた国民衛兵がその周囲に集まっており、急に襲来する国民衛兵を防ごうとした。その時、国民衛兵隊の中から市庁舎の窓の中に向け、ピストルを撃ち出し、館内に死傷者が出た。また、この時、警備の国民衛兵も同じように国民衛兵隊に向け発砲し、双方に若干の死傷者があった。国民衛兵が約五〇名余り死傷したという。私は、夕暮れにその事件を聞き、自分もその状況を観察したくなり、すぐに駆けつけたが、市庁舎に着いた時は、既に夜の八時だった。館の周囲を巡って観察したところ、既に騒乱や争いは終わり、館外の周囲には、数多くの兵隊が警衛し、また、近くの街や通りには市民が群れ集まり、右往左往し、議論がやかましかった。道路はとても通れない。さらに、雨の後の泥が溢れ、道路がまるで沼のようで、灯火も薄暗く、道は暗黒なので、その混乱は言いようがない。私は、今夜ここに駆けつけて来たが、時間に遅れ、その争いを目の当たりにできなかった。しばらく、あちらこちらを回って、群衆の中を通り抜け、騒乱や混迷の状態を観て、帰路についた。時刻は、既に九時を過ぎていた。

一月二三日[56]

昨日、国防政府は広く市中に発表[57]した。
国防政府は、パリ軍総司令官を国防政府大統領と分離することを決めた。ヴィノワ少将がパリ軍総司令官に任じられる。パリ総督の称号と任務は廃止される。トロシュウ将軍は、国防政府大統領の地位に留まる。

当日、ヴィノワ総司令官がパリ城の諸軍に次のように命令した[58]。

国防政府は、私を諸氏の頭に据えた。私の愛国心と献身に訴えた。私に逃れる権利はない。その任務は極めて重い。私は危機を受け入れるしかなく、幻想を持つことは許されない。輝かしく軍と国民衛兵に支えられ、パリ市民に雄々しく支援された、四ヵ月を超える籠城の後、われわれは困難な局面にある。このような状況の中で司令官という危険な名誉を断ることは、私に対する信頼に応えることにはなるまい。私は兵士であり、この大きな責任が伴う危険の前から逃れる積りはない。内部では、混乱分子が活動し、大砲がうなる。私は最後まで、兵士でありたい。善良な市民と軍と国民衛兵の支持は、私が秩序と公安を維持するのに十分であることを信じ、この危険を受け入れる。

パリ市長ジュル＝フェリーから市中二〇区各区長宛昨夜五時四〇分付書簡[59]による。国民衛兵第一〇一大隊の一中隊が市庁舎を襲撃し、激しく銃撃した。遊動大隊副官一名が三発の銃弾を受け倒れた。到着した国民衛兵とパリ憲兵隊が鎮圧した。近くの家に隠れていた国民衛兵一二名と士官一名に第一〇一大隊の大尉が捕えられた。かなりの兵が市庁舎と周囲を守り、秩序に不安はない、など。

国防政府閣僚等の市街への二二日付宣言[60]。

市民諸氏。

祖国と共和制に対する恐ろしい犯罪がなされた。これは、外国の利益に奉仕する少数の者の仕業である。敵がわれらを砲撃する間、彼らが狙った国民衛兵や軍の血が流された。彼らの犯罪的欲望を満たすため、血を流させた者の上にその血が注がれる。政府は、普国に対抗する主要な力の一つである秩序の維持に責任を持つ。この大胆な蛮行への厳しい鎮圧と法の厳正な執行が市全体の問題である。政府は、その義務を必ず遂行する。

新聞を見ると、昨日市庁舎に反逆者が暴動を起こし、双方の遊動兵、国民衛兵の即死が六名、負傷が四〇名余りあった。また、近くを通った市民のうち老人一名、小児一名が、流れ弾に当たって即死したことが記されていた。普軍のスパイは、今も市内に潜伏していたが、昨日暴動があったため、パリ総督居宅の門前で一名を捕え、またセーヌ川左岸の街中で二名を捕えたという。普国が、そのスパイを多く市内に入れていたことは驚くべきだ[61]〈昨日、パリ総督、共和政府大統領と三軍〈歩兵、騎兵と砲兵〉司令官を兼ねたトロシュウ将軍がそのパリ総督と三軍司令官を辞し、共和政府大統領職に留まった。昨日、政府が広く市内に公開し、私は、この新聞の発表文を読み、また、紙の端に愚論を書き入れた〉。

　両国の戦争が盛んになり、その勝利の風は、しきりに普軍の上に生じ、仏軍が日夜、敗走し、八月下旬、ナポレオン皇帝がその指揮剣を有名な老練の三司令官に譲り、内外の軍事指揮を託した。その要点は、
一、諸軍を統率し、出陣し、軍中の指揮を執るのは、バゼイヌとマク・マオンの二司令官である。この二名が全軍を前後二手に分かれ、指揮する。これを軍中の二総督両翼司令官という。
二、パリ城に入り、守り、その城の総督となり、市内の諸務を総括するのがトロシュウ将軍であり、これを本城の大総督将軍という。
　この三司令官の職掌は、あたかも鼎のようであり、その大任が内外で比較された。そして三司令官の出所進退を見ると、左翼のマク・マオン元帥は、仏帝を守り、軍を率いてスダン城へ入って、将兵の死体が地に満ち、鮮血が野に溢れる間の数日、苦戦の後、九月二日の接戦で、砲弾に触れ、重傷を負い、ついに敵の捕虜となった。その翌日、スダン要塞が陥落し、仏帝もまた一〇万名の兵とともに敵の捕虜となった。右翼のバゼイヌ元帥は、数回接戦の後ついにメッス要塞に入り、七〇余日の籠城と苦戦により、弾薬食料がともに尽きた後、一〇月二七日ついに開城した。この二司令官の行為は状況の下でやむをえなかったといえるか、その職務を尽くしたといえるのか。
　二に、トロシュウ・パリ総督が籠城防戦の総督となった後、九月四日、政治体制が一変し、新たに共和制度を開始した時に、市内では、彼に共和政府の大統領職を兼ねさせた。そして市内のこと、出所進退全てその胸中に任せた。加えて、パリ総督を兼任し、本城の三軍を統率

し、政府と軍事の双方を兼ね、仏国の興廃を自ら担い、その任務の尊さ、重大さは、これ以上のものがない。そして二〇〇万余名の市民が皆敬い、望んでその命令を承る。しかし、籠城は既に四ヵ月余り、出て行って敵を追い払うという功を挙げることが一日もない。戦争の成り行きや変化を一日で総括できないとはいえ、その軍の指導力が伸びず、城中でほぼ五〇万余名の兵を擁するのに、危険を冒して敵陣を破り、その活路を開くという防衛戦を見ないまま、既に一〇〇日余過ぎた。その処置は、ただ、市内の人心を鎮め、激動を防ぐことに熱心で、出て行って敵を追い払うという策がない。専ら、地方の応援の兵を待つ積りで、自ら突撃する策を出さない。このため、市内では大きく失望し、その振舞いを憤り、怨むようになった。そして、市内の食料は尽き、兵は疲れ、落城が間近に迫り、その開城が切迫してから、総督職を辞し、軍の指揮を放棄し、専ら国防政府大統領職に留まり、政府の場に座っている。その進退出没や功績がわからない。私が外国人の目でこれを見ると、このような内外の重要な職にいて軍事に務める者は、自分の身も忘れて努力し、その策略が成功しなければ、出陣し、軍の先頭で死ぬほかない。その上、彼は、先日広く市内に発表した言葉があった。言うには、パリ総督職は、決して開城しないなど。この一言がまだ広く市内二〇〇万名余りの耳に行き渡らないうちに、急に総督の職を辞め、転居した。もし、市内の穀物が全て尽きたならば、総督職がどのようにその籠城を続け、どのように二〇〇万名の命を救えるのだろうか。思うに、この一言はその日の詭弁であり、落ち着かない人民を一日、一時逃れさせる嘘というべきだろう。

今日、仏国の地方から市内に回ってきた諸新聞を見ると、正月七日、普軍本陣発の新聞報告の中に、このたび普軍の本陣に、各国の軍務士官が軍陣や戦争の事情、状態を観察するため、来客となっているという。そこには、露人、英人、墺人、伊人、そして日本士官九名が来たと記してある。私は、この文を見て、心が高く躍り上がった。私は、この戦争の始まった八月五日から数冊の書簡を作り、この戦争の状況を報告するため、急ぎ、わが日本の西郷、山県、三堀、船越の諸士[62]に送った。そして日本軍の諸士官が当地に来て、この戦いの状態を直接観察することを内心待っていた。常にその書簡到着の日から、その士官が航海にかかる日数時間を推し測り、指折り数えて待っていた。たびたび、このパリに留学の同士友人と語り、その時を仰ぎ、待ち始めてから、既に何日も経った。しかし、籠城中、書簡の往復ができず、当地の友人で、わが日本の状況の便りを得る者が全くなくなり、既に六ヵ月過ぎた。その中で、今日、この新聞で、日本の軍事視察官九名が普軍を訪問したと聞き、今日の愉快さは、これに勝るものがない。私は喜び、その新聞を何回も繰り返し熟読し、眠りを忘れ、筆をとって、気分よくそのことを記すばかりであった。

一月二四日[63]

二三日付戦況報告[64]による。夜緩みながら続いた砲撃も日中再び活発となった。また、わが南部要塞からも敵の砲台に発射を続けた。海軍砲兵が午前中に、シャティヨンの左の砲台の火薬庫を爆発させた。午後二時から敵の砲火は止んだ。東部では、普軍がシャラントン要塞から五〇〇〇メートルの所に六つの切り込みのある砲台を作った。同日、砲撃が烈しかったノジャン要塞の南部前線はわからないが、東部の要塞への砲撃は緩慢であり、一名の軽傷のみ。北部、サン・ドニ城への砲撃が烈しく、新たな砲台が造られた。昨日ブリッシュ要塞中に落ちた弾数は約一〇〇〇発であった。そして、敵軍は、わがヴィルタニューズおよびエピネの塹壕に砲台を築こうとし、要塞から三〇〇メートルの近くまで偵察をした。今日西部の諸要塞では、大した砲火はなく、日中のある部分、命令で止んだ。

市中に発表の二二日付国防政府令[65]。

幾つかのクラブを基にした犯罪的扇動があり、民衆皆が非難する何名かの扇動家が内戦を始めたことは、現下の状況で、祖国にとり危険であり、再発すれば、これまで申し分のなかったパリ防衛の名誉を汚す憎むべき策略を終わらせる必要があることを考慮し、籠城が終わるまでクラブを禁止し、その場所を閉鎖する。この命令は、警視総監が実施する。

第二の二二日付国防政府令[66]の発表。

第一師団の軍法会議の数を二から四に増加し、新たな軍法会議は、軍務大臣が直ちに設置し、予審判事等を任命し、この命令は、制定と同時に発効する。

二二日付国防政府令[67]による新聞の発禁。

「レヴェイユ」[68]と「コンバ」[69]の両紙は、連日、内乱を扇動し続け、国家の安全への犯罪が発生し、その発行が市と防衛に危険となり、パリの現状が政府に戒厳令上の手段を執る義務を生じさせたため、発禁とし、警視総監がこの命令を執行する。

一月二五日[70]（籠城今日既に一三〇日である）

ド・ヴァルダン軍参謀長[71]の二四日朝戦況報告[72]による。去る一九日、一戦の後、敵軍が再攻勢に備え、所々でその砲台を築造した。第六地区（パッシィとポワン・デュ・ジュール）で砲撃が続いたが、負傷者は一名だけであった。南部のイシ要塞では、長い間隔での砲撃が夜中続いた。シャティヨンとバニウーの間の敵の工事は続いている。モンルージュ要塞では、損害を補修した。この要塞の守備兵のエネルギーは、砲撃開始以来、よく発揮されている。ノジャン要塞では、この城から三五〇〇メートルの距離に敵が新たに築いた二砲台から砲撃された。今朝、砲火が強まった。北部のサン・ドニでは、烈しい砲撃が続いたが、損害は軽微だった。東要塞での死者は一名、負傷者は七名、ドゥブル・クロンヌ要塞では負傷者は七名であった。

ド・ヴァルダン将軍からの二四日夜の戦況報告[73]による。第七地区の壁を越えた敵砲弾は、二二発であった。北部では、新たな二砲台がドランシーなどを砲撃した。オーベルヴィリエ要塞では、三名が負傷した。東要塞には、この朝七時から夕四時まで、二四四発発射され、六名が傷を負った。砲火がとくに、ラ・ブリッシュ要塞に集中したが、負傷者は、僅か二名であった。サン・ドニ要塞への砲撃が二時から烈しくなった。新たな労働者が見られたオルジュモンの丘から城壁に向け、何発か砲弾が発射された。

ビスマルク独首相の返書。去る一三日、パリ在勤の各国全権公使一〇余名が連名で一文書を送り、パリ城砲撃の予告の規律を質した。同氏の一月一七日付返書の内容[74]は、次のとおりである。

公使殿　今月一三日付、貴殿と米国公使や当時パリ市在勤の多数の外交官連名の書簡を頂く、名誉を得た。その書簡は、私に人類の権利の原則に基づき、署名者各国の国民にパリ包囲の間、彼らとその財産を避難所に入れる措置をとるよう軍当局への介入を求めるものであった。遺憾ながら、署名者が私に名誉をもって要求されたことを、正当化するのに必要な根拠が国際法の諸原則にあるとは、認められない。

近代歴史の中で約三〇〇万名の住民を閉じ込めて、大国の首府を要塞化し、その周囲を巨大な要塞化された陣地にするという独特の決心が住民にとり、酷くて、非常に残念な状況を生じていることは明らかである。この責任は、全て、その首府を要塞と戦場に変えた者にある。どんな場合でも、要塞の中に住まいを選び、戦争中そこに滞在する者は、その結果生じる不都合に甘んじなければならない。

パリは、仏国の中で最も重要な要塞であり、その中で敵は、住民の中で要塞化した位置から出撃あるいは砲火で独兵を常に攻撃する、その主要な兵力を集中しており、独軍将軍にこの要塞化した場所への攻撃を止めさせたり、その目的に反するような軍事作戦を行ったりするよう求める議論に根拠はない。

ここで許しを得て、思い起こして欲しい。中立国国民の平静さを、包囲に不可避な不便と危険から守ることを見過ごしたことは全くない。去る九月二六日、フォン・ティレ次官がこの件について回状をベルリン駐在公使に送付し、また私自身、教皇大使閣下その他パリ在勤外交官宛一〇月一〇日付書簡でこの都市の住民が今後軍事作戦の影響を我慢しなければならない旨知らせた。一〇月四日付の第二の回状は、極限まで延ばされた抵抗が非戦闘員のパリ市民にもたらす結果を強調するものであった。同月二九日、私から米国公使にその回状の内容を伝え、同時に外交団員にも伝えるよう依頼した。

上記により、包囲された都市から脱出するようにとの警告と勧告が中立国民に戦線を横切る許可を与えるという国際法の原則ほどには規定されたものでなく、友好国の市民に対する人道への気持ちを証として示す尊敬から出たものに過ぎないとしても、中立国の国民に不十分とはいえない。

私が去る九月二〇日付ジュル＝ファーヴル氏宛の手紙で砲撃につき、述べたように、人類の法の適用と原則の上で、包囲軍が包囲戦で行おうとする作戦を包囲された方に警告する必要は、ない。抵抗が長引けば、パリ砲撃が起こるべきことは明白であったので、結局、それは予期すべきことであった。このように要塞化され、かくも多数の軍と兵器を持つ重要な都市の例をヴァッテル[75]は、知らなかったとはいえ、彼は言う。

「一都市を砲弾と赤い弾丸[76]で破壊することは、大きな理由がなければできない極端なことだ。しかし、それが戦争の勝利を左右する、またはわれわれに危険な打撃をもたらす重要な場所を減らす他の手段がなければ、戦争法上、認められる」と。

現実には、パリ包囲に反対する理由はもっと弱まる。われわれの意図は、パリを破壊すること（これがヴァッテルの導いた原則により、許されるであろうとしても）では全くなく、仏軍が独軍への攻撃を準備し、その攻撃後彼らが避難する中心の要塞化された場所を維持できないようにすることである。

結局、公使閣下と今月一三日の書簡の署名者に申し上げたいことは、私が思い起こさせた警告の後は、この数ヵ月ずっと中立国民に、請求すれば、国籍と身分証明書を示すだけで戦線を越えることを許し、前哨では、今日まで、外交団員および政府代表またはその外交代表が必要と認めた者にその旅行が続けられるよう通行証を交付してきたことである。今月一三日の書簡の署名者の何名かは、数ヵ月前から戦線を越えることができることを予告され、かなり前からそれぞれの政府からのパリ退去を許可されていた。

中立国の代表がわれわれに好意的待遇を求める、数百名のその国民の状況も、同じである。われわれは、こんなに長い間彼らが持つ許可の利用を妨げる理由について確実な情報を持たない。しかし、もし個別の報告を信じれば、彼らやその外交代表の出発を邪魔するのは、仏当局である。もしこの情報が正確ならば、その意に反し、引き続きパリでの滞在を強いられる者にその苦情や抗議をその現政権の代表にするよう勧めることしかない。いずれにせよ、上記により一月一三日付書簡にある、署名者の国民が「交戦者により彼らの退去に課された困難さのため危険を避けることを妨げられる」という主張を、独当局に関する限り、認めるわけにはいかない。

われわれは、現在でも、包囲の現段階で、軍事作戦上、どんなに困難で有害であろうとも、国際礼譲上の義務として、外交団が戦線を越えることを認めている。その多くの国民について、現段階では、要塞の包囲に不可避な危険からの保護としては、パリの降伏以外の手段が見当たらないのは、残念である。軍事的観点から、五万名と見積もられる人々の一部でも家族と身の回り品を伴い、パリから脱出することを認めても、われわれは、彼らにこの市の包囲前に仏当局が退避し、物資を取り除いた地域を越えるのに必要な食糧を与える手段も、輸送手段も欠くのである。われわれは、非戦闘員であるパリ市民の苦痛に同情して軍事行動を控えることができないという悲しい状況にある。われわれの行動方針は、戦争に伴う必然性と敵軍の新たな攻撃から自軍を守る必要性により厳しく定められる。

われわれが困難な状況でも示してきたジュネーヴ条約を良心的に遵守する上で、独軍の砲火を婦女、児童、病者の居る建物に意図的に向けないと保証するのは蛇足であろう。パリの要塞化の性質とその砲台との距離とにより、われわれが残したいと願っている建物が偶然損害を被るのを避けるのも、包囲のたびに悲しむべき非戦闘員の市民が傷つくのを予告するのも難しい。われわれが心から残念に思うこのような辛い事故が包囲された他の要塞よりもパリで大規模に起きているならば、要塞にすること、または一定期間以上守備することを避けるべきだったと、結論すべきだろう。いかなる場合でも、どの国も、その隣国に宣戦した後は、敵に無害の市民、要塞内に住む外国人、病院に対して敬意を払うよう求めながら、その病院には、軍が戦いを終わるたびに別の戦いを準備するために避難する、その主要な要塞を降伏から免れさせるようなことを許してはならない。

公使閣下、私の返事の内容の一月一三日の書簡の署名者へのお知らせを願い、また、私の敬意を重ねて確認する。

フォン・ビスマルク

一月二六日[77]

二五日付戦況報告[78]による。敵の砲撃が夜間、大きく緩んだが、長い間隔を置き、全線で継続した。南部では、毎日、砲台の増築が続いた。第八地区への砲撃による二件の火災があった。東部は、夜は静かであった。ノジャン要塞で夜中に二名、朝二名が負傷した。北部では、オーベルヴィリエ要塞では三名が負傷した。ラ・ブリッシュ要塞に五〇〇発砲弾が落ちたが、誰も負傷しなかった。ドゥブル・クロンヌ要塞で三名が死亡、五名が負傷。東要塞では、烈しい砲撃であったが、三名が軽傷であった。また、イシ要塞等に敵の砲撃が日中、烈しかったが、夕方、弱まった。負傷者は、それほど多くない。イシ要塞で一名、モンルージュ要塞で四名、第八地区に五名、ラ・フェザンドリー要塞で二名、ヴァンセンヌ要塞で七名、ノジャン要塞で一名、ドゥブル・クロンヌ要塞で二名、東要塞で七名、ラ・ブリッシュ要塞で三名であった（その死傷者全て三二名のみであった）。本日、ロニー要塞が四五発、砲撃された。サン・クルー村の火事が燃え続けた、など。

休戦講和の糸口。

昨朝、ウォッシュバーン米国パリ駐在公使が書簡を送ろうとした。[79]この書簡がファーヴル仏外務大臣からビスマルク普首相宛の一文書である。やはり休戦講和の交渉を始める糸口だろうという。

今朝、新聞を見ると、政府に漸く講和が生じる機運がある状況という。新聞記者が今もし和平を図れば、両国間の交渉の大体の落着き先として付言する項目を次に掲げる。[80]

講和条約

一、一〇年間で払う一〇〇億フランの賠償金。

二、普国によるアルザスとロレーヌの一〇年間の占領。

三、その一〇年後、かつ賠償金の完済後、アルザスとロレーヌの住民投票による普国への併合または仏国への返還の問題についての意思の表明。

四、この二地方の仏国への返還の時のアルジェリア（アフリカ州のうち、仏領の地）の普国への譲渡。

五、仏国による独統一の承認。[81]

六、独帝国による仏議会制共和国の承認。

休戦の協定（講和会議の前に成立する協定である）。

普軍は、パリ周囲の一七要塞を全て占領する。ただし、パリ市内には決して入らない。これは、休戦の約束である。その休戦協定が成立すると同時に、直ちに、パリの政府からボルドーの仏政府派遣部に伝え、諸軍や全国の地方から召集の兵を集め、その兵器を回収する。この時、もし仏全国の兵がパリの休戦に応じず、なお、普軍に抵抗し、戦うなどとなれば、パリにいる三軍隊は、全て軍事上の捕虜となり、普国に送られ、パリ城を全て普軍が占領する。

　他国の新聞掲載の普軍本陣ヴェルサイユからの新聞掲載の報告[82]は次のとおり。

一月一六日付報告。一昨日、ル・マン西方の戦闘でわが軍が仏兵四〇〇名を捕え、わが軍の死傷は、士官一名、兵士一九名であった。ボーモンでは軽い市街戦の後、わが軍は、捕虜約一〇〇〇名と弾薬輸送車四〇両を得た。

一月一七日付報告。一五日、ベルフォールの南で、ヴェルダー将軍が仏軍に襲撃されたが、九時間の戦闘の後、全て撃退した。わが軍の損失は、三〇〇名である。パリ近辺で敵と交戦し、士官二名と兵士七名を失った。今日まで届いた第二軍の報告では、去る六日から一二日までの戦闘でわが軍の死傷は、全部で三三八〇名、うち一七七名が士官で、残り三二〇三名が兵士であった。現在まで敵の損失は、負傷していない捕虜二万二〇〇〇名、軍旗二本、大砲一九門、満載の輸送車一〇〇〇両超、数多くの兵器、弾薬、戦闘用物資であった。

一月一八日付報告。一六日、ヴェルダー将軍が陣地を維持した。シュミット将軍が仏兵二〇〇〇名余を捕虜とした。一七日、ヴェルダー将軍がブルバキ仏将軍の新たな攻撃を撃退した。三日間のわが軍の死傷者は、一二〇〇名である。パリ近辺の砲撃が続き、成果が満足できた。わが軍の死傷者は、士官三名、兵士七名であった。

一月二一日付報告。一九日、夕刻、サン・クァンタンを占領した。この時、敵の負傷者二〇〇〇名を数えた。二〇日朝までの敵兵の負傷しない捕虜は、七〇〇〇名、大砲六門を得た。一九日、パリ近辺で四〇〇名損失した。敵軍が死者の収容のため、四八時間の休戦を求めたほど、敵軍がかなり死傷した。敵兵五〇〇名を捕虜にした。

一月二三日付報告。パリ砲撃は、毎日絶え間がない。一昨二一日、北部のサン・ドニ要塞に砲撃を始め、サン・クァンタンの戦い後、負傷せず、捕虜となる仏兵が九〇〇〇名に達した。同夜、ベルフォール要塞の傍の森などを占領した際、わが軍が仏の士官五名、兵士八〇名を負傷させずに捕虜とした。パリ近くで、サン・ドニ要塞へのわが軍の砲撃が良い成果を挙げ、敵砲火は、ほぼ沈黙した。パリとサン・ドニでは、所々で火事があった。わが軍ドブシュッツ中佐指揮の遊撃隊がブルモンの近辺で国民衛兵を敗走させ、敵が一八〇名を失い、味方の負傷者は、僅か四名という、など。

パリ市城内は、飢渇し、寒さに凍え困窮する。

昨日から市内に配給するパンが極めて下等品で、色に黒や赤が混じり、味が極めて悪く、まるでキビや糠を混ぜて作ったもののようで、中に塵や藁の類が多く混じり、なかなか食べられなかった。[83] しかし、籠城と飢渇が既に永く、徐々にその粗食に慣れてくる。既に一三〇余日の永さと、その飢えが酷くなり、味の良し悪しを問題にする余裕がない。ただ日々の生活を維持するだけである。今、パリ中の犬、猫、鼠を大体一〇中七、八を食べ尽くした。この三種類の肉がいずれも高価で、大犬の股肉の値段が七七フラン、(日本の一両一分二朱)、猫一匹が八フラン(同二朱)、鶏卵一つの値段は二〇フラン(同一分二朱)であり、諸物品の値段が高いことが推量できる。[84] そうしてこのような物価の高騰は、全く物品の不足から生ずるものである。

パリ市民の死傷記録が次のとおり。

二二日から二三日まで、前日に等しく、この夜市中に砲弾が乱れ落ち、所々が焼き尽くされ、市中での死傷は一六名、うち児童が三名、婦女が五名、男が八名であった。[85]

二三日から二四日まで、この夜、市中に落ちた砲弾は一二八発で、市民の死傷は一二名、うち児童が三名、婦女が四名、男が五名であった。南部地区で四一軒の家屋が損傷した。[86]

二四日から二五日まで、セーヌ川左岸に夜間、砲弾一〇一発が落下し、二軒の建物が損壊した。[87]市民の死傷は二二名、うち児童が二名、婦女が二名、男が一八名であった。[88]

二五日から二六日まで、砲撃がぶり返し、セーヌ川左岸への砲弾が、一晩で七九発から一三七発に増えた。一五発がヴァル・ド・グラース病院とサント・アンヌ精神科病院に落ち、三件の火災が報告された。死傷者数は三名、うち男が一名、婦女が二名である。[89]

二二日夜から二六日朝まで、市民の死傷者総数が五三名となる。

一月二七日[90]

一月二六日付戦況報告[91]による。昨夜、敵軍の砲撃が南部と東部前線で緩慢であったが、要塞へは、激しかった。またヴァンヴ、イシとモンルージュ要塞が前夜の損傷を日中修理し、死傷者が若干あった。北部諸要塞は、敵の激しい砲撃目標であったが、死傷者は全部で一九名であった、など。

和平交渉の対応。

昨朝、ジュル＝ファーヴル仏外務大臣がパリを出てヴェルサイユ城の普軍本陣に行き、昨夜八時再びパリに帰った。その後直ちに、国防政府大統領以下諸閣僚諸職を集め、会議した。その夜半一二時、再度この会議が開かれた（この会議を他人は聴けなかった。そこで、その事情を知る者はいなかった）。[92]

発砲停止。

昨夜八時、ファーヴル外務大臣が城に入った後、全地区と全要塞司令官に夜半一二時から発砲停止命令が出た。[93]また、普軍のパリ市、外壁や砦を攻撃する者も、この夜一二時から全く発砲を止め、双方、静かで穏やかになった。[94]昨夜半から仏軍前営の諸陣営全てが兵を引き上げ、陣を引き払い、諸要塞に入り、あるいは市内に入り、その前営対陣の軍事行動を全て停止したという。このたびの休戦の条件は、来る二九日に仏全国にあまねく公布される。そしてこの講和は、交渉の期間が三週間、即ち一月二八日から起算し、二月一九日までの二一日間だという。この講和の交渉中、直ちに一つの鉄道を修理し、国境の蒸気車を修理し、電信機を造築し、また修理等をする。
軍務省の記録に記載の、パリの内外三軍隊（正規軍、国民衛兵、遊動兵）の兵数を見ると、パリ籠城の守備兵は、軍、海軍、国民衛兵、遊動兵合わせて二八万名、遊動兵の予備の諸隊が一〇万名、以上三八万名が皆、城郭外駐屯の部隊の兵である。大砲の位置や砲台の数が一三五ヵ所、一ヵ所当たり六門から七門を備える。その砲数総計は八一〇門である。パリ周囲諸要塞中の兵は一〇万名である。敵陣を襲撃するため、城郭外に駐屯する部隊が九部隊、隊ごとに二万名ずつであり、総計は一八万名。また砲数は六四八門である。控えの応援兵一〇万名、大砲隊二七隊、その砲数は一六二門である。一六要塞と諸陣営に駐屯し、パリ城外に出て、戦闘に当たる諸兵の総数は七六万名、砲数の総計は一六二〇門であるという。右の兵数と砲数の総計は、パリ市内の砲台を守る遊動兵を除く計算である。[95]
一月二八日[96]
二六日付政府から市中への宣言。[97]
政府は、援軍の到来を当てにできた間は、パリ防衛を長続きさせるために、何も無視しないことがその義務であった。今、わが軍は健在であるが、勝利の可能性が遠のいた。一軍はリールの城壁の下にあり、別軍は、ラヴァル近傍にあり、三番目の軍は東部国境にある。われわれは、彼らが近づくという希望を失い、われわれの持つ生活必需品は、猶予が許されない。この状況で政府は交渉することが絶対的な義務となった。交渉が今継続中である。皆、われわれが深刻な不都合なしに、その詳細を示すことができないことを理解するだろう。われわれは、詳細を明日には公表できるよう望む。その間、われわれとしては、国家主権の原則が議会の迅速な会合により、護持されること、休戦の目的がこの集会の招集のためであること、この休戦の間独軍がわが要塞を占領するが、パリ城壁内に立ち入らないこと、われわれが国民衛兵隊をそのまま、また軍一個師団を保持できること、わが兵の誰も領土外に連行されないことは言える。
昨二七日朝九時、トロシュウ大統領は、軍務省にパリの全軍司令官を呼び寄せ、政府の各閣僚、諸高官も皆列席した。その時、パリ市城の防衛戦がすでにその目的を失い、さらには籠城の食料もなく、今やむをえず出て和平交渉をすることの凡その趣旨を述べた。[98]出席の諸将軍は、誰も一言の異論を出さず、その会議は数時間で終わった。このように異議が出なかったが、どの将軍も悔しく、憤り、その心中は、内臓が張り裂けるほどで、一同はひっそりと静まり、皆その気力が抜けていた。[99]

同日、一二時、ファーヴル外務大臣がビスマルク首相の書簡を入手し、これを市庁舎に知らせ、午後二時、普軍本陣ヴェルサイユ城に出発した。その時の同行は、ド・ボーフォール・ドプル将軍とエリソン大尉の他、書記官二名、従者一名で、革箱を携えた。外務大臣は、セーヌ川から小型蒸気船に乗り、普軍前線の河岸に着くと、この岸の上にいた普士官三名が四頭立ての馬車でこれを迎え、直ちにこれに乗り、本陣に行った。その時は、外務大臣と将軍だけが向かい、他の士官たちがこの岸の上で待機した。夕刻四時、普士官四、五名がこの岸の上に来て、仏諸士官に対面し、若干の巻煙草を出し、彼らに勧めながら、「今日から先は、友人の間柄である。われわれは、決して恨みを残さない。どうか私の巻煙草をとり、吸って欲しい。われわれは、今日、実に本望を果たせた」と言った。仏国士官はこれに感謝したが、その勧めに応じないで、最後まで巻煙草をとらなかったという。黄昏六時、ファーヴル外務大臣が普軍本陣を去り、帰路につき、パリに入り、直ちにトロシュウ大統領の館に行き、それから同夜九時、諸大臣各高官がこの居宅に集まった。当夜の会議の事情を人に聞き、推察することはできないが、今日ヴェルサイユ城での応接の際、モルトケ普参謀長が出席のド・ボーフォール・ドプル将軍と和議条約を結ぶ話をしようとせず、パリ三軍の参謀長とその条約を結ぶことを求めた。そこで参謀長ド・ヴァルダン将軍が外務大臣とともに明日ヴェルサイユに行くという。[102]

今日、政府の食料局からの聞き伝えでは、市内の食料が今僅かに一〇日分余りを残すという。[101]

今朝、技師数人が鉄道修理のため、市内を出発した。パリの三方向の鉄道は、四日間でその修理が終わるだろうという。昨夕、技師数名が市内を出発し、電信線の修理に出たという、など。[102]

昨日来、休戦協定が成立しそうなのを見て、市内の卑しい人々や悪徳商人たちが高利を得ようと企み、密かに貯えていた食料、チーズ、鶏卵、鶏肉、兎肉、豚肉の類を急に市場に出し、売り払ったが、一昨日までの値段の三分の一を減らし、あるいはその半分にする者もあったという。[103]これは他でもなく、近日中に、鉄道が修理され、蒸気車が走り、他地方から食料や諸物品を市内に運送するようになれば、その貯蔵の諸物品がさらに利潤がなくなることがわかったからである。悪徳商人や卑しい人々が時の情勢をみて悪知恵を使い、その利益を企むことは、万国で共通である。

訳註

1 パリは、晴、寒気極めて酷。
2 一月一五日付官報。
3 右記官報。
4 一四日付官報。
5 右記官報。
6 右記官報。
7 右記官報。
8 右記官報。
9 上記のトロシュウからモルトケ宛文書である。
10 右記官報。
11 パリは、雨。
12 一六日付官報。
13 出典未確認。
14 約一万キロメートル。
15 一五日付官報。警察署からの報告による。
16 パリは、曇。
17 一七日付官報掲載。
18 一六日付官報。一月一五日付官報に上記ウォレスがジュル＝ファーヴル外務大臣宛に困窮者救援のため一〇万フランの寄付を申し出、外務大臣が感謝の意を表した返事を出した旨の記事が掲載されている。
19 一九日付官報掲載のパリ市担当閣僚の一八日付命令（一九日から施行）。この命令を事前に入手したものと考えられる。当時、パンの成人宛配給量が一日五〇〇グラムに既に制限されていた。
20 パリは、曇霧。
21 一月一八日付官報。
22 右記官報。
23 本日誌一月一七日の記事の記載と重複する。二〇日の記事に再度出る。
24 コメやキビを指し、フランスでは滅多に食べない。
25 パリは、曇霧。
26 右記官報。
27 一九日付官報。
28 右記官報掲載。
29 パリは、曇、夜雨。
30 二〇日付官報。
31 右記官報。
32 右記官報。
33 右記官報。同官報には、前記隠匿者の通報への賞金を定めた一七日付農商大臣告示を廃止する旨の告示も掲載する。
34 出典未確認。二〇日付「le Figaro」は、ヴィノワ、ド・ベルマール、デュクロ三将軍指揮下の一〇万余名の軍とする。
35 出典未確認。
36 一月一七、一八日の本日誌の記事に記載の一九日付官報掲載のパリ市役所駐在閣僚命令である。前記のとおり、本文掲載事項の他、販売は配給手帳所持者に限定するなども規定された。
37 一九日以降である。
38 五〇〇グラムであった。
39 パリは、曇霧。
40 二一日付官報。
41 二一日付「le Figaro」によれば、休戦は二〇日午後二時から四時までの二時間に限られ、独軍前線外での負傷者の収容と戦死者の埋葬が行われた。
42 同日付官報掲載のド・ショードルディ氏から外務大臣宛。
43 シカンヌは、原文のまま。
44 出典未確認。
45 一月二〇日「le Figaro」にモンブリソン中佐・伯爵がビュザンヴァルの塹壕の中で瀕死の重傷を負ったことが報じられている。
46 パリは、曇、午後小雨。
47 二二日付官報掲載報告の要約。
48 出典未確認。
49 正元による左記官報記事の要約である。
50 以上一七日付官報。
51 一八日付官報。
52 一九日付官報。
53 出典不明。二〇日付官報に掲載なし。
54 二一日付官報。
55 フルーランスは、一〇月三〇日騒動の首謀者として、一一月一日付で国民衛兵志願兵第一大隊長を罷免された(一八七〇年一一月二日付官報)。
56 パリは、曇霧。

57　二二日付官報。
58　二三日付官報。
59　二四日付「le Temps」。
60　二三日付官報。
61　出典未確認。
62　『漫遊日誌』によれば、一八七〇年三月三日、パリ到着当日、同宿の西郷信吾（従道）、山県狂介（有朋）、三堀耕介に会い、五月下旬頃まで交際した。
63　パリは、曇。
64　二四日付官報。
65　二三日付官報。
66　右記官報。
67　右記官報。
68　「目覚め」の意味。
69　「戦い」の意味。
70　パリは、曇。
71　戦況報告は、原則として、軍参謀長名で発表される。
72　二五日付官報。
73　右記官報。
74　二五日付「le Temps」など。ケルン・スイス連邦公使宛である。
75　スイスの法学者（一七一四～一七六四）で国際法の権威。
76　「赤い弾丸」は昔の球形の砲弾を熱して赤くしたもので、これにより破壊力と火災が増えた。フランス語の表現〃tirer à boulets rouges〃は、「激しく攻撃すること」を意味する。
77　パリは、曇。
78　二六日付官報。
79　出典未確認。
80　二七日付「le Figaro」引用の前日の「la Vérité」。
81　独帝国は、一月一八日、ヴェルサイユでのヴィルヘルム一世の皇帝戴冠式により成立した。
82　二六日付官報掲載の「ヴェルサイユの官報」（以下「ヴェルサイユ官報」という。ドイツ側情報となる）抜粋として掲載されている。
83　二六日付「le Figaro」は、パンの原料構成比を、小麦三〇パーセント、ライ麦二〇パーセント、カラス麦二〇パーセント、米三〇パーセントとのある紙報道を引用する。
84　貨幣換算が一両当たり五六フラン（以前は五フラン）となる。
85　出典未確認。二四日付官報によれば、パリ市内では、五区と一六区のみに砲撃が集中し、一名負傷したが、サン・ドニ市では、烈しい砲撃を受け、二一日から二二日にかけ、死者一五名、負傷者ほぼ同数であった。
86　二六日付官報。
87　出典未確認。

88　二七日付官報。
89　右記官報。
90　パリは、曇。
91　二七日付「le Figaro」。
92　二八日付「le Temps」引用の「la Vérité」。二七日付「le Figaro」は、ファーヴル外務大臣が過去三日間二回ヴェルサイユに往復したとする。
93　右記「le Temps」引用の「la Vérité」。同日付「le Figaro」引用の「le National」は、ヴィノワ将軍が命令し、ロニイとノジャン要塞が最後に発砲を止めたと記す。
94　二八日付「le Rappel」。
95　出典未確認。
96　パリは、曇。
97　二七日付官報。
98　二八日付「le Figaro」引用の「le Français」。
99　出典未確認。
100　同右。
101　二八日付「le Figaro」は、商務省がパリ市内の軍民の食糧が九日分であると発表した旨の記事が掲載されている。
102　二九日付「le Temp」引用の「la Vérité」。
103　出典未確認。二八日付「le Figaro」に食料品などが出回り始めた状況の記事がある。

巻の七

西暦一八七一年一月二九日（和暦明治三年庚午一二月九日）

一月二九日[1]

市中に発表の国防政府二八日付宣言。[2]

パリの抗戦を止める条約は、まだ署名されていないが、数時間の遅れに過ぎない。その条約の基礎は、昨日発表したとおりに定まっている。敵兵は、市内に進入しない。国民衛兵は、その組織と武器を保持する。一万二〇〇〇名の一個師団は、そのままである。その他の軍隊は、初めに提案されたパリ市郊外に宿営せず、パリ市内のわれわれの中に在留する。士官は、帯剣する。

署名が交わされ次第、条約の条項を公表し、同時に、生活必需品の正確な状況を知らせる。

パリ市の抵抗が最後の限界を極めたことを確信する。われわれが公表する数字が反駁できない証拠であり、誰も争えない。われわれのパンの量が補給を待つのにやっとで、戦いを続ければ、市内の二〇〇万人の男性、婦女、幼児の命が確実に失われた。パリ籠城が四ヵ月と一二日続き、砲撃が丸一ヵ月である。一月一五日以後、パン配給量が一人三〇〇グラム（日本の八〇匁）、また一二月二五日以後、馬肉の配給量が一人三〇グラム（日本の八匁）である。死亡率が三倍になった。この酷い状況でも、市内の抵抗の力は、一日とも挫けなかった。

敵は、先ずパリ人全てが模範となった気力と勇気に敬意を示した。パリが酷く損壊したが、共和国はこの気高く耐えた苦痛の恩恵を蒙るだろう。来るべき戦いに備えるため、終わった戦いから脱け出よう。今の苦痛にもかかわらず、名誉と希望を持ち、戦いを止め、祖国の運命を信じよう。

昨二八日朝、ファーヴル外務大臣がド・ヴァルダン将軍、書記官一名と鉄道の役員三名を同伴し、普軍本陣ヴェルサイユに到着した。外務大臣が直ちにグレヴィ氏の居宅に行き、長時間会談した。午前一一時、外務大臣がヴェルサイユ城に入った。この時普軍の陣中では既に音楽が終わっていた。ビスマルク首相が直ちに仏外務大臣に面会した。また、同時に、モルトケ普将軍とド・ヴァルダン仏将軍が軍事的休戦の条件を議論した。休戦の署名後、ビスマルク大臣がファーヴル大臣に手を差し伸べ、ファーヴル大臣が親愛の気持ちを込め、その手を握った。ファーヴル大臣がビスマルク大臣の招待を受け、夕食の卓についた。[3] ファーヴル大臣が九時にセーヴル橋に着いた。[4]

当日、普本陣での、二大臣と二将軍の会談の様子を人は未だに知りえず、ただその出入りや挙動の様子を抜き書きするだけである。

当日、外務大臣同伴の鉄道技師三名がヴェルサイユで普軍本陣の許可証を入手後、パリ市周囲の鉄道線路の修理に出発した。[5]

今日からセーヌ川の蒸気船で運送が再び始まった。そして、パリのそれぞれの鉄道線路の本格的な修理が始まった。

今日からパリ周囲の諸要塞を明け渡さなければならないので、昨日、市中の馬車会社に命じ二〇〇〇頭の馬を出し、諸要塞の諸物品を運び、諸要塞中の諸軍隊を全て市内に収容することを決め、また、城中に新品の大砲一七六門を運んだという。[6]

私が今日の午後、市中を歩き、その状況を見たところ、市民は籠城が永くなり、飢餓に飽き、疲れていたが、今日初めて活路を得たような気配があった。

今日、市内に数多くの兵隊が入城したのを見た。また、諸要塞から帰還するオムニビュスという市中の会社の大きな乗合馬車が全部で四八台、道路に連なった。市中に入る兵隊は全員銃剣を携えていなかった。これはつまり、軍法上の捕虜であるからだ。

パリ駐在のスイスのケルン公使が去る二一日、ビスマルク普首相の返信に再度以下の返書を出した。[7]

伯爵閣下

パリ駐在外交団員と何名かの大使館や公使館がない国の領事団員が署名した、去る一月一三日付文書への貴下の同月一七日付返書を受け取る名誉を得た。貴下のお望みどおり、同返書を一月一三日付文書の署名者に伝えた。私は、全員一致の決議で同返書中の幾つかの事実の誤りに貴下の注意を喚起することとなった。貴下は、署名者に、専ら極限まで長引く抵抗のもたらす結果をパリ市民に強調する一〇月四日付回状を送り、また、「同月二九日、私から米国公使にその回状の内容を伝え、同時に外交団員にも伝えるよう依頼した」と通知する。必要な調査をしたところ、ウォッシュバーン氏は、「その種の希望を述べた連絡は届いておらず、過ちに基づく主張だ」と明言した。また、貴返書の別のところで、「上記により一月一三日付書簡に示された、署名者の国民が『交戦者により彼らの退去に課された困難さにより危険を避けることを妨げられる』という主張を、独当局に関する限り、認めるわけにはいかない」と述べる。包囲の当初の閣下の示す熱意、中立国民への通行証に感謝し、また、仏軍当局が一一月初めから前に認めた通行許可を取り消したことは争わないが、当月、閣下は、独軍当局が包囲軍の前線を誰にも超える許可を与えないと決めたことを知らせた、と多数の外交団員と領事団員が断言する事態になっている。よって、一月一三日の文書の署名者には、その国民の出発を交戦者双方が困難にしていると断言する根拠がある。閣下は、届いた「個別の報告」によれば、仏当局が中立国の「外交代表の出発を邪魔」するという。しかし、この事実をパリ在勤の外交使節の長は、誰も確認しておらず、したがって「個別の報告」は、誤った情報に基づくことになる。伯爵殿、交換された通信を改めて検証すれば、私の提案した訂正の正確さを容易におわかり頂けよう。一月一三日の文書の署名者には、その要求の根拠に関し、独軍当局の観点が彼らのものと違いすぎ、人の権利の原則と適用がその後、進展して望まれた結果を産んできた事実を、あからさまに否定するように見える。閣下は、主にヴァッテルの権威を持ち出し、最後の手段として、戦争法が要塞化された都市への砲撃を認めると主張する、と受け取らざるを得ない。一月一三日の文書の署名者の意図は、この究極の権利を争うものでなく、近代国際法の最も重要な権威と異なる時代を通じる前例に同意し、要塞化された都市への砲撃には予告が必要との法則を確認し、維持しようとするものである。したがって、中立国の外交と領事代表には、事態の重要性と関わる利益の重要性から生じた義務により、その抗議に基づく利益全てを維持し、それぞれの政府に貴下と交わした文書を通報する。最後に、一月一三日の文書の署名者の一人として、また、一人の個人として、独軍当局が戦争遂行の必要性とパリに住む全ての国の民間人の苦難を和らげる望みとを調和することを決心できなかったことへの、強く、かつ、誠実な遺憾の意を述べることを許されたい。敬具

スイス連邦公使　ケルン

新聞はこのたび、仏人の死傷者と病人のために、他国在住の仏人が救援金を送ったことを書いた。[8] 英国のロンドン在住の仏人が二度、一〇万フランを贈る。また日本横浜在住の仏人が五万フランを贈り、墺国在住の仏人が五万フランとトゥール市在住の某子爵が三万フランを贈ったという。

一月三〇日[9]

昨夕、政府市街に休戦条約一五ヵ条[10]が公表された。独皇帝、普王の名で独同盟ビスマルク首相・伯爵と仏国防政府の正当な権限のあるファーヴル外務大臣の間で以下が決定された。

第一条　独仏両国の全面休戦が本日、パリで始まる。諸地方での開始は三日以内とする。この休戦の期間は、今日から二一日間、更新がなければ、来る二月一九日正午までである。

交戦軍は、境界線で区分されるそれぞれの位置に留まる（この境界線は、仏全国を分断するように引かれ、記載された線が通る地方名や両国の軍の在陣の地名等詳細を記すが、自分には役立たないのでこれを省略する）。

交戦軍とその前哨双方は、分離線から少なくとも一〇キロメートル（日本の約九三町）の距離を置く。

両軍には、それぞれその占拠地で権威を保ち、司令官がその目的を果すに必要と認める手段をとる権利がある。

休戦は、両国の海軍に同じく適用され、ダンケルクを通る子午線を境界線とし、その西方を仏艦隊が保持し、その東を西方海上にある独軍艦が保持する。休戦の成立後、通報前に生じた捕獲と捕虜は、返還される。

ドゥブ、ジュラとコト・ドール三県の軍事作戦とベルフォール包囲は、休戦とは別に、この地域の境界線が決められるまで継続する。
第二条　休戦は、戦争継続か、またはどの講和条件とするかの問題を決める、自由に選ばれる議会を国防政府が招集するためである。
議会は、ボルドー市で開かれる。
選挙と議員の集会の全ての便宜は、独軍司令官が取り計らう。
第三条　休戦中、パリ市周囲の諸要塞とその装備は仏軍当局から独軍に引き渡される。この周囲外と諸塞間の市町村と家屋等で、軍事委員が定める線までにあるものは、独軍が占領する。この線とパリ要塞周囲との間の地には、両軍の立入を禁じる。要塞明渡しと線引きは、この条約に付属する議定書で定める。
第四条　休戦中、独軍は、パリ市内に入らない。
第五条　城壁内の大砲は撤去され、その砲架は、独軍の委員が指定する要塞に運送される（普軍は、この大砲を領有しないとのこと）。
第六条　要塞とパリの駐留部隊は、軍当局がパリで国内業務のために保有する一万二〇〇〇名の一個師団を除き、戦争捕虜となる。
捕虜となった軍隊が外した武器は、指定の場所に集められ、用途に従い、委員により規則に従い、運ばれる。
この軍隊は市中に留まり、休戦中、城外に出てはならない（捕虜を市中に留めることは例外という）。仏当局は、軍と遊動隊に所属する全ての個々の兵士が市内に留まり、外に出ないよう注意を払うことを約束する。捕虜となった軍隊の士官は、独軍当局に届けられる名簿に記載される。平和条約が締結されない時は、休戦終了により、パリ市内に留められた軍に属する軍人は、独軍の戦争捕虜となる。捕虜の士官は、その武器を保有する。
第七条　国民衛兵は、武器を保有する。国民衛兵がパリの守備と秩序維持に当たる。憲兵隊やパリ憲兵隊、税関吏、消防士など市の用務に携わる類似の隊も同じである。この総人数は、三五〇〇名を超えない。
全ての義勇兵の部隊は、仏政府の命令で解散される。[11]
第八条　本条約の署名後直ちに、要塞の受領前にも、独軍総司令官は、仏政府が派遣する委員に地方や外国でパリへの生活必需品供給を準備し、パリに向けた物資が供給されるよう全ての便宜を与える。
第九条　要塞の引渡しの後、かつ、第五条と第六条に規定の城壁と軍隊の武装解除後、パリへの鉄道と水路による生活必需品供給は、自由に行われる。この生活必需品の採取は独軍占領地で行われてはならず、仏政府は、独軍司令官の異なる許可がない限り、独軍所在地を取り囲む境界線の外でこの採取が行われることを約束する（仏政府から普軍占領地内と境界外の諸軍の食糧調達を普軍当局に要請したが、まだその返事を知らないとのこと）。
第一〇条　パリを出たい者は、全て、仏軍当局発行の通常の許可証を携え、独前哨の検印を受けなければならない。この許可証と査証は、地方の議員候補者と議会議員に与えられる。この認められた者の通行は、朝六時から夕六時までの間に限られる。
第一一条　パリ市は、二億フランの額の市の戦争協力金を支払う。この支払いは、休戦の一五日までに行われる。支払方法は、独仏混合委員会により決められる。
第一二条　休戦期間中、戦争協力金回収の担保となり得る公共価値のものを損なってはならない。
第一三条　兵器、弾薬とそれらの製造原料のパリへの搬入は、休戦期間中禁止される。
第一四条　戦争開始以来、仏軍により戦争捕虜となった者全ての交換を直ちに行う。この目的のため、仏当局は、最短期間で、アミアン、ル・マン、オルレアンとヴスールの独軍当局に独軍戦争捕虜の名簿を提出する。独軍戦争捕虜の解放は、国境に最も近い地点で実施される。独軍当局は、可能な最短期間で、同地点で、位階に従い、同等の数の仏兵を仏軍当局に引き渡す。
交換は、独商船隊の船長等の民間資格の捕虜や独国で収容された仏国の民間捕虜にも及ぶ。
第一五条　封印されていない手紙の郵便業務は、ヴェルサイユ総司令部を介して、パリと地方との間で行われる。
上記により、下記の者が本条約にそれぞれ署名し、印璽を押した。
ヴェルサイユにて、一八七一年一月二八日
ファーヴル　　ビスマルク　　署名

市街に発表の二九日付パリ警視庁告示。[12]

包囲線の通過に必要な許可のための市民の全ての種類の手続きや面倒を避けるため、パリを去りたい者は、申請書面を警視庁に提出することになった。通過申請書には、申請者の氏名、住所、居所、職業、出生地と日付に旅行の目的と行先を示し、身分を証明するものを添えること。

軍規則第二条　独軍前哨通過を認められた者は、以下の道順しか通行できない（仏国の四方八方の地名を記載するが、私には必要がないので省略する）。

二九日付国防政府令[13]の要旨。

国民議会選挙のため、選挙民会[14]をセーヌ県では来る二月五日日曜日、その他の県では二月八日水曜日に招集する。各県は、添付の表（詳細にわたるので略す）記載の割当数の議員総数七五三名を選ぶ。選挙は、一日のみで朝八時に開始、夕六時に閉める。アルジェリアと他の植民地の投票については、国民議会が決める。議会を二月一二日、ボルドーで開く。

ファーヴル外務大臣は、昨日、普軍の本陣ヴェルサイユ城に行き、数時間、交渉した。

昨朝一〇時からパリ城外の要塞明け渡しが始まった。午前一一時、普国の二大隊がシャラントンの要塞に入る。午後、城外の諸要塞を概ね普軍が占領した。[15]

昨朝より、仏国の諸兵隊がパリ市内に入ることになり、彼らに支給するパンの分量を減らした。[16]以前は兵士の出陣中は、一日一人につき、パン七五〇グラム（日本の二〇〇匁）を支給した。しかし、市内に入った後は、これを五〇〇グラム（日本の一三三匁余り）に減らした。これは、市内にはパンが少なく、他の人民には一人にわずか三〇〇グラムずつを支給するからである。

一月三一日[17]

政府よりパリ市街に以下の発表があった。[18]

外務大臣は、昨日、ヴェルサイユで、一月二八日の協定実施につき、多くの詳細を決めるために一日中過ごした。外務大臣は、公共事業大臣とわが方主要な鉄道会社役員を伴った。これは、食糧補給に指定された物品の到達に関し、不可欠な条件を独鉄道委員会と決めるためであった。この重要な利害が政府の関心の第一の目的であった。昨夕、署名文書の交換直後、外務大臣は、ロンドン駐在のチソー臨時代理大使に電報を送り、入手可能な全ての小麦粉、全ての麦、全ての食肉、全ての燃料を至急、ディエップ港に仕向けるよう命令した。この電報は朝三時にベルリンに、一〇時にロンドンに着き、六時に外務大臣は、「指示された物資供給をできるだけ短時間で、ディエップに向けられるよう必要な処置をとった。チソー（署名）」との返事をヴェルサイユで受け取った。ディエップ港は、敵軍の手中にあるとはいえ、ここだけが損害を免れた鉄道路線と繋がっているからである。ル・アーヴルとルアンの間、またルアンとパリの間の鉄道は、酷い損害で交通が妨げられている。ルアンから、アミアン、クレイユ、ゴネスに向かう。わが鉄道経営陣の活動と熱意により、オルレアン鉄道とリヨン・ボルボネ鉄道は、極めて短期間に使えるようになると期待する。わが技術者は、水上交通が再開できるよう河川を調査中である。

仏政府は、国民衛兵隊のレジョン・ド・ヌール（軍の勲章である）を貰ったことのない全士官に軍事勲章を与えることになり[19]、その数は一七〇名、その階級と姓名は省略する。

午後、私は、パリ城郭外の要塞や砦を巡回し、両軍間の陣営、配備の状態を見ると、城郭外市街の外の門全てに普兵が駐屯し、警衛し、市内の人民は、一人もその要塞の近くに近づけなかった。各道路沿いの市外の街は、全て普軍が占領した。仏兵の守衛する場所はパリ城郭の道路の城門だけである。その外の市街に出ると、全てを普軍が占領し、軍の権威が最も盛んであり、その警備が最も厳しかった。そのため、私は普軍占領の諸要塞に近づけず、ただ、外部の兵営の門の普番兵の駐屯地を見て帰るだけだった。その状態は、昨日と大きく異なっていた。

二月一日[20]（日本の一二月一二日）

今日、政府の発表がなかった。

昨日、閣僚[21]二名がボルドーに出発した。これは、即ち、国民議会の開催を準備する閣僚である。

同日、パリ退出の通行証申請書三五〇〇件が警視庁に提出された[22]。

同日、両国間の捕虜の将兵交換の協議が成立し、パリ籠城以来、市城に捕えていた普兵九一四名を送り出して、普軍中から捕虜の等級や位階に応じ、その人員だけを交換し、パリ市内に送った。[23]

新聞中では、現在普軍が侵略する仏国の諸地方は、全部で二五県である（その地名は省略する）。仏全国には八九県がある。そして今普軍の占領がその三分の一になる。[24]

報道によれば、普軍の一軍団の消費量として、二四時間当たり、三ポンドのパン一万八〇〇〇個、米と大麦一万二〇〇〇キログラム、牛肉七〇頭、ベーコン一万二〇〇〇キログラム、塩一八〇〇キログラム、コーヒー三〇〇〇キログラム、カラス麦一二〇〇キログラム、秣《まぐさ》三〇〇キログラム、酒精四分の一リットル瓶三五〇〇本、苦いオレンジのエキス三五〇〇オンスに、タバコ六〇〇〇キログラム、普通の巻きタバコ一一〇万本、士官用上等巻きタバコ六万本が加わる。二五軍団あるので、一日だけでも独軍が消費する量がわかる。[25]

何日か前、各軍団に、フランネルの下着三万四〇〇〇枚、毛織の靴下二万五〇〇〇足、フランネルのベルト二万五〇〇〇本、毛布二万五〇〇〇枚を送った。去年七月一六日から一二月三一日までに独軍郵便局は、六七〇〇万通の手紙と一五三万六〇〇〇紙の新聞を送った。また、兵士が一三〇〇万ターレルの金額や小包一二一万五三三個を両親から受け取り、または家に送った。[26]

この二ヵ月間、新たに兵一八万名が独国から仏国に送られた。[27]

独軍兵士は、仏国で二億フラン費やしたと見られる。[28]

パリの新聞中に、昨日一婦人がパリ城外の警備駐屯の普軍営に来て、願い出た。彼女は、「私の夫がパリにいて籠城中だが、その生死の情報が得られないで、ほとんど五ヵ月が経った。私は、このことが心配で寝食もできない日がある。今聞くところでは、王の軍当局は、その市内の人民の出立を許したという。軍の方々の大きな度量で、私を市内に入れ、夫の安否がわかるようにしてほしい。これほどの大きな恩はない」と言った。その顔つきは、深い愛情により、心身がほとんど狂乱する者のようであった。普軍はこれを憐れみ、許可し、パリ門外の仏兵の前営まで行かせたという。[29]
二月二日[30]
軍務大臣ル・フロー将軍のパリ市中諸軍への一月三一日付文書。[31]
パリでは、一かけらのパンしか保証されなくなっても、諸氏は、五ヵ月間、仏国の砦となった、この偉大な都市を守った。大量の血を流して守った。諸氏の勇気と犠牲も前代未聞の不幸を防げなかった今日、諸氏は、城壁の中で、諸氏が成し遂げたことに劣らず神聖なこととして新たな義務をまた負うことになった。何としても皆に、諸氏が規律、行儀良さと服従の皆の模範とならねばならない。諸氏は、それを公安のため、自らの尊厳と喪に服す祖国への敬意により果たさねばならない。私は、諸氏がこの神聖な義務に背くことはないと望む。それに欠ければ過ちに留まらず、犯罪となる。士官、下士官、兵士諸氏よ、共有する熱い愛国心により一つになり、パリの名誉とより大きな祖国の利益のためにかくも多くの血が流された後で、「彼らは勇敢な軍人であるばかりでなく立派な市民である」と人に言われるに値するように自らを保ち、互いに身体を鍛えよう。
昨日、ビスマルク普首相から政府諸閣僚と諸政府職員の出入りのため、五〇〇枚の通行証をファーヴル仏外務大臣に送ったという。[32]
昨日初めて、パリから三本の鉄道線路が通じ、蒸気車を出発させた。[33]皆、諸地方から食料を集め、市内に輸送するためである。
昨日、ジュル＝シモン文部大臣がパリからボルドーに向かった。[34]
二月三日[35]
昨日、政府より市街中に国防政府令の要旨。[36]
ファーヴル内務大臣については、願いにより、その任を解き、エロルト氏を臨時内務大臣に任命した。
昨日、農商務大臣が一万五〇〇〇匹の羊を市内に輸送したという。[37]
パリ市内で馬車を引く馬の数は、平時に八万頭あったという。しかし、籠城中は獣肉がなくなり、その多くを食用にし、今、市内の馬の数が一万二〇〇〇頭にもならないという。また、平時には、市中や街区に貸借の小馬車（市中を往復するもので、貸し出す小馬車）が三万台以上あったが、この時期、市内で使う小馬車は、五〇〇台のみである。他の馬は皆、畜殺してしまったのだ。

二月四日[38]

今日、私がパリ城の外に出て、普軍の駐屯地に行き、その状態を見ると、騎馬の士官が五、七名、騎兵四、五騎、歩兵が二〇〜三〇名、いずれも一つの道路の入口を守り、その道路の出入りを願う仏人が所持する証明証を検査した上、通行を許し、出入りの取り締まりが非常に厳しく、普国の武威が城外に輝いた。とくに、若干の騎馬の士官が常に各道路を巡回し、非常事態に備えていた。私が城郭外の各道路を巡視すると、普軍の警備は非常に厳しく、仏人がその腰を曲げ、道路の出入りを願う様子は実に憐れむに堪えない。私は、他国の一学生であり、今市内に旅客の身であるが、その状態は慨嘆に堪えない。まして、仏人の心中はどうであろうか。

伊国の一月三一日付新聞に、伊官報発表の政府命令により、ローマ市の政府を廃し、伊国ガッダ公共事業大臣をローマ総督とするとある。[39] 旧ローマ国は、今日、その政府がなくなった。

パリ市内へ発表の六日付国防政府令。[40]

市民は、パリとセーヌ県の選挙人名簿に二月七日真夜中まで登録できる。

二月六日[41]

私の知人、レスピオー歩兵大佐は、先日の休戦以来軍隊を市内に引き上げ、市庁舎の外の館にいた。今日、私の学校長のボネー氏と私を昼食に招いた。私は、午前一〇時にボネー氏とともにその館に行き、食卓につくと、その軍隊中の諸士官もまた列席した。その人々は中佐、少佐、大尉、中尉と少尉などである。食後、仏国の処置を議論し、夕方になり、帰宅した。

二月七日[42]

普軍第六軍団フォン・トゥンプリング司令官の普王の名による二月五日付宣言。[43]

〇〇（地名空欄）の住民に警告する。北独同盟軍およびその連合軍の国土占領中は、仏軍に属さず、わが軍に危害を加えようとする者は、全て普軍法規に従い、軍法会議で裁かれる。

死刑

あらゆる個人で、

一、故意に敵のスパイに仕え、敵のスパイを匿い、または助けようとする者。

二、敵を導き、わが軍を迷わせ、または誤った情報を与えようとする者。

三、復讐または利益のため、独軍兵士または従軍者を殺し、傷つけ、または掠奪しようとする者。

四、橋、水路、鉄道または電信線を破壊しようとする者、道路を使用できなくしようとする者、弾薬、軍備、わが軍が占拠する兵営に放火しようとする者。

五、わが軍隊または連合軍に対し武器を取る者。

普軍フォン・トゥンプリング将軍の通行に関する二月五日付宣言。[44]

一、住民が夕八時から朝六時までの夜中、その住居を去ることは厳重に禁止される。

二、住民は、その地域の司令官の署名のある通行証となる証明書を持たずに、住居を去ることは、同じく禁止される。

三、その住所に帰る者または新たに着いた者は、直ちにその地区の司令官に出頭させられる。

上記に違反する者は、直ちに入牢させることになる。

パリ城外の処置や命令は、全て普軍から出る。

二月八日[45]

このたび、仏国ボルドーでの和戦の件を決める会議に選出される議員の総数は、七五五名[46]である。そのうち、パリ市内からは、四三名が選ばれる。昨日以来、市内では議論がやかましい。

新聞中に、普国に捕虜となった仏人の職業を記載したものがある。現在、独国にいる仏兵の捕虜の数は、四〇万名に上る。そしてこの捕虜兵のうち、歩兵として勤務する者もあり、金銀細工、宝石細工、左官職、あるいは大工の類で、各々がその専門の職業で、一日一フラン半の金貨を得るという。[47]

休戦に際し、独国で退位したナポレオン帝が捕虜一名につき、五フランと一〇本入りの巻煙草一束ずつを贈ったという。[48]その意味を考える他はない。

二月九日[49]

ガンベッタ内務大臣が二月六日夜三時ボルドー発電報[50]で、その辞職を申し出、退職が受け入れられた。エマニュエル＝アラゴ氏が派遣部内務大臣となり、軍務大臣ル・フロー将軍が軍務を司るため、昨夜パリを出発し、ボルドーに向かった。[51]

ガンベッタ内務大臣の辞任の理由。

今度、国防政府派遣部のあるボルドーで仏全国から選挙された議員が集まり、両軍間の和戦の可否や講和条約等について全国の意向を投票で決めるため、全国各市町村で議員を選挙しようとする。しかし、先日、ガンベッタ氏が今回の議員選挙では、去年の夏、立法院の会議で開戦を主張した者は、この議員資格がないとの命令をボルドーから仏国諸地方に出した。[52]しかし、パリ政府は、それと全く反対に、仏全国では、誰彼の区別なく諸地方で選挙し、人民の選択する方針に従うこととした。そのため、ガンベッタ氏の命令が実行されず、[53]ついに退職した。

私が仏国の事情を考えると、全国の人民の党派は今、次の四派に分かれる。共和派（共和制度を助ける党派）、ボナパルト派（ナポレオン家を助ける党派）、オルレアン派（オルレアン公を助ける党派。このオルレアン公というのは、ナポレオン帝の前の仏王ルイ・フィリップの子孫である。そのため、これを擁立し、再びその王の血筋を連続させようと計画する者たちである）と正統派（レジティミスト。姓名ではなく、仏国古代の王の血筋[54]を擁立しようとする一党派の名である）である。

今、この四党派が全国で並び競い、その勢いをお互いに制御できないようである。しかし、その時の状況で勢いに盛衰があり、興廃することがある。以前、ナポレオン在位の間は、他の三派がお互いに扇動し、競い合った。とくに共和党の勢いが最も盛んで、今にも帝王の座を覆そうと迫っていた。帝が捕虜となったのを見て、直ちにその勢いに乗った。しかし、今日、その勢いについては、民衆には、共和制度を罵る者が多く、他の三派が互いに競い合うことになった。しかし、現在の形勢を見ると、パリ市民は、共和制度の支持者が最も多く、また、これに同調する者が少なくない。ただし、全国の諸地方には、なお、ボナパルト派とオルレアン派が最も多く、競い合い、四派の勢いがさらに抑えられないほどになった。ところが、ガンベタ内務大臣の命令は、去年立法院でナポレオンを助け、開戦すべきと主張した者を今度の全国の会議に加えてはならないなどとした。

私のようなつまらぬ者が見ても、その説は、頑固な癖と思う。まして、有識者が見れば、なおさらである。ボルドーの政府で会議し、和戦の可否を決断し、そして条約の諸問題を決議することが仏国の一重大事であり、国家の興廃存亡に関わる。そこで、全国で隔てなく、その民衆の勧めるとおり、人民の選ぶとおりに人物を集め、その議論を公開し、決定すべきである。どうして過去の失策を理由にその意見を排除し、公然とその人を非難し、退ける理由があろうか。ガンベッタ氏は、今年三六歳、勇敢で、策略もあり、内務大臣に就任以来、地方に出かけ、激励し、事情を把握し、人民をよく統率し、自ら進んで国の危難や重大事に対する任務を引き受け、身を砕く努力をし、今日まで人望が最も厚かった。しかし、今日の振舞いは、当然信念に基づき、偶然ではないだろう。なお、その当否は、将来判断するほかはない。

二月一〇日[55]

九日付パリ市庁命令[56]による。開票がかなり困難であり、投票点検を予定の期間で実施できなくなったため、一〇日に予定の投票点検は、一一日正午からに延期される。本命令は、パリ市庁事務局長が実施する。

パリ市内では、この一〇日からパンの配給を止め、以前に戻し、その量を購買者の希望に任せて、商売が自由であることを広く発表した。[57]そこで、そのパンの品質は、非常にきれいな白色になり、市民は、初めて安堵した。

昨九日朝、キルヒバッハ普軍将軍が軍隊二万八〇〇〇名、砲器、荷物を全て備え、オルレアン市を去ったという。[58]

今夜、一報があり、日本政府の軍事視察使の諸氏がパリに到着した旨を聞いた。私は、直ちに見ていた新聞を放り出し、走り、その旅館に行き、初めて一行[59]にお目にかかった。

二月一一日[60]

国防政府のパリ市に対する二月一〇日付命令。[61]

一月二八日の休戦条約の規定によりパリ市に課せられた、二億フランの戦争協力金が休戦開始後一五日以内に支払われることになっているが、まだ、借入による調達ができていないので、五パーセントを超えない金利での借入、借入金返済のための増税と市の保有する不動産を質または抵当に入れることを認める。

今日正午一二時までが、議会議員選挙開票結果[62]の期限である。しかし、雑踏混乱で未だ決定しない。今夜からこれを市庁舎に送達するという。

二月一二日[63]

議会選挙の人員については、仏全国に八九県がある。その人口三八〇〇万名、このうちから選出すべき人員は七五五名である。また、その人口の多少に応じ、各地方から選挙される人員には、もとより多少がある。パリのようなところは、その土地はそれほど広大ではないが、人口が既に二〇〇万名に上る。そして市内を二〇区に分け、この中から四三名の議員を選挙するため、三〇万名が投票した。今朝一〇時半までに市内の選挙結果を政府に届けたのは、わずか三区だけだった。他の一七区は、選挙結果がまだ決定しなかった。さて、この三区の中から、投票された人員は、二三二名に上ったが、このうち最も人望があり、一万一三九一名から一万一六五三名に投票された者がエドガー＝キネ、ルイ＝ブラン、ヴィクトル＝ユゴーら[64]であり、今日選挙中で第一等になった。また今朝、市内の選挙結果を政府に報告した県は、わずか九県だけだった。ほかはまだ決定しなかった。

昨朝、ファーヴル外務大臣がその子弟を連れ、ボルドーに出張したという。[65]

今日から市内の食料の獣肉の販売制限を廃止し、その取引が以前に戻り、人の望みに応じた分量となる。[66]しかし、まだ、その値段は騰貴したままで、戻らない。

二月一三日[67]

昨夜一二時までに選挙結果を政府に報告した区は、全てで一三区であり、この区域で投票された人員は、九五一名に上った。ただし、その選挙中最も人望があり、多人数からの投票を得た者はガリバルディ、ルイ＝ブランらであって、この人は二万三一五名から投票選挙され、このたびパリ市内選挙中の首位だと褒め称えられた。[68]

昨夜半まで、政府に報告した地方は、五〇地域である。[69] その選挙の中で、人望があり、多くの人に選挙された者がパストゥールらで、この人が七万四五五一名に投票された。[70] 今回、地方の中での第一人者である。昨夜半から今朝まで、パリ市内と諸地方のうち、大体その半分が報告した。しかし、今日、まだその決定に至らない。

二月一四日[71]

パリ市内では、選挙された議員の数が大体定まったという。しかし、政府からその発表がない。

パリの政府に報告された諸地方が選挙した議員中、その選挙された県の多い者として五名から七名の名が挙がる。このような例として、ティエール氏が一八県で、トロシュウ氏がこれに次ぎ八県で、デュフォール氏がこれに次ぎ五県で、ガンベッタ氏とシャンガルニエ[72]将軍がともに四県でそれぞれ選出された。ファーヴル氏とピカール[73]氏がともに三県で選出された。その他、二県で選出された人物の姓名が多いので省略し、記さない。

同一五日[74]

昨夜、パリ市[75]内選挙の議員名簿が全て決定した。議員四三名中上位二四名を投票者の多い順序により、記載する[76]（右表）。

議員名と投票数

議員名	投票数	議員名	投票数
ルイ＝ブラン	216,471	ボチュオー	138,142
ヴィクトル＝ユゴー	214,169	ロクロワ	134,635
ガリバルディ	200,065	ガンボン	129,573
エドガー＝キネ	199,008	ドリアン	128,197
ガンベッタ	191,211	ランク	126,572
ロシュフォール	163,248	マロン	117,353
セッセイ	154,347	ブリソン	115,710
ドレクリューズ	153,897	ティエール	102,945
ジョアノー	153,318	ソーヴァージュ	102,690
シュルシェル	149,918	マルタン＝ベルナール	102,188
フェリクス＝ピヤ	141,118	マルク＝デュフレッス	101,192
アンリ＝マルタン	139,155	グレッポ	101,001

これ以下の一九名が全て一〇万名以下の得票である。最下位のファルシー氏に六万九七九八名が投票した。その名前と投票数は省略する。

今夜になり、仏全国諸地方の議員選挙が漸く終わったと記す。

二月一六日[77]

昨日、ファーヴル外務大臣が普軍本陣ヴェルサイユ城に行き、ビスマルク首相と数時間におよぶ会談をし、七時にパリ城に帰った。今朝、まだ、人々は、その事実を知らなかったとしても、それは、恐らく講和休戦の延長の話合いであろうと察した様子である。

去る一三日、派遣部のあるボルドーで、国民議会の初会合が午後二時一〇分に始まった。当日は、ブノワ・ダジー氏という者が仮の議長の席についた。この人が年長者だからだという。近日に議員全員が参集の上、さらに議長を選挙するという。当日の会議はブノワ・ダジー議長とファーヴル外務大臣の二名が、それぞれ言葉を述べるだけで会議が終わったという。[78]

二月一七日[79]

先の一月二八日の休戦協定中、休戦期間を三週間、即ち二月一九日正午までとした。しかし、一昨日、ファーヴル外務大臣がビスマルク普首相と会談し、さらに五日間、休戦延長を合意し、来る二四日正午までの期限とした、と昨夜、政府が発表した。[80]

昨夜、派遣部のあるボルドーからの通報は、ガリバルディ将軍が去る一三日付文書で政府に、「国防政府によりヴォージュ軍を司令する名誉を賜り、また、私の使命が終わり、私は、辞職したい」と伝えた。仏政府は閣僚全員が署名した返書を送り、その中で「軍務大臣から貴殿のヴォージュ軍司令官職の辞表が届いた。貴殿の辞表受理に当たり、仏政府は、国の名において、その感謝と遺憾の意を表す。仏国は、その子らとともに貴将軍がその領土防衛と共和制の大義を守るために輝かしく戦ったことを忘れまい。親愛と友愛の念を込めて」と述べた。[81]

このガリバルディ氏は、欧州で有名な伊国人の将軍である。この人は、もともと君主制度を嫌い、既に久しく共和制度を望んでいた。そこで、このたび仏国に来て、その共和制度を支え、大いに尽力し、戦った。このたび仏国の地方で戦った時の部下の兵は、全部で八万名と勢いが盛んで人望が最も集まった。

二月一八日[82]

去る一五日、ヴェルサイユ城の普軍本陣で、休戦の期限をなお五日延長を合意し、さらに、以下の五ヵ条を協定に追加した。[83]

第一条　ベルフォール要塞は、その地にある武器の一部である軍備とともに包囲軍司令官に引き渡される。
ベルフォール守備隊は、軍人の名誉を保ち、武器、装備、軍に所属する戦争用品と軍事記録を保持して、退出する。
ベルフォールと包囲軍の両司令官は、上記の定めに予見されなかった詳細やベルフォール守備隊が境界線を越えて仏軍に合流する方向と手順につき合意する。
第二条　ベルフォールにいる独捕虜は、釈放される。
第三条　この条項は、境界線と鉄道路線の範囲を定めるものなので抄訳せず、省略する。
第四条　ブザンソン要塞の周囲一〇キロメートルの範囲は、守備隊の自由に委ねる。オーソンヌの要塞は、独軍と独行政当局の自由に委ねられるディジョンからグレイさらにはドールに至る鉄道交通の内側三キロメートルの地帯で取り囲まれる。
第五条　ジュラ、ドウブ、コト・ドールの三県は、今から一月二八日の休戦協定の対象に含まれ、休戦期間やその他の条件につき、同休戦協定が全体として適用される。
ヴェルサイユにて　一八七一年二月一五日

ジュル＝ファーヴル　　ビスマルク　署名
議会の役員の選挙の投票は、五三一名で行われた。[84]
議長　ジュル＝グレヴィ氏、五一九名の投票で選ばれた。
副議長　マルテール氏、ブノワ・ダジー氏、ヴィレ氏、レオン＝ド・マルヴィル氏、四名。
財務官　バーズ氏、マルタン＝デ・パイェール将軍、プランストー氏、三名。
書記　ベトモン氏、レミュザ氏、バラント氏、ジョンストン氏。
以上が昨日、ボルドーで決定され、この朝、パリで公表された。
二月一九日[85]（和暦辛未年正月元日である）
仏国内にある独軍の構成。
第一軍（フォン・ゲーベン将軍、五六歩兵大隊、五六騎兵隊、三四砲兵隊）、第二軍（フリードリッヒ・カール親王、九八歩兵大隊、一三六騎兵隊、六一砲兵隊）、第三軍（普太子、一二九歩兵大隊、五六騎兵隊、五八砲兵））、第四軍（ザクセン王太子、九三歩兵大隊、六〇騎兵隊、五八砲兵隊）、第五軍（南部軍）（マントイフェル将軍、一一八歩兵大隊、五四騎兵隊、五一砲兵隊）、予備隊（五〇歩兵大隊、一六騎兵隊）、要塞守備隊（八九郷土防衛隊大隊、二四騎兵隊、三三砲兵隊）の総計が六一五歩兵大隊、六一万五〇〇〇名、四〇一騎兵隊、一二万騎、二〇九砲兵隊、四万五〇〇〇名、全兵数が七八万名である、この報告は、普軍本陣ヴェルサイユ城からベルリンに送り、英国のロンドンから再び仏国に報道して来た。[86]

ヴェルサイユ城の普軍本陣からベルリン市に送られ、公表された二月一三日付文書では、フリードリッヒ・カール親王がこのたび、ジェネラリッシムという全独帝国軍の総司令官となった。連日の戦争での比類なき勲功を表彰するため、この尊号を与えたという。[87]

今回、休戦中の補償金として二億フランを仏政府が普国の本陣に払った。即ち一億フランを英国と普国の紙幣で、五一〇〇万フランを仏紙幣で、三〇〇〇万フランを仏金貨で、二〇〇〇万フランを仏銀貨で納める。その額全て二億フランである。この金額が仏国和睦の補償金ではなく、単に一月二八日より二月一四日までの二六日間の補償金であるという。[88]

付言

私が西暦七月一一日からこの戦争誌略を書き始め、今、二月一九日に至ったが、両国の戦争の和平がまだ、全く定まらない。去る一月二八日にパリが開城し、和平交渉のため、三週間の休戦を約束し、その後五日延期し、日数が全部で二六日、即ち、二月二四日（和暦正月六日）正午一二時までである。そのため、今日まだ、戦争か平和かの明確な方向がわからない。しかし、私が今、ここで、わずかな部分を残し、この冊子を終えるのは、明日、わが皇国政府の軍事視察使の諸氏が仏国パリからロンドンへと出発されるとの知らせを聞き、急ぎ、以前から書き溜めていた冊子を行李から出し、これを合わせまとめ、その旅館に行き、諸氏に会い、謹んでこれを日本政府の諸賢人に提出したいと望むからである。

しかも、私が今日筆を捨て、その記録を終えるのではない。この文書は、元来『普仏戦争誌略』と題し、引き続き、これを書き溜め、両軍の戦争が全く終わる日には、全ての冊子を纏め、再びこれを提出することを望む。
明治四年辛未正月元日夜、仏国パリ城北で記す。
安芸　渡　六之介

蛇足として

ある晩、私は独りで仏軍の敗戦の事実の痕跡をみだりに記したが、仏兵には五つの失策があったと思った。人の和がないのに、軍を勝手に動かした。第一の失策である。

敵を侮り、その軍人が傲慢になった。第二の失策である。

指揮官の選任を誤り、その指示を誤った。第三の失策である。

戦争の計画がなく、次いで兵士や武器の準備が不足した。第四の失策である。

スパイを使わず、敵の状況を把握できなかった。第五の失策である。

それぞれの項目については、次のとおり。

第一の失策は、人の和がないのに、軍を勝手に動かしたことである。仏国の人民が制御しがたいことは、昔からよく知られていた。これは、人民が常に政府を蔑視し、民衆が激しく動き、しばしばその国の体制を変換するという古くからの悪習があるからである。つまり、一七七〇年以来、わずか一〇〇年間に、その体制が全部で七回、王制、共和制、帝制、王制、共和制、帝制、共和制と変わった。世界万国が文明開化する中でこのように僅か百年間で、その国の体制をこのように数回変えたことは、昔からいまだに聞かない。このような悪病は平凡な医者では簡単に治せない。豪快で知恵と勇気がある王が出て、市内を足下に従わせ、全国を掌握しなければ、統治しても一日も全国を保てない。ナポレオン三世は、初め、才智と武勇により自らの力で帝位に上り、市内をその膝元に抑え、全国におよぶ権威を握り、その軍事力や威勢を一八年にわたり周囲の国々に輝かせたが、その晩年、威武は次第に衰え、緩んだ。それとともに、仏国固有の激動病が芽生え、密かに仲間を集め、徒党を組み、帝を殺し、国を乱そうとし、また暗殺をしようと企み、宮門内に大砲を潜ませ、宮殿を撃とうとした。帝がこれを知り、多くの策略を用い、威嚇し、宥め、または、その指導者を起用し、その党を離散させようとし、あるいは市民を扇動する者を罰し、投獄し、様々な手段を講じ、やっと長年の病は、治りかけた。そこで、その後継の子を将来、帝王の座に登らせようと計り、国中に発表し、広く全ての民に問い、その可否を議論させ、是非を公開し、その子による継承を確保する決まりを作り、このことを国中で大いに祝わせた。これが実に去年五月二一日である。もとより、このことを望んでいない国民は、一〇のうち七、八であったが、その国民投票の結果を公表すると、可とする者が最も多かった。これは、恐らくナポレオンの計略の結果ではないだろうか。したがって、帝が当然その国民が心服していないことを知っていたのは明らかである。そのため、帝は、密かに計画した。国民は今、永い天下泰平に飽きている。この機会を利用して、戦争を起こし、その武威を発揮し、その塵埃の気分を一掃し、国中の不快な臭いを一時に払い、新鮮な気を取り入れようとした。そして、今仏軍はよく鍛えられ、帝は、既に高齢であり、たとえ余命があるとしても、内外の事情を考えると、その勢いは、今日に勝る時はないと考えた。そこで以前から、しきりに、周囲の国を窺い、戦争を起こす契機を求めてきた。折から、西国が、その女王を追放し、王制を廃止し、新たに民衆による共和制度を立てようとした。そのため、「私が今、体の中の無数の悪い虫を追い出し、やっとその激動病を治したのに、隣国で共和制度を開けば、わが国の中の傲慢な虫がたちまち元気になり、長年の病が再び激発するのは必然だ」と仏帝は考えた。帝は、おおいにその精神力を尽くし、西国の共和制度を止めさせようとした。そして、もしそれができなければ、かねてから考えていた戦争を始める端緒を得るだろう。西国の兵力は当然恐れるに足りないので、その策を両方に使い、断固として共和制度の伝染を絶とう。わが軍事力を示す時である。そこで帝が頻りに西国に迫った。西国は、当然これと争う力がなく、その共和政度を廃し、新たに国王を立てようとし、英、墺、葡各国にその親王を求めたが、皆応じなかった。ついには、普王の甥を求めた。普王が直ちにこれを許し、その約束がほとんど成立しそうになった。ナポレオンがこれを聞き、深く憂い、言った。「もしこの両国が一つにまとまれば、わが国に害となる。まるで、わが国の左右の塀や垣根に山犬と狼が来るようなものだ。一度その山犬や狼が、強く力を合わせ、前後からわが国に噛みつき、摑みかかれば、わが国が前門の山犬、後門の狼という挟み撃ちに対抗できない」そのため、この同盟を断絶させようと思い、直ちに使節を普国に送り、その王の甥を西国の王とする約束を取り消すよう求めた。普国は、容易にこれに応じ、その約束を破棄した。このように、帝は南の西国に翼を広げてみたが、これをその国が拒まず、東の普国に嘴を入れたが、普国は、これを防がなかった。帝は、また、戦争をする契機を失った。そこで、再び普国に使節を派遣していった。普国の王族は、決して西国の王に就かないとの約束を求め、約束ができなければ戦争するしかないと。普王が怒り、これを受け入れず、使節を断固拒絶し、また、仏国との外交関係を断つ様子を示した。このため、ナポレオンが直ちに諸軍に命令し、その軍を全て国境に備えさせた。しかし、その軍の勝敗の見込みが乏しく、しばしば敗戦し、ついに九月三日、スダン城で仏帝自らが諸部隊とともに捕虜となった。当日、その悪い知らせを聞き、パリ市民がたちまち激しく動揺し、強敵が目前に迫っているのに、直ちにその国の体制を変革し、帝制を廃し、民主共和の制度を立て、また国帝の親族を追い立て、国外に追放した。ああ、仏国民の帝を見る態度は、まるで仇のようだ。帝を忌み、憎むことは、眼前の強敵への態度を上回る。その理由は何だろうか。これが、つまり人の和がないのに、その軍を勝手に動かしたという第一の失策である。

第二の失策は、敵を侮り、その軍人が傲慢になったことである。元来、仏の軍事力は、盛んであった。過去に一六七〇から八〇年にかけて（即ち今からほぼ二〇〇年前）、仏王ルイ一四世は、軍事の策略があり、よく国政を治め、武威を四方に張り、国土を広げた。その軍の威力は、当時欧州中に轟いた。また、一八一〇年代（つまり、今から六〇年前）には、ナポレオン一世が再び大きくその武威を振るい、欧州の各国を全て圧倒し、蹂躙し、その旗の向かうところ、草木もなぎ伏せた。そこで、軍の体制は、ますますその精練を極め、兵器がますます発展し、巧みになった。このため、その武威は万国に轟き、欧州に振るった。また、一八五〇年以来、ナポレオン三世（即ち今の帝）が自ら帝位に登り、大きくその武威を広げ、しばしば四方の隣国に兵を出し、全て勝利を得た。そのため、仏人は、わが軍の向かうところに強敵がいないと思うようになり、帝もそのような考えを許した。また、去年七月下旬、兵を普国に入れようとした時、仏人も自ら、二ヵ月間でその都のベルリンを攻め落とすと唱え、出陣した指揮官や兵士は、直ちにベルリンを攻撃することだけを望んだが、その作戦は慎重ではなく、陣地は、堅固でなかった。そこで、普国の指揮官が、容易にその虚実を知り、八月六日、僅かな間にこれを襲撃し、その陣営を蹂躙し、一戦でその国境を越え、深く仏領に入り、パリに迫った。しかし、仏人は、九月中旬パリ市に籠城して初めて、自軍が敗戦することを知った。これがいわゆる、敵を侮り、軍人が傲慢になるという第二の失策である。

第三の失策は、指揮官の選任を誤り、その指示を誤ったことである。仏帝は、出陣時に、ル・ブフ軍務大臣を連れ、メッスに入り、彼を参謀長として歩、騎、砲三軍の指揮の全てをル・ブフ元帥に相談した。しかし、その指揮が常に食い違い、諸将兵がそのために疲れ、敗戦した。そこで、八月下旬、帝は、バゼイヌとマク・マオン両元帥を起用し、軍を指揮させた。これ以降、両元帥が両翼となり、その軍を二分し、左右に軍を分け、粉骨砕身し、数十回苦労して戦った。両国の兵がそのために鮮血を広野に溢れさせ、敵軍が大いにこの両元帥を嫌がり、仏国民は、初めて、この両元帥がいることを知った。しかし、ことは既に遅く、強敵を追い払うという功績を挙げることは、できなかった。左翼のマク・マオン元帥は、ひどく傷つき、仏帝や数万名の兵とともに降参し、敵の捕虜となった。また、右翼のバゼイヌ元帥はメッス城に入り、七〇余日防戦をし、弾丸や食料が尽き、城中に飢餓が迫るようになり、出て行き、敵の捕虜となり、終わった。心中、その経緯を思うと、始めに、帝がメッス城に行く時に、バゼイヌ元帥を参謀将軍として、マク・マオン元帥を三軍の司令官とすれば、その軍の勢いは、恐らく倍になったのではないか。なぜかというと、バゼイヌ元帥は、策略の才があり、よく考え、マク・マオン元帥には、武勇の才があり、よく戦うからである。あのル・ブフ元帥のような者は、その策略、もとより武勇の才が両元帥に遠く劣り、そして、追従や巧みな言葉で常に帝に媚びる者で、その器はもともと三軍の指揮を任せられない。帝は、長い間彼ら将帥の上に立つ者として、その計略の雄大さや知恵や謀の長所短所を当然熟知していた。しかもその戦争を起こすに当たり、選任を誤り、ついに仏軍の敗戦を招くに至った。果たして時の運といえるだろうか。これが、指揮官の選任を誤り、その指示を誤ったという第三の失策である。

第四の失策は、戦争の計画がなく、次いで兵士や武器の準備が不足したことである。始めに仏帝が戦争を起こそうとした時、これを政府の諸大臣等に相談した。七月上旬、数日間、諸大臣が立法院に出て、討論した。一〇日目になり、諸大臣が皆列席し、議員たちがル・ブフ軍務大臣に尋ねた。今もし仏国が戦争を起こすとすれば、軍陣の準備が充実しているのかどうかと。軍務大臣が、仏国陸軍の準備が充実しているので、たとえその戦争が二年間続くとしても、兵士のゲートルのボタン一つも買い求めることはないだろう、と淀みなく、きっぱりと答えた。このため、その会議が纏まり、翌日、仏国の使節が普国のベルリンに出発し、その後八月二日に両国が戦場を開いた。それから連日戦争は激烈で、両軍の死骸が数百里にわたり累積し、山野原谷がそのために血塗られ、河川は、水の色が変わった。ところが普軍は、ますます大きく軍の兵を増やし、その数が常に仏軍の二倍三倍、甚だしい時は五倍七倍に上った。このため、仏軍が毎回敗れた。しかし、国中でこれを補う支援の兵がない。そこで、急に兵を募り、アフリカ州の植民地にいる軍を呼び寄せ、アメリカ州やアジア諸州にいる軍を引き上げ、また海軍の将校や兵士を呼び集めたが、わずか五〜七万名ばかりなので、この敵に対抗するには足らず、ついに九月下旬パリの籠城に至った。しかし、その城郭に配置するべき大砲はなく、また諸地方に命令し、大いに国民衛兵を募り、パリを防衛させようとしても、彼らに与える小銃のシャスポーが足りない。次に、市内に募り、国民衛兵隊を編成するが、また小銃が足りず、皆旧式の雷管銃を持つことになったという。しかも、その後に駆り集めた国民衛兵等には、また、その小銃すら与えられない者が非常に多かった。そのため、これを区別して国民衛兵応援予備隊と名付け、あるいは、消防予備隊と名乗った。この時、市内の諸兵器鋳造局で毎日製造した大砲は、約一〇門余り、小銃がほぼ一〇〇〇丁であったが、一一月になり、漸く大砲や小銃が多く鋳造され、初めて市内の砲台と国民衛兵隊の武器が完備した。この戦争を起こした始めから仏軍は、常に兵士や銃、大砲に乏しく、しばしばその勝利を敵に譲り、簡単にその地を退き、容易に重要な難所を敵に奪われることが度重なった。これは、フランスが初めその国境に布陣した兵が三〇万名であり、普軍の国境に対陣する兵が全部で七〇万名であったことによる。そこで、今軍が敗れたのは、あながち仏兵が弱いわけではない。もし良い将校や勇敢な兵士がいても戦うたびに、三、五倍の敵に当たり、さらに、味方の救援も来ず、銃や大砲の補充もなければ、どうして長い間、その戦争に堪えられるのであろうか。これが、つまり戦争の計画がなく、次いで兵士や武器の準備が不足したという第四の失策である。

第五の失策は、スパイを使わず、敵の状況を把握できなかったことである。当初、仏国は、普国との平和を破り、戦争を起こそうとした時に、普国の状態を全く観察しようとせず、また、戦いをしてからも、軍陣にスパイや密使を置くことがなく、その処置は非常に公明であった。そして、その国境で開戦してもパリ市内に居住していた独人を追い出さず、また、軍陣の兵士の進退やその交代に至るまで、政府が得た報告等は直ちにこれを発表し、広く市内に公開させた。そのため、一瞬の間にたちまち、千里の遠い距離を走り、わが軍の動向を敵に知らせることになった。これができるのは、欧州列国に、蜘蛛の糸が乱れたように電信線が引いてあるからだ。その後、九月中旬、敵軍が仏国の首都に迫り、自分たちが籠城することになり、初めて独人を追い出し、仏国の境界外に出すといっても、その処置が最も厳しくなかったので、なお市内に極めて多くの普スパイが潜伏していた。また、籠城中しばしば出撃し、敵を攻撃しようと試みても、その兵数の多少などの実情や守備の強弱がわからなければ、機会を摑み、勝利することは難しく、毎回戦いに敗れ、城中に逃げ込んだ。そして、その守備兵が大体国民衛兵や遊動兵であり、その気力が委縮し、出て戦おうとする英気が日毎に減少し、中に入って守るという委縮した気持ちが夜毎に生じ、城中で銃器を携えている者が六〇万名いるといっても一三〇日間、ついに一回も危険な場所に入り、敵の囲みを破り、その活路を開くという大きな接近戦を見なかった。とうとう食料が尽き、開城し、出て行き、和睦を求めることになった。これが、つまりスパイを使わず、敵の状況を把握できなかったという第五の失策である。

普王妃アウグスタ

仏皇后ウージェニー

普王太子ヴィクトリア

普王太子フリードリッヒ・ヴィルヘルム

訳註

1　パリは、曇り、朝小雨、午後また小雨。
2　二八日付官報。
3　三〇日付「le Figaro」引用の「la France」は、ファーヴルは、ビスマルクの食事の招待を断ったと伝える。
4　三〇日付「le Temps」引用の「la Vérité」記事。
5　出典未確認。
6　同右。
7　二九日付「le Temps」。
8　出典未確認。
9　パリは雪降る。
10　二九日付官報記載。
11　二九日付国防政府命令（三一日付官報掲載）で実施された。
12　三〇日付官報。
13　二九日付官報。
14　要するに議員選挙の投票である。
15　出典未確認。
16　同右。
17　パリは晴れ。
18　三一日付官報。
19　三〇日付官報掲載の二九日付国防政府令と国防大臣命令。
20　パリは曇、小雨。
21　二月一日付官報がシモン文部大臣とラヴェルテュジョン官房長官とする。
22　二月一日付「le Temps」引用の「l'Electeur Libre」。
23　三日付「le Figaro」引用の「le Siècle」。
24　出典未確認。
25　二月一日付「Le Temps」。
26　同右。
27　同右。
28　同右。
29　出典未確認。
30　パリは快晴。
31　二月一日付官報。
32　出典未確認。
33　右記官報記事では、前日、オルレアン線が一部開通し、列車の運行があったこと、リヨン鉄道のパリとショワジー・ル・ロワ間のバリケードが撤去されたことを伝えている。
34　二月一日記事と重複。
35　パリは晴。
36　二日付官報。
37　出典未確認。
38　パリは、快晴。
39　七日付「le Figaro」引用の一日付ドイツ紙「la Gazette

universelle de l' Allemagne du Nord」。
40 七日付官報記事。六日付命令を四日の項に記載する理由が不明である。
41 パリは、晴。
42 パリは曇霧。
43 七日付「le Figaro」がヴィトリ市内の独仏両語の壁への張り紙として報道。
44 右記「le Figaro」。
45 パリは小雨。
46 八日付「le Temps」掲載の一月三一日付ガンベッタ内務大臣命令では、植民地を除き七五〇名とする。
47 出典未確認。
48 八日付「le Figaro」引用の五日付独紙「la Gazette universelle de l' Allemagne du Nord」の記事。
49 パリは曇り。
50 一〇日付「le Temps」。
51 八日付官報掲載記事。
52 五日付「le Temps」引用のロシュフォールの「le Mot d'ordre」掲載のガンベッタ、クレミュー、グレ・ビゾワン、フーリション連名の一月三一日付命令が帝政下の大臣、上院議員等であった者の被選挙権がないとした。
53 四日付国防政府令（五日付官報）で上記一月三一日付派遣部令を取り消した。
54 ブルボン家を指す。
55 パリは雨。
56 一〇日付官報。
57 九日付官報掲載の八日付パリ市庁命令。ただし、半キログラム四七サンチームの公定価格は維持された。
58 出典未確認。
59 一行は、大山弥助、大原令之助（以上薩摩）、品川弥二郎、有地品之丞（以上長門）、林有造（土佐）、池田弥市、松村文亮（以上肥前）である（『漫遊日誌』）。
60 パリは、晴天。視察使一行を城外に案内した。
61 一一日付官報。
62 一二日付官報は、印刷時刻までに八日の投票の開票を終えた区がなく、指定された一一日の時間に開票総点検が始まるかは疑わしい旨記載する。
63 パリは、曇。視察使一行と留学生一同記念撮影。
64 出典不明であるが、一二日付「le Figaro」は、六区の開票結果として、ヴィクトル＝ユゴー（一万三八二票）エドガー＝キネ（一万二〇五票）、ルイ＝ブラン（一万一九二票）とする。候補者は、複数選挙区から立候補できた。
65 出典未確認。
66 八日付官報。
67 パリは、曇霧。
68 出典未確認。
69 一三日付官報が前日夕刻までに報告があったとして掲

載したのは四八県であり、このうちセーヌ県の開票は、まだ終わっていない。
70 出典未確認。パスツールは、選出されていない。
71 パリは、曇霧。
72 メッスでバゼイヌ元帥とともに独軍捕虜となった将軍、休戦により帰国。
73 実際は、二県である。
74 パリは、曇。
75 正式には、セーヌ県選出である。
76 一五日付官報掲載。
77 パリは、曇。視察使一行と産業館視察。
78 一六日付官報。
79 パリは、晴。
80 一六日付官報。
81 一八日付「le Temps」。
82 パリは、晴。視察使一行と大砲製造所、パン工場視察。
83 一七日付官報掲載「一八七一年一月二八日付休戦協定の追加条項」。
84 一八日付官報。
85 パリは、晴。
86 一九日付「le Gaulois」。ただし、数が合わない。
87 一九日付「le Temps」引用の一六日付イギリス紙「the Standard」。
88 出典未確認。

巻の八

西暦一八七一年二月二〇日（和暦明治四年辛未正月二日）

二月二〇日[1]

国防政府派遣部所在地ボルドーで七五五名の議員が会議し、さらにティエール氏を立て、昨日、仏国共和政府の大統領職に選出した。[2]このティエール氏は、一八四〇年頃（即ち今から三〇年前、仏国王ルイ一八世の後のルイ・フィリップ王の首相であり、この時パリの大円形城郭や城郭外の一七要塞を新たに築造させた人である）、[3]彼は、今日の仏国の老練の人材の一人であり、非常に人望がある。

国防政府大統領トロシュウ将軍が昨日、その職を辞した（ボルドーの国民議会でティエール氏を大統領に選挙したためである）。

今日、共和政府の閣僚が決定した。[4]その名は、大統領ティエール氏、司法大臣デュフォール氏、外務大臣ジュル＝ファーヴル氏、内務大臣ピカール氏、文部大臣シモン氏、公共事業大臣ド・ラルシー氏、商農大臣ランブレッシュ氏、軍務大臣ル・フロー将軍、海軍大臣ポチュオー提督、財務大臣（後にボルドーに来る議員に留保）。[5]

二月二一日[6]

市中に発表した二月一五日付国民衛兵宛命令。[7]

その労務以外に資力がなく、かつ、その申請がある国民衛兵に日当一フラン五〇サンチームを支給するとの去る九月一二日付命令とその国民衛兵の妻に一日当たり援助金七五サンチーム（この七五サンチームは、一フランの四分の三をいう）を支給するとの去る一一月二八日付命令により、また、中隊の人員の重要な変化と仕事の徐々の回復による定期的なリストの見直しの必要性にかんがみ、現在、一フラン五〇サンチームの日当を受け、今後もそれを必要とする国民衛兵は、資力や仕事の不足を証明し、氏名、年齢、現住所、籠城前の住所と職業を書いた書面を、この命令発令の日から一〇日以内に提出することとし、また、七五サンチームの援助金を受けている国民衛兵の妻についても同様とする。財務大臣と内務大臣がそれぞれの所掌に応じ、この命令を実施する。

二月二二日[8]

今日、市内で変わったことはなかった。

昨日、将軍トロシュウ氏が大統領邸を去り、以前住んでいたリール街の家に移った。これは、このたび、大統領職を解かれ、以前の軍職の将軍に戻ったからである。そこで、トロシュウ氏のことは、今日で終わる。トロシュウ氏は、以前八月下旬、パリ総督職の尊称を得てパリ城に入り、その後九月四日、共和政府の大統領職を兼務したので、地位では全国でトロシュウ氏の右に出る者はなかった。政府の政策、野戦の謀略、皆その胸中に任されていた。しかし、パリ籠城以来、一月二八日に講和を求めるに至るまでの全五ヵ月間、ついに一度も奮戦し、防衛の手段を尽くした痕跡を見ない。その器が大いにその職務にふさわしくないというべきではないか。

新聞の付録に造兵局記録簿[9]として、パリの籠城が始まった去る九月一九日から一月二七日までの一三二日間にパリ市内の器械所で大砲の砲弾二五万発、二五連砲と三八連砲（ミトライユーズという）の小砲弾一〇〇万発余りを製造したと記す。

二月二三日[10]

和平交渉では、休戦の約束は、初め一月二八日の協定三週間（二一日間）である。その後二月一五日、再び交渉が成立し、その期限を五日間延期し、二月二四日正午一二時までとなった。昨日、またさらに二日の延期の約束をし、合計四週間二八日間で、来る二六日正午一二時までとした。[11]このたび仏全国の諸地方から選挙された議員がボルドーに集まり、日々、会議を開き討論するが、議論が一定せず、延期の約束がこのように再三に及ぶ。

今日の市内の状況は、どよめき騒がしく、民衆は耳をそばだてて、その議論を聞こうとする。世論は、また、喧しい。

二月二四日[12]

今日、市内では依然として変わったことはない。

一昨二二日午後一時、ティエール大統領がヴェルサイユに行き、ビスマルク普首相と数時間交渉し、夜七時パリ城に帰り、外務省に入った。同夜八時から政府の一五人委員会が開かれ、明け方二時に終わった。[13]

本二四日午後一二時半、ティエール氏が再びヴェルサイユに行き、ビスマルク首相と数時間、交渉し、夕方帰途についたという。

二月二五日[14]

昨日午後からティエールとファーヴル両氏がヴェルサイユに入り、ビスマルク氏と数時間、交渉し、日が暮れて二名が帰途についた。このところの交渉で講和を図るが、その交渉の実情を人は全くうかがい知ることができなかった。

パリ市内は平穏無事である。

二月二六日[15]

昨日午後、ティエール大統領と外務大臣の両名がヴェルサイユでビスマルク普国首相と数時間交渉し、夜パリに帰った。[16]

今朝からティエールとファーヴル両氏がヴェルサイユ城に行き、普軍の本陣に留まり、数時間談判する。

今日、講和条約が決まるだろうという。しかし、民衆はその内容を推測できない。市民はただ耳をそばだて、騒がしく議論する。

二月二七日[17]

ピカール内務大臣からパリ市内への二六日付発表文。[18]

暫定休戦条約が本日署名され、国民議会での投票に付される。新たな一五日間の休戦が深刻化していた戦争納付金と徴発を今から廃止させる。

あらゆる努力にもかかわらず、パリ市内のある地区に独軍の一部が入ることを防げなかった。

政府がパリを救おうとしたことは言うまでもない。独側は、ベルフォールを決定的に譲るなら、パリには、全く入らないと提案した。それに対しては、「パリの苦痛を癒すとすれば、その苦痛は、わが兵の抵抗に示された砦の一つを回復することに値するとの思いである」と言い返した。

そこでわれわれはパリ住民の愛国心に訴え、冷静に団結するようお願いする。

市内の人民は、普兵が入城するという約束を聞き、議論が騒がしく、市街は、平穏ではなかった。この夜、市街の様子を見ると、群衆が道を塞ぎ、喧しく議論していた。

二月二八日[19]

普兵の入城の取り決めの二六日付発表文。[20]

独軍の入城は、仏独軍当局の間で取り決められた。

この入場は、三月一日、水曜日、朝一〇時に行われる。

独軍は、コンコルド広場からテルヌ地区までのセーヌ川とフォーブル・サント・ノレ通りとの間の地域を占領する。入城の兵士の数は、三万名を超えない。暫定休戦条約の国民議会の批准後、直ちに撤兵する。交渉者を補助するため、議会から指名された委員会が明日ボルドーに出発し、議論がその後始まる。独軍は、その必要品を自ら調達し、徴発はしない。兵士はできるだけ国の建物に宿泊する。仏軍がセーヌ川左岸を占領する。独軍占領地域では誰も武器や制服を用いてはならない。

昨二七日、共和政府大統領、外務大臣、内務大臣が市内住民へ以下の宣言[21]をした。

政府は、諸氏の愛国心と賢さに訴える。パリと仏国自身の運命が諸氏の手中にある。それらを救うか、失うかは、諸氏にかかっている。英雄的抵抗ののち飢餓が諸氏に、勝ち誇る敵へ諸氏の要塞を引き渡させた。諸氏を救うべき軍もロワール川の向こうで止められた。この争いのない事実から政府も国民議会も和平交渉を始めざるをえなかった。この六日間、諸氏の交渉者が一つひとつ激しく議論した。彼らは、最も損害の少ない条件を得るようできるだけ丁寧に振る舞った。彼らが署名した暫定和平条約は、国民議会に提出される。この暫定和平条約を審査し、議論する間、休戦の延長がなければ、戦闘が再開され、血が無駄に流れるであろう。この延長は、独軍によるパリの一地区の部分的、かつ、極めて短時間の占領なしには得られなかった。この占領がシャンゼリゼ地区に限られ、三万名しかパリに入らず、極めて少ない日数しか要しない暫定和平条約の批准次第、撤退する。もしこの条約が守られなければ、休戦は終わる。敵は、既に要塞を占領し、力ずくで市全部を占領するだろう。今日条約で保護されている諸氏の財産、諸氏の傑作、諸氏の記念碑は、なくなるだろう。この不幸は全仏国に及ぶ。今、ロワール川の向こうには及んでいない、戦争の恐ろしい被害がピレネーにまで及ぶだろう。したがって、ことがパリや仏国の救済に関わるというのは、全く正しい。八ヵ月前にこんな不幸になる戦争をしないよう頼んだのに、われわれを信じようとしなかった者たちの過ちを真似してはならない。十分な勇気でパリを守った仏軍は、新たな休戦の誠実な履行を確保するため、セーヌ川左岸に留まる。国民衛兵は、市の他の地区の治安維持のため、軍と一致協力する。自らを誇りに思い、敵の前で勇敢な良き市民が影響力を回復し、今日の残酷な状況が平和と皆の繁栄が回復すれば止むことを願う。

パリ市内の諸新聞社が、今日、このたび普軍のパリ市内滞在中、諸新聞社が皆休業する旨声明した[22]。これは、罵られるという被害を避けるためという[23](今回休業する新聞社数は、四三社[24])。

明日、普兵がパリ市中に来るので、今日の市中の議論が煩わしかった。夜中、市街を出歩くと、人民が群れ集まり、議論が道に溢れていた。

三月一日[25](日本の正月一一日)

昨夜、市中各区の区長が三月一日朝一〇時、普兵のパリ入城までに、市内の住居、店舗は皆閉鎖するようなどと市中に壁書きした(考えるに、市内の人民の謹慎を表す意味ではないだろうか。その有様はまことに憐れむべきであると[26])。

私が今朝九時に出、普兵入城の様子を見ようとシャンゼリゼ通りに行くと、先陣の普騎兵歩兵が数千名、既にあちこちに満ち溢れ、各々その位置につき、警備が非常に注意深く静かだった。

前後四方の街の通りは、数名の騎兵が警備し、騎馬の士官が数名往復し、巡邏《じゅんら》した。その威武は、堂々とし、街の通りが震える様子であった。

コンコルド広場に安置してある諸銅像は、全て黒い布でその顔を覆っていた。おそらく、仏国の軍、政府と全国の人民の深い謹慎を表す意味であろう。

今、普軍が占領する場所の境界外の周りの市街の通りは、全て砲兵隊の輸送車でその出入口を塞ぎ、通行を断ち、内側を仏兵数十名が警備する。また、市中のあちこちの大通りや小道を含め、その界隈の全てに数十名の国民衛兵隊を置き、警備した。その備えは、非常に厳しい。これは他でもない。パリ市内にいる強暴で過激な者[27]が、怒りを抑えられず、普軍に向け、暴動することを恐れ、深く警備するためである。

昨日以来、市中の各所で人民が集まり、議論し、明日、入城した普兵を不意に襲撃し、宿怨を晴らそうと、後先も弁えない狂った者たちが密かに混乱を企てるという。このため、今朝から政府がその狂った者たちの行動に大いに備え、厳重に防備したと思われる。

パリ市内に強暴な過激派が多く、前から籠城中時々市内を攪乱し、内乱を起こそうとし、城塀の外に敵が迫ることも無視し、政府の建物を砲撃し、その公務員を殺した。その狂暴さは、既にこの様子で、まして今日、仇敵が眼前で鼓を鳴らし、入城するのをこの愚かな狂人たちが傍観できるわけがない。その実情は、憐れむべきで、また嘆かわしい。

私が市内を巡回してみると、どの通りも皆店の扉を閉ざし、行動を慎み、市中は非常に静かで物寂しく、私ですらこれを見て、密かに涙を拭った。ましてパリの責任者は、なおさらである。今日市内の有様は、実に長い歴史の中の大恥で、その状態は、筆舌に尽くせない。憤りや嘆きは、無駄な長い溜息に沈むだけである。

普軍のパリ入城を決めるに当たり、ビスマルク普首相がさらに一条項を設け、パリ入城に際し、市内歩、騎、砲三軍の総督、ヴィノワ将軍に一万丁の小銃を与え、市内の兵士にこれを持たせることを許す（この兵士は、例の軍律上の捕虜であり、以前にその兵器を没収されたが、このたび普兵が入城し、駐留する間、市内を取り締るためである）と言った。[28]しかし、もしパリ入城の普兵に向け弾丸を一発でも発射すれば、直ちにその兵を返し、直ちに周囲の要塞から一斉に市内に砲撃するだろう、など（その条件が厳しく酷いのでパリ市民は、皆恐れ、震えた。そこで、市内の将校は、規律をよく定め、市民を抑え、その暴動を防ぐことに、真剣に尽力した。ビスマルク氏の雄大な考えがわかるだけである）。考えると、今回の普兵のパリ入城の条項は、最初から休戦中に望んだのではない。しかし、休戦の期限が最初、二月一九日だったのが、仏国が平和条約の決議にぐずぐずして、決まらなかった。なお五日の延期を求め、再び二日延ばし、二六日になり、さらに一五日の延期を求めたので、普兵入城が約束された。これは、その形勢を切迫させ、早くその決議をさせようと計ったからだろう。なぜかというと、今、市内の人民は、普国人を当然恨みのある敵や仇のように見て、常にその肉を食おうとするかのように、密かに復讐しようとする。そのため、政府は、夜、急に反乱が起き、たちまち国に大きな災いとなり、また賠償を要する損害が生じることを恐れ、なるべく早く普兵を市内から出ていかせようとしたのだろう。これは、普国首相がよくその事情を理解し、自然に条約承認の期日が迫るような策を執ったのであろう。今日、パリ周囲の全一七要塞は、普軍が占領し、加えて、市内の大砲の大多数を取り上げた。今、パリの有様は、まるで手足を縛られ、大きな鋭い剣を胸元に突き付けられた赤ん坊のようだ。叫ぶことも動くこともできない。その状況も、また、言うに忍びない。

三月二日[29]

昨夜以来、市内は、平穏無事である。しかも、新聞は、昨朝以来、手に入らない。政府が公布する新聞[30]だけが依然発行される。私はその後、市街を一回りし、市内の状況を見たが、政府からの壁書きが所々にあった。

ボルドー出張のジュル＝シモン大臣から三月一日夜七時発信のパリのジュル＝ファーヴル外務大臣宛の一文書[31]が発表された。その文では、昨日ボルドーで諸議員が集まり、皆で討論し、ついに夜になり、投票を終え、その賛否が五四六名対一〇七名で、決議が成立した。これでつまり講和条約が批准された。なお、その状況は、数時間内にまた通報する[32]という、など。

三月一日夜七時三五分ボルドー発の別の壁書き[33]では、条約を批准したので、明二日朝、外務大臣がヴェルサイユ城の普軍本陣に行き、速やかな普兵の市内からの退去を交渉する、など。

暫定講和条約（この条約は、去る二六日ヴェルサイユ城の普軍本陣で署名した。そして昨三月一日政府派遣部所在のボルドーで全国の議員が会議し、決定したので、今日これを公開した）。

和平交渉会議の席

西方の座

仏国を代表し、ティエール大統領、ファーヴル外務大臣。

東方の座

独帝国・同盟王国を代表し、独帝国　ビスマルク首相、バイェルン国　ブライ・シュタインブルク国務大臣・外務大臣、ヴュルテンベルグ王国　ヴェヒテル外務大臣、バーデン大公国　ヨリー国務大臣・閣僚会議議長。

講和条約一〇ヵ条

第一条　仏国は、独国のために、以下に規定する国境の東に位置する領土（アルザス地方と一部のロレーヌ地方でその人口が一六一万六七七八名の地域を指すが、説明を省略）の全ての権利を放棄する。これに反し、ベルフォール市とその要塞は、後に定める半径内の地とともに、仏国に留まる。

第二条　仏国は、独皇帝に五〇億フランの額を払う。少なくとも一〇億フランの支払いは、一八七一年中に行われ、残余の支払は、本条約の批准後三年以内に行われる。

第三条　独軍が占領した仏領土からの撤兵は、ボルドーにある国民議会による本条約の批准後に始まる。その批准後独軍は、直ちにパリ市内とセーヌ川左岸の要塞から、また、両国軍事当局の協定で定められるごく短期間に、カルヴァドスなど諸県全域、さらにセーヌ・アンフェリエールなど諸県からセーヌ川左岸まで撤兵する。同時に仏軍は、ロワール川の後方に引き下がり、確定講和条約署名の前には、越えないが、この措置は、四万名を越えないパリ守備隊と要塞の安全に不可欠の守備隊には適用されない。セーヌ川右岸と東部国境の間の諸県からの独軍の撤兵は、確定講和条約の署名後、かつ、二条に定める最初の五億フランの負担金の支払い後に、徐々に行われる。負担金二〇億フラン支払い後は、独軍は、残額三〇億フランの担保となるマルヌ、アルデンヌ、オート・マルヌ、ミューズ、ヴォージュ、ムールトの諸県とベルフォール要塞とその属地しか占領せず、その兵は、五〇万名を超えない。独皇帝陛下は、この領土による担保を仏政府が独皇帝陛下により独国の利益に適うと認められる条件で申し出る財政的担保に代える用意がある。三〇億フランの支払いの繰延べには、本条約批准時から年利五パーセントが付く。

第四条　独軍は、占領地域において貨幣であれ、現物であれ、徴発を控える。しかし、仏国に留まる独軍の食糧支給は、独軍経理部との協力により、仏政府の負担で行われる。

第五条　仏国が譲る土地の住民の利益は、その商業と民事上の権利全てにつき、確定講和条約で定めるところにより、できるだけ尊重される。このため、彼らがその産品の流通に特別の便宜を享受できるある期間が設けられる。独政府は、譲られた土地の住民の自由な移住を妨げず、その土地の住民の身体や財産を損なう措置を何らとらない。

第六条　これまで交換により釈放されなかった捕虜は、この暫定講和条約の批准後、直ちに送還される。仏捕虜の送還を早めるため、仏政府は、独国内で独当局に特別協定により定められる措置により仏政府が仏国内の軍事輸送に支払う値段で、その鉄道資材の一部を提供する。

第七条　本暫定講和条約を基に締結される確定講和条約の交渉は、この暫定条約の国民議会と独皇帝陛下の批准後にブリュッセルで開始される。

第八条　確定講和条約の締結と批准の後、独軍占領下の諸県の行政は、仏政府に返還される。ただし、仏政府は、軍の治安、維持と配置のために独軍司令官が下す命令に従わなければならない。占領された諸県では、税の徴収は、本条約の批准後は、仏国の勘定として、その職員により行われる。

第九条　本条約が独の現に占領していない領土の部分につき、独軍当局に何の権利も与えないことは、よく了解される。

第一〇条　本条約は、直ちにボルドー所在の国民議会と独皇帝陛下に批准のため、提出される。

上記により下記署名者は、本暫定和平条約に署名し、印璽を押す。

一八七一年二月二六日　仏国ヴェルサイユ城において、

仏国大臣　ティエール氏、ファーヴル氏

普国首相　ビスマルク氏

バイェルンとヴュルテンブルク両王国とバーデン大公国は、普国の同盟国として現戦争に参戦し、今や独帝国の一部となったので、下記署名者は、それぞれの君主の名において本条約に従う。
上記三国大臣　ブライ・シュタインブルク伯、ヴェヒテル男爵、ミットナハト、ヨリー
三月三日[34]
この朝、一〇時、普軍が全てパリ城を退去した。これは昨朝、講和条約が成立したからである。この午後、パリ市内に独兵は一名も残らず、全て凱旋した。
パリ市セーヌ川左岸の諸要塞は、今日全て明け渡し、仏軍当局に戻された。[35]
普軍が一昨日の一日朝、パリ入城以来、市中の家々はその門を閉じ、嘆き悲しみ、心を痛めていた。しかし、今朝から市中の店は、全て以前の状況に戻り、民衆が初めてほっとした顔をする。
昨二日午後、普軍士官がパリの王城に行き、ルーヴル宮殿とチュイルリー宮殿に入った。銃器を携えることは禁じられている。王城、宮殿を一周巡見し、少しの時間で去った。これもつまり、パリ入城に関する条約中の一件だという。[36]
仏国が現在、失った人口は、バ・ラン県で五八万八九七〇名、オ・ラン県で五二万二八五名、モゼルのメッスで一六万名、モゼル県ザルゲミンで、一八万一八七六名、モゼル県ティオンヴィルで八万四〇〇〇名、ムールト県ザルブールで七万一〇一九名、ムールト県シャトウ・サランで六万六二六名、合計一六一万六七七八名である。[37] これがこのたび独国に所属する土地に住む人口である。以前、仏国は、墺、伊両国に勝ち、その土地を分割し、仏国の領土に入れた。その全人口が六七万三八五七名という。また、一八七〇年春の調査で仏国の人口が三八〇〇万名に上ると記録したが、今は、一六一万名余り減少した。しかし、条約で独所属となる土地の人民で、仏国の戸籍に入りたいと望み、その地を去ろうとする者を独帝は、あえて拒まないという。そこで、その土地の減少が確定するが、その人口の減少は、まだ確定できない。
この夜からパリ市中の道路のガス灯が以前に戻り、人々はその灯りを見て安心した。しかし、まだ家の中で灯りを使うことは許されず、明晩から許されるだろうという噂である。今回、市内にガス灯を点けなかったの

は、去年の一一月三〇日から約一〇〇日に及ぶ。

三月四日[38]

昨夕、政府が市中に発表した文[39]では、この二、三日、普軍パリ入城の際には、市内の人民はよく耐え忍び、非常な謹慎を示した。これは、実に国家を重んじるためであったという。

露国のサンクト・ペテルブルクの新聞に、去る二月二七日、独帝が謝礼の電報をロシア帝に送ったとある[40]。その文は、普仏両国間の講和条約一〇個条の項目を載せた上で、「かくして例を見ない軽率さとして始めさせられたこの光栄ある、血塗られた戦争も終わるに至った。戦争が極端な規模に至らなかったことが貴方のお陰であることを普国は忘れまい。貴方に神の恵みあることを。生涯貴方に感謝する貴方の友より。ヴィルヘルム」とある。

同日、露帝が次の返電を出した[41]。貴方からの暫定講和条約の通知に感謝する。貴方の喜びを分かち合おう。神が持続する平和を来させるよう祈る。私は、貴方が私の献身の友として、私の同情に副われたことを喜ぶ。われわれを結ぶ友好が両国の幸運と栄光を確かなものとするように。

三月五日[42]

仏国の大統領が英国への謝礼の書面[43]で述べた。このたびパリ開城後、貴国の厚い恩恵が深く、わが人民に懇情を尽くし、とくに貴国の市民や会社が厚情を注ぎ、わが国の飢餓の貧民を助けた。仏国は、永く貴国に対し、この厚情を忘れまい。貴国政府の方々に、今私がご厚意を深く感謝することを直ちに貴国民に伝えて頂くようお願いする、など。

三月六日[44]

ヴィルヘルム独帝がヴェルサイユ城から馬車で出、独国に凱旋した[45]。その様子が聳えるように堂々としていたという[46]。

去る二月二六日、仏国のナントとレンヌの間にあるブスレとフージェレイ・ランゴンの間で蒸気列車が衝突し、破壊したとの報道[47]があった。その文では、二月二六日夕五時半、蒸気車がルドン市を出発し、同夕六時一分、ブスレとフージェレイ・ランゴン両駅の間で、最大の速力で進んでいた二列車が急に衝突し、双方とも壊れた。その猛烈な作用の恐るべき結果は、たとえようもなく、双方の二機関車が微塵となって散乱し、引いていた八両の客車は、全て破砕し、また馬を乗せた貨車もみな破壊され、まるで一つの部屋のようであった。また二列車を繋ぐ鉄の鎖が全て壊れ、二〇歩の範囲よりも外に飛散した。二列車中で、即死九名、うち大砲隊四名、国民衛兵隊三名、蒸気車機関士一名と運転手一名である。その運転手は、全身が焼け爛れ、皮膚が剝離して亡くなったという。その有様は、まことに恐ろしい。下の貨車の馬数頭が死んだり、傷を負った。ほかの客車の旅行者は幸い死を免れたという。今夜、近くの鉄道会社が大きな車一両を出し、助けに来た。同夜二時、乗っていた旅行者がその危難を逃れ、市中に来たという。

欧州各国が蒸気機関車を作り出してから鉄道の事故に遭い、不慮の死を遂げる者は毎年数百名に及ぶ。そのため、鉄道の危難を避けるため、蒸気機関車の前進後退出発の規則がますます厳密になり、運転する時は、このような衝突の災害はないはずである。しかし、それができず、たびたび危難の報告がある。蒸気機関車の利用のお陰は、何にも勝るといっても、その災害もまた恐ろしい。

三月七日[48]

前に普軍が捕えた仏捕虜を今仏国が受け取るために、独北海から船舶で送るという。[49]

今夜、私が仏国人口当たりの今度の賠償金額を試算した。一八七〇年の調査で、その人口は三八〇〇万名に上るという。今度独国に属する境界の二地方を外すと、その人口は一六一万六七七八名減少する。そして戦争中に死んだ者は約三〇万名余りである。すると、残る人口は約三六〇〇万名である。今この人口に賠償金の五〇億フランを配分すると、一名につき約一九〇フラン[50]であり、これは全国の老若男女赤子までもこの人数に含む。加えて休戦中の賠償金が二億フランである。これら合計額が五二億フランである。その額もまた大きい。

三月八日[51]

昨朝七時半、普軍がパリ城外セーヌ川左岸のモン・ヴァレリアン、ヴァンヴ、イシー、モンルージュ、ビセートル、イヴリーなどの六要塞を明け渡し、仏軍に返した。また、セーヌ川右岸の一〇要塞は、一億フラン収納の日に返すという。[52]

仏国の戦費は、去年七月一四日の開戦の日から一月二八日のパリ開城の日まで三〇億フラン、仏国の敗戦による賠償金が五〇億フラン、一年半の歳入不足が一〇億フランとなり、その戦争による費用は、九〇億フランに上るという。[53]費用もまた大きい。仏国の一ヵ年の歳入額は、約一八億四一〇〇万フランであるという。[54]それならば、仏国は、今から五ヵ年の歳入を全て投入しなければ、この失費を償えない。また戦争中に仏全国で費やした金額は、計り知れない。そうなると仏国は、一〇年間疲弊するだろう。

三月九日[55]

軍法会議[56]。去年一〇月三一日（つまり籠城中である）パリ市内の市民が激動して、政府のある市庁舎に乱入し、政府の様々な役職員を閉じ込め、その権利を略奪し、市中に偽の命令を出し、反乱を企て、内部を攪乱しようとした。その時、兵隊を突入させ、これを制圧し、その首謀者を捕えたが、今日その尋問となった。[57]仏国の法では、市民の尋問裁判の類は、政府の裁判所が行うが、籠城中は、全て軍の命令に従い、軍法会議が司る。そこで、このたびレスピオー大佐が、裁判で責任を明らかにする職務を命じられ、たびたび裁判を行った。今日、その首謀者の尋問をするということを聞き、私は午後、この軍法会議に行き、その尋問の状況を見た。今日尋問する犯罪者は六名である。正面に高い席が一つあり、中央に大きな机が一つある。正面にレスピオー大佐が座り、次に中佐、少佐、軍曹、中尉、少尉たちである。この時、右側の席に一つ机を設け、ここに三名の検事役の士官がいた。また左の席にも机を置き、弁護担当士官一名および他に弁護人が二、三名並んでいた。次に、一段降りた中央に犯罪者が並んで座り、その左右には裁判所の警衛兵士が座り、二名の兵士が左右にいて、それぞれ小銃を持ち、護衛し、この下の席の左右にまた机一つを置き、聞き書きをする速記官三、四名が代わる代わる席に着いた。次に、傍聴の男女が多数その後方に着席した。私もその中にいて聴いていたが、尋問応答の間の言葉は非常に冷静で、討論は極めて厳密であった。速記官は、その問答を全て記載した。これら犯罪者の全ての尋問が終わると、数名の証人が出て、当日の事情や状態を述べた。ここで再び尋問が始まった。私は、夕暮れ、その役所を出て帰路に向かったが、まだ、その尋問は終わっていなかった。この判決は、明日になった。私は、ここでこの役所を出て帰宅した。

今日に至り、パリ市内は平静で変わったことはなかった。新聞を見ると、このたび仏国陸軍大兵学校の規律を改正し、新しい規則を制定し、この学校をサンシール校と名付けるという[58]。

訳註

1 パリは、晴。

2 正確には、「大統領」でなく「閣僚会議議長」であるが、原文に従い、「大統領」とする。

3 二月二〇日付官報。

4 二一日付官報。

5 二七日付でプィエ・クルティィエを任命（二八日付官報）。

6 パリは、晴。視察使一行とヴァンセンヌまで視察。

7 二〇日付官報。

8 パリは、晴。正元、視察使一行に同行し、ヴェルサイユ泊り。

9 出典未確認。

10 パリは、曇。視察使一行とサン・ドニで別れの宴。

11 二二日付官報は、二月二一日に二六日までの延期が合意されたとする。

12 パリは、晴。

13 二五日付「le Temps」引用の「la Moniteur universel」。翌二六日付「le Temps」引用の「la Moniteur universel」、普軍のパリ入城が問題となったとする。

14 パリは、晴。

15 パリは、曇。

16 二七日付「le Temps」引用の二六日付「la Presse」は、ティエールがファーヴルとともに二五日、午後一時にヴェルサイユに行ったが、夜一〇時半過ぎパリに帰還し、予定の一五人委員会との会議が翌日に持ち越されたとする。

17 パリは、晴。

18 二七日付官報。

19 パリは、曇。

20 右記官報。

21 二八日付官報。

22　二月二八日付「le Figaro」、三月一日付「le Temps」などに掲載。掲載紙により日付が異なるのは、夕刊（「le Temps」など）は、翌日の日付で発行される（「le Temps」の後継紙「le Monde」もそうである）ためと思われる。

23　上記「le Figaro」記事では、前日（二七日）、弔意を表すために休刊したとし、共同声明は、新聞社相談の上の自発的な休刊であると説明した上、同声明文では、市民に冷静さと尊厳を保つよう呼びかけ、独軍占領中の休刊とすることから、占領への抗議の休刊と思われる。

24　同共同声明文記載新聞は、「l' Opinion nationale」「le Rappel」「Journal des débats」「le Charivari」「le Journal de Paris」「la France」「le Pays」「le Figaro」「le Siècle」「le Soir」「la Presse」「la Cloche」「le Mot d' ordre」「le Droit」「le Constitutionnel」「le National」「l' Avenir liberal」「le Messager de Paris」「Gazette de France」「Echo de commerce」「le Moniteur de l' Agriculture」「l' Universe」「la Mercuriale des Halles et Marchés」「Paris-Journal」「le Gaulois」「la Liberté」「le Vengeur」「le Temps」「la Vérité」「la Patrie」「l' Electeur libre」「l' Ami de la France」「la Gazette des Tribunaux」「le Cris du Peuple」「l' Avant-Garde」「France nouvelle」「le Petit journal」「la Petite presse」「le Moniteur universel」「le Petit moniteur」「le Français」「le Peuple français」「l' Avenir national」である。

25　パリは、晴。

26　出典未確認。ただし、再刊後の三月二、三、四日付「le Temps」は、「le Journal des débats」を引用し、刑事裁判所の審理が一週間延期され、ほぼ全ての商店が閉じ、その扉に「喪に服すため、閉店」と書かれていたとする。

27　上記「le Temps 」引用の「le Journal des débats」記事は、同二七、二八両日の一部国民衛兵部隊の示威行進、バリケード作りなどを報じ、二八日付官報は、ヴィノワ将軍の国民衛兵隊への平静な秩序維持の二七日付命令を掲載する。

28　出典未確認。

29　パリは、快晴。

30　官報のことである。

31　三月二日付官報。同官報は、午後六時五分発の皇帝廃位等を報告するものと同七時三五分の暫定講和条約の批准のみを報告するものを掲載する。

32　右記六時五分発の報告。

33　右記官報。暫定講和条約三条により独兵の即時退去を求めるもの。

34　パリは、晴。

35　後記八日付「le Siècle」は、七日に返還されたと報じる。

36　パリ市民はこの訪問に驚いたが、これは条約で約束され、記念物である、ルーヴル宮殿と廃兵院のみの丸腰、かつ、士官の誘導が条件であった。しかし、絵画等は事前に外される一方、独軍士官は騎乗し、武装した兵を従えていた（三月五日付「le Gaulois」）。

37 合計が一六六万六七七六名となるが、七日付「le Rappel」は、一八七一年国勢調査が得られない状況で、一八六六年のものによるとし、ほぼ同様の数字から、ベルフォールを除くアルザス、ロレーヌ両地方の人口を一六二万八一三二名とする。

38 パリは、晴。

39 四日付官報掲載のピカール内務大臣の宣言である。文末でパリが世界一流の都市の一つであり続けるようにする市民に期待して、感謝する旨述べる。

40 二、三、四日付「le Temps」引用の「le journal de Saint-Pétersbourg」。

41 上記「le Temps」。

42 パリは、晴。

43 出典未確認。

44 パリは、晴、宵に小雨ながら晴。

45 八日付「le Rappel」など。

46 出典未確認。

47 七日付「le Gaulois」引用の「le Journal de Redon」。ただし、その記事では、死者六名、負傷者二四名とする。

48 パリは、晴。

49 九日付「le Rappel」には、仏艦隊が仏捕虜を乗せるため、ハンブルグとブレーメンに向け出港する旨報じる。

50 計算上は、約一三九フランとなる。

51 パリは、晴。

52 八日付「le Siècle」。セーヌ川右岸からの撤退は、暫講和条約三条により五億フラン支払い後とされている。

53 三月五日付「le Journal des débats」。

54 出典未確認。

55 パリは、晴。

56 一〇日付「le Rappel」が軍法会議第三部とする。

57 上記「le Rappel」が被告一三名のうち六名が出廷し、ブランキとフルーランスが欠席した。一一日付同紙が翌日、七名が無罪放免、ブランキとフルーランスを扇動と不法監禁で有罪、死刑とする判決が宣告されたとする。

58 出典未確認。サンシールはヴェルサイユの隣町で普仏戦争中は、独軍が占領していた。

追補

〔訳者註　以下は、渡正元著『漫遊日誌』（田中隆二校訂、齋藤義朗翻刻、平成一二年三月、広島市立大学）からの普仏戦争およびパリ・コミューンに関する記事の抜粋の現代語訳である。〕

パリ市内の騒乱　西暦三月一八日。

このところ、パリ市内の国民衛兵が砲弾をモンマルトルに集め、蓄えていた。今朝、政府が軍を出し、これを接収しようとした。しかし、国民衛兵は、これらを抑え、従わなかった。そこで、大騒ぎとなり、双方が発砲し、それぞれに若干の死傷者が出た。国民衛兵隊司令官クレマン・トマ将軍とル・コント将軍は、国民衛兵に捕われ、集まった兵隊により射殺された。また某大尉も同じように国民衛兵に殺された。今日は、市内の騒ぎで周りが一度に大騒ぎとなった。この折を利用して、市民が仏国の体制に一大変革を加えようとした。そして、政府要人を全て殺害しようとした。このため、政府も動揺し、今夜密かにパリを離れ、ヴェルサイユに移り、ヴェルサイユを仮の政府所在地とした。市内が乱れ、大騒ぎである。

三月一九日（和暦二月二九日。以下同じ）快晴。

今日午後、写真館に行き、一同が座った写真を撮った。その顔ぶれは、上野、前島[1]、前田[2]と私、それから米国人一名、蘭人一名の全てで六名である。午後、蒸気車に乗り、サン・クルー城に行った。今夜、帰校が一一時であった。

今日の市内の騒動について。

昨夜、政府がパリを脱走し、ヴェルサイユにその機関を移した。このため、市内の人民が新たに役員を選び、パリ市内に仮政府を置いた。これを中央委員会[3]と呼ぶ。その人数は全て三五名である。[4]これらの人々が協力し、ヴェルサイユの政府に抵抗し、さらに、自らの政府閣僚を選び、政府を一変改革しようと企てる。[5]パリ市内の兵隊が全て立ち退き、ヴェルサイユを守り、その四方の城郭外に陣を張り、国民衛兵からの襲撃や暴動に備える。パリ市内の街中での動揺や騒ぎは、言うまでもない。今、パリ市内で市民が従い、市内を監督するのは、この中央委員会の人々である。今日、これが市内の権力全てを掌握する。また、ヴェルサイユの政府がパリ市内を脱走した後、ボルドーの国民議会の諸議員も一緒にヴェルサイユに集合し、暫く、ここに機関を置き、仏全国の政治の全てを担うことになる。今日、仏国には、パリ市内外に二つの政府があるような状況で、そして、市内の人民が大いにその戦闘の準備をし、政府の閣僚を駆逐しようとする。パリ市内の所々でバリケードを築き、戦いに備えている。市内が大きく動揺する。

三月二一日（和暦二月一日）快晴。

今日は、在室した。前島がロンドンに出発するので、今夕、送別のためにその泊まっている旅館に行った。西氏が同行した。

市内騒動の様子。

今日午後、市内ヴァンドーム広場で市内両派の市民が群れ集まり、討論し、激しい騒動となり、双方が発砲した。市街が動揺し、死者が一四、五名、負傷者が全てで六〇名余りという。街中が大変な騒ぎで、混乱する。今夜、市街を歩き回り、様子を見ると、路上では、人民が群れ集まり、いろいろな議論が沸騰し、非常に騒がしい。

三月二二日（二月二日）晴。

今日は、在室し、外出しなかった。

昨日、パリ城外セーヌ川右岸の諸要塞に陣取る独軍司令官から、パリ市内の中央委員会の役員一同に一書を送り、このところパリ市内に騒動があり、市民が激動し、市内を変革しようとすると聴く。わが軍は、今、パリ市の右岸諸要塞にあり、もし、市内の人民が先に結ばれた条約に違反し、わが軍に敵対する意向があるならば、速やかに旗印を掲げ、攻撃してくるべきであると伝えた[6]。市内の中央委員会の役員一同からの返事では、わがパリ市民は、今回、本国を改革で一新しようとするが、かねてから独軍に対し、敵対する積もりはない。また、われわれも今さら、あの講和条約に少しでも違反する積もりはないなどと述べた[7]。今日、仏中での独国の武威が轟き、恐れ震えさせていることがただ、わかる。

三月二三日（二月三日）晴。

今日、午後、上野の泊まっているホテルに行き、別れを告げ、別れた。今夜、同氏、市内を離れるためである。今夜、市中を歩き回り、様子を見ると議論がいろいろ非常にうるさい。

三月二四日（二月四日）晴。

今日は、在室し、外出しなかった。今夜、市中を一通り回ったが、変わったことは見なかった。パリ市内は、依然同様である。

三月二五日（二月五日）晴。

今日は、在室した。今夜、市街を歩き回り、様子を見ると、市中の群集の評論や議論する様子は、非常に騒がしい。

三月二六日（二月六日）晴。

今朝、八時に蒸気車に乗り、レスピオー大佐の陣営に行った。このレスピオー氏は、今度のパリの騒動にその兵隊を引率し、出動し、ヴェルサイユ城外の原野に布陣していた。一昨日、私をその陣宮での昼食に招いた。そこで今朝、その陣中に行ったところ、そこには、二連隊、つまり、一師団の兵士が集結していた。今日の昼食には、レスピオー大佐と某中佐が一緒であった。午後、将軍その他の諸士官が数名来た。諸兵士を集め、徒競走をさせた。今日、私は、終日、この陣中に留まり、夕刻、ヴェルサイユ城まで行き、そこから蒸気車でパリに帰った。暮れ七時前であった。

三月二七日（二月七日）晴。

今日は、午前、在室し、午後、市街を一周し、市庁舎に行き、その様子を見ると、四方の道路の敷石を掘り起こし、バリケードを造り、数門の砲門を配置し、国民衛さい。

兵が群れ集まり、陣を布いていた。市内の議論は、うる

三月二八日（二月八日）晴。

昨夜より風吹く。今日は、日中、在室し、外出しなかった。今夕、西氏を同伴し、一書店に行った。

今日、パリ市で投票の会議[8]があり、中央委員会の構成員を選挙した。これを「コミューン」と言う。この選挙では、パリ市内の人口二〇〇万名から二万名につき一名の代表者を選んだ[9]。今日、市内の市庁舎の前で数発の祝砲を撃ち、市内にその響きを轟かせた。これは、つまり、市内にコミューンの諸代表を選出し、市内の政権を任せるという慶事を祝賀するためという。

三月二九日（二月九日）晴。

冷風烈にして一層の寒気を増す。今日は、在室した。午後、西氏を同伴し、再び書店に行った。夕刻、学校に戻った。今日も、市内は依然平静であった。

三月三〇日（二月一〇日）晴、冷風去らず。

今日、午後、前田を訪れる。時に西園寺望一郎[10]殿が昨日、パリに到着し、今日お会いした。帰路市街を歩き回ると、市中になお、群集を所々に見た。今日、市内は平静であるが、状況が大変逼迫し、戦いになろうとする勢いである。いろいろの議論がとてもうるさい。

三月三一日（二月一一日）曇。

昨今のパリ内外の情況が逼迫し、勢いがとても迫っている。ヴェルサイユの政府は、パリの各方面への鉄道を断ち、これを囲み、その食道を断とうとするという。蒸気車の出入は、北部のみである。ほかは禁止された。今朝以来、諸ポストへの郵便物の出し入れを一切禁止した。今日、午後、市街を一周したが、異状を見なかった。今日の黄昏に前田の家の門の前を通り、白国行きを知らせた。

白（白耳義・ベルギー）国行き。

四月一日（二月一二日）朝小雨ながら晴れ目である。

今日昼時に、パリ北駅の鉄道の蒸気車に乗り、白国に向かった。午後一時、蒸気車が出発し、夜半一時過ぎにリールに着いた（ここは、仏白国境である）。今夜、既に深更なので、蒸気車の出発時間に間に合わなかった。そこで、同市のホテルに入り、一泊した。夜半二時である。

四月二日（二月一三日）晴夕刻小雨ながら、晴。

今朝五時、ホテルを出てリールの鉄道駅に行き、五時半に蒸気車が同駅を発車し、九時半に白国のインゲルムンステル[11]のモンブラン[12]氏の居城に着いた。今日、終日、城中に滞留した。午後、現地を散歩した。

四月三日（二月一四日）曇。

今日モンブラン氏の城中に滞留した。午後この地の外を散策した。

仏国・パリ城の動乱。

今日パリの官報を見ると、昨夜以来、パリ市内の国民衛兵等がヴェルサイユを襲撃しようとパリ城外に出て[13]、ヴェルサイユ政府の兵と開戦した。今朝から戦いの状況が非常に激烈であると報じる。

パリ城一揆動乱。

去年秋、西暦九月三日、仏国のナポレオン帝が戦いに破れ、スダン城で降伏し、独軍のために虜となった。当日、その知らせを聞くと、たちまちパリ市内は、廃帝を宣言し、これに替えて共和制度を採用した。今春、正月二八日、パリ城の抗戦が尽き、城を開き、講和を求めた。その講和ができたのが三月三日である。その前に、籠城中パリ市内では、市民を集め、防戦の国民衛兵隊を編成した。その時、市内の国民衛兵が四五万名に及んだ。しかし、講和が成立した後、仏政府の閣僚らには、その共和制度が永くは続かないと見て、君主制に至ろうと密かに謀る気配があった[14]。しかし、パリの人民らには、当然、永く立君の制度を忌み、嫌い、連帯し、立ち上がり、民主、共和の制度を守り続けようとし、あくまで政府に抵抗し、主張を守ろうとした。密かに、大砲を小高い丘に集め、その反抗をしようとする気配があった。政府の腹の内は、当然、市内の人民が傲慢で制し難いことを知っていたため、先にその武器を取り上げ、その軍事力を奪い、後から、政策を次第に及ぼそうと企て、落ち着き、宥めて、その銃砲を取り上げようとした。しかし、国民衛兵らは、あえてこれに従わず、ますます抵抗の気配を示した。ここに至り、政府は、武力を用いなければ、成功しないと考え、三月一八日暁二時、若干の兵隊を率い、モンマルトルの丘の砲器を全て奪い、これを接収した。この勢いを見て、たちまち国民衛兵の反乱が起こり、待ち伏せし、これら兵器を奪い返し、戦おうとした。国民衛兵の勢力が迫るのを見た政府軍の隊長が直ちに命令し、その国民衛兵を駆逐しようとしたが、政府軍の兵隊が皆、小銃を逆さまに持ち、あえてその命令に従わず、[15]一揆を起こした国民衛兵も同僚の市民の上に射つ気持ちがないとの意思表示をした。このため、一揆側に加勢する者が多く、蟻の群れのようになり、全く同等の戦力となった。その日の朝の双方の発砲で、全死傷者は一〇〇余名となり、将軍二名、大尉一名、その他の士官が国民衛兵に射殺された。この勢いに乗じ、反乱軍が直ちに市庁舎を襲い、政府の各閣僚を追い出そうとした。当日のこの勢いに手向かいできないことを知り、政府の各閣僚が密かに、市庁舎から脱走し、パリを出、ヴェルサイユに入り、ここを仏政府の仮の場所と定めた。続いて、諸軍の将がその兵隊を率い、パリ市内を出、ヴェルサイユの周囲に陣取り、その国民衛兵の乱暴な襲撃に備えた。ここに至り、市内の一揆連中が新たに人員を選び、仮の政府を立て、諸々の役職を置いた。これを「中央委員会」という。ここからパリに籠城し、内外の攻守の戦いが始まった。

一八七一年四月三日（明治四年辛未二月一四日）

〔訳者註　正元は、この間、主として英国に滞在した。〕

五月二二日（四月四日）晴。

今朝、ロンドン駐在仏領事官某の館に行き、旅券・査証認証を入手した。帰路、鮫島の宿に行き、会話した後、別れを告げ去る。

五月二三日（四月五日）晴。

今朝七時、ロンドンのヴィクトリア駅から蒸気車に乗り、一〇時前、ドーヴァー港から乗船。午前、仏国の港カレーに着く。それから再び蒸気車に乗り、夕方五時過ぎ、アミアンに着き、直ちに宿に行き、今夜ここに一泊する。

五月二四日（四月六日）晴、暑。

今朝五時半アミアンから蒸気車に乗り、八時前サン・ドニに着く。

パリ城の接戦。

今日、終日、砲声が劇烈であるとの知らせを聞く。城中から黒煙が二ヵ所に立ち昇り、市内が大きく焼亡するのを見る。パリの四方の道路は、断たれ、入ることができず、今夜ここに泊まる。今日、サン・ドニの諸砲台をひととおり、見て回った。

五月二五日（四月七日）晴、暑。今日は、酷暑がとても酷い。

今日、サン・ドニに滞留する。今日、終日、パリ城中の黒煙が天を覆うを見る。昼夜、砲声が大いに轟き、辺りが震えた。このサン・ドニは、全て普兵のために占領されて警備が殊に厳しい。今日からヴェルサイユに通行する道を一切遮断し、その道を絶った。サン・ドニの中は、普軍が取り仕切り、その兵が市中に充満していた。

五月二六日（四月八日）今暁から雨が終日止まず、暑気を大きく減らす。

今日もなおサン・ドニに滞留した。パリの砲声が非常に激烈に響く。市内の黒煙が昼夜天に上がる。今夜、赤い煙が宿の窓を照らした。

五月二七日（四月九日）雨。

今朝から宿をサン・ドニの一学校に移す。昨夜からパリ市内の砲声が止み、今日は、聞こえなかった。市内の黒煙がなお三ヵ所から登るのを見た。

五月二八日（四月一〇日）曇。

昨夜、市内の砲声を全く聞かなかった。今朝、市内の黒煙が非常に減った。今日、新聞中に、今日までヴェルサイユ側で捕えた一揆の仲間の数が二万五〇〇〇名に上るとあった[16]。

五月二九日（四月一一日）晴。

今夕もなおパリ市内の焼亡の煙を見る。昨今、全く砲声がしない。また、変わったことも聞かない。

五月三〇日（四月一二日）晴。

今日、やっと、婦女子の類だけがパリ市内に入ることを許された。

五月三一日（四月一三日）晴。

今日も変わったことも聞かない。サン・ドニ滞在。

六月一日（四月一四日）晴。

今朝からパリへの道を開き、市内に入ることを許す。しかし、市内から出ることを許さない。今朝、八時、サン・ドニを出て、小馬車に乗り、パリ城内に戻り、学校に帰った。私は、パリ城内に入り、早速、西氏に会い、市内の動乱中の事情を聞いたところ、パリの留学生一同は、危険を避け、安全であることを聞き、お互いに喜んだ。今日午後、西氏と一緒に、西園寺、前田らの学校を訪れたが、留守で会えなかった。帰路、市内の町を歩き回り、その損壊や焼失の跡を見て回った。先の暴動中、途中で市内の暴徒に脅かされ、街中の敷石を上げて防壁を築くことを手伝い、漸く逃げ去ることができた。一つの奇妙な出来事であった。

六月四日（四月一七日）晴、日曜日。

今日午後、市街を歩き回る。パリの王城[17]はじめ、戦争中の事跡やその損害や焼失の跡を一通り、見て回った。夕方、学校に戻る。

六月二一日（五月九日）晴。

今日、在室し、他に行かない。今日、私は、普国ベルリンの新聞[18]を読み、先の戦闘中に普側が分捕った仏兵、大砲と軍旗は、捕虜が四四万五七六九名、大砲が五八一七門、軍旗が七九旒という。

六月二九日（五月一二日）晴。

今日パリ郊外ロン・シャンの野原において仏兵の観閲があった。私どもが行って見ると歩兵、騎兵、砲兵の隊列が殊に厳しく守られていた。その兵の数は、一二万名という。政府の各閣僚が出席した。総指揮は、総司令官マク・マオン元帥[19]であった。今日午後一時から夕五時半まで続いた[20]。今夕鮫島臨時代理パリ着。

七月一日（五月一四日）晴。

今日は、在校し、外出しなかった。今日、新聞を見ると、このたび、仏国政府がパリ市内に二〇億フランの借入れを公募した[21]が、昨日、財務大臣の一報告書に四八億フランが申し込まれたという。そのうち、二五億フランがパリ市内から、一二億フランが仏国の諸地方から、また一一億フランが外国からであった[22]。しかし政府は本来、二〇億フランを望み、直ちに余分を返した。

八月六日（七月二〇日）晴、日曜日。

今朝一〇時、パリ在留の本邦人が集まり、一同の集合写真を撮った。その人々は、鮫島、塩田、後藤、柏村、楢崎、戸次、堀江、西、栗本、飯塚、前田、新納、私らである。午後、西氏と連れ立ち、歩き回る。夕方、同氏の宿に行き、夜、話し合い、その宿に一泊した。

八月一六日（七月一日）晴、暑。

今日、私は、東京からの公式書面を得た。その内容。

「渡六之介

その方、これまで、仏国に留学していたが、今般、陸軍兵学寮生徒に加え、歩兵学科修業を命じるとともに、そのまま、留学するよう通知する。ただし、学費は、従来、当省から給付のとおりである。

辛未三月 兵部省」

上記公文書をパリで鮫島臨時代理に伝えられた上で拝受した。

同日の広島藩からの写し書。

「その藩の太田徳三郎および渡六之介は、これまで仏国に留学していたが、精励し、勉学も上達するので今般、陸軍兵学寮生徒に加え、太田徳三郎については、砲兵学科、渡六之介については、歩兵学科に入れ、そのまま仏国で修業させることとしたので、その旨を通知する。ただし、本文の趣旨を上記両人に通達されたい。

辛未三月二〇日　兵部省から広島藩へ」

藩からの通知書。

「渡六之介

その方は、自力での修業のため、仏国に留学中のところ、去る二〇日、兵部省から別紙写のとおり、ご通知があり、通知する。ただし、修業中、特に、謹慎勉励する費用を兵部省から下される。

辛未三月　広島藩印章」

私は、思いがけず、今日まで、このように勝手にしてきたが、朝廷の命令を頂き、精神がさらに改まり、これまで抱いてきた志をいつの日か果たし、ご奉公するよう、その責任がまた重くなった。これから一層の勉励、刻苦し、自分の身が倒れてから、勤めを辞めるだけの気持ちである。

八月一八日（七月三日）晴。

今日は、室にいた。

今日、新聞に[23]今、米合衆国の国民が三六五四万五九八七名で、うち三六五八万一六八〇名が白人種、四七万九三二三名が黒人種、六万三一九六名が支那在留の兵であり、日本人留学生が五五名、インド人が二万九七三三名という。私は、今、合衆国に留学する日本人の数を七〇名余りと聞く。そうすると、この五五名は、誤りではないか。

九月一日（七月一七日）晴、暑。

今日は、室にいた。

仏郵便切手の値上げ

今日から仏国の郵便切手（書簡を往復する値段の印）の値段を上げた。これまでパリ市内宛が一〇サンチームから一五サンチームに、諸地方に送る書簡が二〇サンチームから二五サンチームとなる。今度の戦争の賠償金が巨大な失費となったことが理由である。

九月二日（七月一八日）晴、暑。

新聞閲覧室内では、摂氏三三度半、華氏九一度。自分の部屋の寒暖計が摂氏二七度半、華氏八〇度半に上がる。

今日は、自室にいた。今朝、新聞[24]を見ると、日本政府が今般、普政府から八万挺の小銃を買い入れたとあった。そのうち三万七〇〇〇挺がシャスポー銃である。これは、スダン落城の日に分捕ったものという。今日、新聞閲覧室の寒暖計が華氏九一度、摂氏三三度半に上るという。これは、本年の極度であろう。

一〇月四日（八月二〇日）晴。

今朝、ミルマン氏の学校に入校した。ボンネー氏の学校を去った。

一〇月一七日（九月四日）晴。

今日は、自室にいた。

私は、以前、普仏戦争の事情の小歴史[25]を仏語で書き、それを今回、活版印刷し、一〇〇〇部の本が今日全部できあがった。

一〇月一八日（九月五日）晴。

今朝、小歴史五〇〇部を日本の東京に送り出した。そのため、今朝、ソシエテ・ジェネラル[26]に行った。

訳註

1　前日に着いた、上野啓介と前島密である。
2　前田正名　のち農商務次官。
3　三月一五日に組織された国民衛兵隊中央委員会のこと。
4　実際は三三名であった。
5　中央委員会による選挙発表には、「le Figaro」など新聞社がまとまり、抗議声明を出した。

6　三月二三日付コミューン側の出した官報（以下「コミューン官報」という）掲載のパリ市内の情勢が独軍に対し敵対的であれば、敵とみなす旨の二一日付コンピエーヌ所在独第三軍団司令部の警告。

7　上記官報掲載の中央委員会と外交担当者の二二日付返書でのパリで行われた革命がパリ市内部に関わり、独軍攻撃のものでは全くない旨弁明。

8　投票が二六日であり、これは開票点検の会議を意味する。

9　四月二二日付コミューン官報掲載の二一日付中央委員会命令。

10　西園寺公望。

11　ベルギー・西フランドル州にある市。

12　一八七〇年一〇月まで日本総領事であり、同年三月一四日正元に会った。

13　四月一二日付官報およびコミューン官報ともに、コミューン側からの出撃ではなく、ヴェルサイユ政府側の軍の鎮圧行動が始まったことを伝える。

14　上記コミューン官報には、政府が王党派、帝政派に扇動されている旨の主張を記載する。

15　三月二〇日付「le Figaro」。

16　五月二八日付官報掲載の二七日付政府発表文。

17　チュイルリー宮殿が五月二二日から二三日にコミューン側に放火された。

18　出典未確認。

19　マク・マオンは、解放され、ヴェルサイユ政府正規軍総司令官になった。

20　七月一日付「le Figaro」が整列した状況の図を示す。

21　六月二一日、議会で二〇億フラン借入公募法が採択された（二二日付官報）。

22　六月二九日付官報掲載の二八日の議会議事録の財務大臣の議場での報告であり、募集額を大きく上回る応募が愛国心の発露として受け止められた。

23　出典未確認。

24　同右。

25　R. Watari, Petite Histoire de la Guerre entre la France et la Prusse (Juillet 1870-Mars 1871)

26　銀行の名前。

ロンドン見聞略誌　現代語訳（『漫遊日誌』第一輯より）

〔訳者註　以下は、渡正元著『漫遊日誌』第一輯、一八頁以降に記載の『倫敦見聞略誌』の現代語訳である。著者が一八六九年一一月五日、ロンドンに到着し、翌一八七〇年三月三日、パリに向けて出立するまでの見聞の感想を述べたもので、著者がパリに入るまでに、英国の生活習慣などについて、どのような見方をしていたかを知る意味で、参考になるので、現代語訳したものである。〕

英国は、三島からなる一国である。いわゆるイングランド、スコットランドとアイルランドの三島である。ロンドンは、その首府でイングランド島の東南、北緯五一度半にある。ロンドンは、東西四里、南北二里余りの都市で、市街が栄え、人家が稠密で、大通りや小道があちこちに走り、高層の建物が連綿と続き、欧州第一の美麗、繁華な都市である。人口は、三〇〇万名である。このロンドン市を東西に横断する大河があり、テームズという。ここに一〇の橋がかかり、鉄橋または石橋である。河下に「ロンドン橋」がある。その下に英語で、「テームズ・トンネル」という珍しい橋が一つある。この河水の下を通行する洞穴道であり、以前は、馬車と歩行者道路であったが、近年、鉄道を敷いた。

このイングランドの都市を四つに分け、オックスフォード、ケンブリッジ、ダーラムとロンドンとし、ロンドンが最大である。

大体、都市の形や人民の生活状態などは、もっぱら、商業が中心であり、その方面がもっとも発達している。広く万国の人と交流し、利益を求め、才能を磨く。万国の人もまた多くが商売のために来て、内外の企業が街に満ち、道路に溢れ、市中の賑わいもとても激しい。実際、英国は、商業立国であり、商業がとても富み、商業国といったほうが良い。

政治

その国の政治制度は、当然、君主制度で、その政治は、国王と上下両院の議会による。しかし、国王は、当然政治を勝手にはできない。議会もその権限を越えることができない。この制度がもっとも良いという。

宗教

宗教としては、第一がプロテスタント教、第二がカトリック教（この二つは、キリスト教が分かれたものである）、第三がユダヤ教、第四がイスラム教である。しかし、英国の三島では、プロテスタント教とカトリック教の二派が多い。この二派は同じ源であるが、お互いに競い、争うことはわが国の宗派と同様である。しかし、英国では、このプロテスタントというキリスト教の一派がもっとも広まり、勢いが強く、外国にも広く伝わり、欧州、米州、アフリカ州、ついにはアジアにも伝わり、インドや中国に蔓延する。そこで、一年中、ロンドンで印刷するこの宗派の経文[1]が国内三島や諸国に出回り、約一〇〇万部に及ぶという。この経文の類が一六種あるという。

教育

学校は、いろいろあるが、二種類ある。先ず、英語でユニヴァーシティという大学があり、英国三島の中、イングランドにオックスフォード大学、ケンブリッジ大学、ダーラム大学、ロンドン大学のそれぞれ大きな大学が四都市にある。また、スコットランドにも、エディンバラ大学、グラスゴウ大学、アバディーン大学、セント・アンドリュース大学の四大学を置く。アイルランドにもダブリン大学の一大学を置く。英国三島に以上の九大学がある。

さらに英語でスクールという、小学校がある。この小学校は、数がとても多く、英国の都市で設置されていないところはなく、わが国の寺子屋のようなものである。このスクールは、英国人が子弟を入れる教育機関である。外国の子弟もここで学ぶ。先ず、七、八歳の男児を皆この学校に入れて先生に預ける。そして一七、一八歳から二〇歳までこの小学校で諸教科の学業を習う。教育学問の科目は、大体、読み書き、図画、算術、語学、諸歴史である。算術は、数学、幾何、代数学などである。語学は、ラテン語、ギリシア語、仏語、西語、伊語、独語などであり、どの学校でもこの語学は教えている。その他、歴史、天文、地理、動物、植物、鉱学、物産、機械、造物学科が挙げられる。ただ、小学校では、それぞれの一部分を教える。

子供は、七、八歳から一八、九歳までほとんど一〇余年間この小学校で、これらの小科目を全て学び、その後、各自の目的やその身に適した学業として、兵学、医学、経済、制度、天文、測量、物理、化学、造物、器械、鉱学、生産と目的を決めて、大学に入り、その道を学ぶ。これは、その人の一生の学問の道である。その大学に入るには、前に習った諸学科の熟達、成否の検査を受けることになる。そして、上記の大学の入試の科目を全て学び終えた者がその大学の許可を得てから入学するというのが規則である。この大学は、公正で、国籍を問わず、他国人でもその学業に耐えることができる者は、全て入学を許す。しかし、海陸兵学校のようなものは、異なり、他国人は、容易に入学を許されない。これが国の法である。他国人で入学したい者は、その本国政府から英国政府に交渉した後、初めて入学できる。

電信設備

英国が電信線を引くのは、欧州の隣国へは当然である。地中海から紅海、インド洋、シナ海に及び、中国の香港や上海までも連絡する。とても長い電信線では、英国から大西洋を渡り、北米州のニューヨーク市に海中を通る二線がある。この二国間の距離は約二〇〇〇里である。欧州からアメリカに引く電信線は、全部で三本あり、他は、仏国と英国アイルランドからである。

私がかつてロンドンで、米英二国間の電信のやり取りの速度を訊いたところ、ロンドンから米国ニューヨークに一問発し、その答えを得るのに、約一時間で、往復五千里の海上、殆ど地球の半周を往来するという。その便利さがわかる。

先年、英国ロンドンから陸伝いにインドに電信線を引いた時に、英国、仏国、独国、墺国、トルコ、それから露領を経て、インドに至った。そこで、この電線路が五ヵ国を通り、五、六の異なる言語で通訳し、伝えたため、時々、誤りがあり、ついに信用を無くし、面目を施さなかったので、後にこれを止めたという。そこで、今は、英国からインドや中国には、各州の英領の諸港に伝え、他国の言葉を借りずに、遠く中国まで通じ、時々その新聞や情報をやり取りする。

ロンドン市中での電信線は縦横無尽に張られ、まるで蜘蛛の巣のようである。この電信の規則では、距離の遠近に応じ値段の高低がある。ロンドン市中から五、七里の市外には、短文であれば、約一シリング（わが約一分銀である）である。ロンドンから、スコットランドへは、約一五〇里であるが、ここへは、一六から一八シリングとの決まりである。やり方は、先ずこちらで定価を払い、送信すると向こうの電信の係員がこれを書き写し、宛先に届けて、その時刻を記載してもらって帰る。これが大体のやり方である。

この電信設備は、全てロンドンの市中の民間企業が所有していた。しかし、今年、一八七〇年一月、英国三島全部の電信設備を全て英国政府が買い上げ、今後、電信設備全体を英国政府が管理することになった。この英国三島の電信設備買い上げ総費用は六〇〇万ポンドである。この一ポンドは、四両二分からほぼ五両に当たるので、総費用は、約三〇〇〇万両に上る。

二月五日、政府が電信設備の規則を改正した。その概要は、英国三島の中では、東西南北、遠近に関わらず、通信料を一律一シリングとした。そして、来年からその半分に減らす。その理由は、政府が今度、巨万の費用で買い上げたので今年中は、一シリングとるが、来年からは負担が減るためという。この措置に庶民が喜んだ。かつて民間企業が電信設備を所有していた時、英国三島の中では、遠近により通信料が二〇倍の差があった。スコットランドやアイルランドには、いつも二〇シリングを要した。しかし、今度、遠近を問わず、一シリングと決まった。これは政府の善政であり、政府も得をしたことは計り知れない。

このように英国全土の電信設備が政府のものになったとはいえ、まだその他の諸線や外国に引く線も多い。仏国、西国、葡国、白国、蘭国、その他地中海、インド洋、米州など他国に引くものはなお民間企業の所有で、政府は、まだ全てを管理していない。

英国が電信を始めたのは一八三三年で、今から三七年前である（明治三年を基準）。

鉄道

鉄道は英国三島、とくに、ロンドン市内外周囲に縦横に走り、その形を地図で見るとまるで壁の上の蜘蛛の巣のようである。市中の鉄道の形は二種ある。一つは平地から高いところ、約二丈余りを、他は地下を掘り、トンネルを造り、家屋、道路の下をそれぞれ通す。地上にある鉄道は、市街の道路に当たると鉄や石を畳んで橋のようにし、その下を大小の馬車や人馬が通る。この鉄道では、大体、五、六町、あるいは七、八町、遠い場合は、二〇町、あるいは一里置きに英語でステーションという汽車の停まり場、人の乗り降りの場所がある。ここに乗車券を売り、受け取るところがある。先ず、汽車に乗ろうとする者は、このステーションに行き、行先までの乗車券を買い、その汽車の番号を聞き、乗り場で待つ。大体、列車が往来し、停留場に来るのに、昼夜の定刻がある。どの汽車が何時何分にどこの停留場にきて、どの場所に何時何分に着くかという定時の文書がある。この停留場から隣の停留場へとだんだん連続して電信線が引いてある。数多くの汽車が往復するので、その到着時刻を知らせ、衝突の危険を避けるためである。この電信設備の符号のため、各停まり場に五色の信号を付けた高い建物の信号機がある。一つの汽車がステーションに入ろうとする時に、その隣の停留場から電信で、五色のうち一色を示す。この時、停留場の職員がこれを見て、今どこからどこ行きの汽車が来るかを知る。この時間が決まっている。先ず、乗りたい者は、この時刻、この場所で待ち、その方面の汽車であれば、停車次第すぐ乗り込む。この列車の客車には、上中下の三等の区別がある。上等は、列車の中間に置かれ、客車の中でとても美しい。中等は、その位置や車内の設備がこれに次ぐ。下等は、最前部に置かれ、蒸気機関車の近くで、機関車の騒音、振動が殊にうるさい。そこで、この三種の乗車券の値段が順に区別され、異なる。他の停まり場に着くと、その場所の鉄道の職員がその地名を声高に呼び歩く。この時、ここに用のある者は、すぐ汽車を降りて乗車券を渡してから去る。もし、二等の乗車券で一等に乗り、または三等の乗車券で二等に乗る者がいれば、直ぐ罰金として二ポンドを取り立てる定めである。この乗車券は二種類あり、一つは、英語でシングルといい、行きだけであり、また、リターンという往復の券がある。この往復券は、行きの停留場で、券の半分を裂いて渡し、残り半券を帰路に使う。

鉄道は、大体、一停留場（ステーション）に四線、六線、多いのは七線、八線ある。これは往復の線路で、汽車の進行方向がそれぞれ異なるためである。そのため、どこのステーションに行っても、ロンドン市中の四方八方どこでも行けないところがない。この停留場からあの停留場と記憶して乗り換えれば、歩かずに一日中数十里間を往復できる。汽車が停留場に着くとその地名を呼ぶ。そして汽車が停まる。また、乗り降りの人がもうないと見れば、合図すると同時に、直ぐ機関士が運転し、疾走する。もし地名を聞き誤ると、思わぬ遠路、意外の方向に出ることがある。

鉄道の地中トンネルにある汽車は、各車両の上に灯火を点す。これは人家や道路の下にある鉄道でいつも暗黒だからである。

また、前に述べたテームズ・トンネルの鉄道がある。このテームズというのは、ロンドンを東西に横断する一大河で、これにかかる一〇の橋は鉄製か石製である。鉄道橋が五つある。ロンドン橋が上の一〇橋の最後である。その橋から半里ばかり下流にあのテームズ・トンネルというものがある。ここに橋をかけると大小船舶の入港が不便になる。橋がないと往来に不便である。そこで、先年、英人某が大発明して、この岸から向こうの岸まで河水の下を掘り通し、さらに地下道を造り、これをテームズ・トンネルと呼ぶ。私は、かつてこの地下道は、人や馬車が往来する市街の道路と異ならないと聞いた。そこで、私はロンドンに着いて先ず、この地下道を通ってみたいと思い、来たが、思いがけず、最近、鉄道を敷き鉄道用となったと聞き、大いに失望した。しかし、行ってみたところ、やはり、面白かった。こちら側の岸脇のステーションに行き、鉄道まで行くのに大きな螺旋階段で地下四階まで行き、線路に至り、汽車に乗ると、直ぐ機関士が運転し、暗黒中を一瞬に過ぎ、明るいところに出てそのステーションに停まった。この地下道は当然暗闇で他に見る物はない。考えれば、他の地下道を通る汽車と変わりがない。この停留場で汽車を降り、また数階を巡り上って、平地に出て、振り返り、初めて自分が河水の下を通ったことを知り、地下道を通った間に頭上に大小の蒸気船があったこともわからず、なおまた、自分が河水の下にいたことも覚えなかった。通り終わり、他方の岸の上であることを知り、さらに驚いた。これは実にロンドンの一件で世界の珍しいものの一つである。昔、このトンネルを歩き、往復した時の奇観が改めて想像できる。

英国が蒸気列車を始めたのが一八三二年で今から三七年前である（明治三年基準）。

乗合馬車

ロンドンに乗合馬車がある。英国では、これを「オムニバス」という。この馬車が市内の往復に便利である点で、とても優れているという。先ず、ロンドンとその周辺の村に出ても大体この馬車のない所がない。この馬車のいかない所もない。そこで、その方角を記憶して、この道からあの道と馬車をあれこれ乗り換えれば、数十里の道でも歩かずに一日中便利である。これは汽車に次ぎ、広く便利に用いられる。しかし、市中の往来には、汽車と馬車に一長一短がある。汽車は、神速烈風のように走り、瞬間にやや遠路を行くのに勝るものがない。しかし、予め時刻と停留場が定められている。時にステーションで待てば、直ぐ、汽車の便を得ることがある。時には、今汽車が発車した後などという時は、約半時間も時を無駄に過ごすことがある。馬車は、当然走るのは汽車にかなわないが、一日中何時でも便宜を得られない所はない。なぜなら、いつも定時である。一日中休まず、往復して種類も多い。例えば市街を散歩中、足が痛く、歩き疲れた時は、その辺を行き来する馬車を利用する。この車、いつも道路の往来が絶えないようである。そこで、馬車は、半町、一町、五町、一〇町とその距離に関わらず、その好きなように乗り降りが自由であるのが一利点であり、便利である。馬車は、大体、二頭、三頭、四頭の馬が挽く。

英語でキャリエージという二人、三人あるいは四人乗りの小馬車がある。これは、馬一頭または二頭で挽く。この馬車の類がとても多く、所々の街角に連なって集まる。大きな「オムニバス」馬車の往来する通りのほか、別の地に行くか、希望するどの地方の郊外でも、話し合いで雇い切りできる。そこで、このキャリエージの値段の決まりがないようだ。しかし、距離の遠近により大まかな決まりがないわけではない。

英語で「バイシクル」という一人乗りの小車で。前後に二輪または三輪を置くものがある。人はこれに跨って、自分の両足で車輪の運転を行い、進退の自由を操り、往復する者がとても多い。これも一つの利点がある。

ガス灯

ロンドン市内市外、都市、農村、中心であれ、隅であれ、交差点、道路、野原一面に全てこのガス灯を置き、道路を輝かすことがとても盛んである。英語では、ガス・ランプという。この街灯が置かれた数は約三五七個という。このため、闇夜でも、道路や街灯が明るく暗闇がない。夜中でも、婦女が道路の往復に灯火を携えずに安心して一人で歩く。ロンドンでこのガスを溜める大きい会社が五社あるという。私も以前、行ってみたが、結構この目を驚かせた。

このガスを通すには地中に鉄の樋を引き、各通りの各灯に通す。家の中で灯油の灯火を使う者は希である。皆、このガス灯を引く。英国の家屋の各部屋の多くがこのガス灯を点け、他の灯油を使う者はとても少ない。
市中で店を開く者がその店内外に数多くのガス灯を点し、夜中のその店は白昼と同じく、明るい。市街を夜中に散歩すると、道路の灯火が左右前後に連なり、店舗の灯火も連なり、その美景は言い表せない。また、汽車で市街の高い道を通り過ぎ、市街を眼下に見、走る一瞬の間に、この各通り、各街頭の夜景を一眼のもとに眺める。その美しさを言い表せず、また優れたものだ。

商店でない通常の一軒の家屋のガスの一年の費用は約八九ポンドという。このガス灯もロンドン市内の民間ガス会社のものという。ロンドンがこのガス灯を始めたのが一八二九年で、今から四〇年前である。

郵便飛脚会社

この郵便飛脚会社を英語でポスト・オフィスといい、その仕事は、全英国の市町村や他国と書簡をやり取りし、届けることである。この飛脚会社は、ロンドン、都市、町村を区別せず、東西南北全ての街頭にある。二、三町、あるいは四、五町の間隔でポストがない所がない。このポストに二種類あり、民間の企業であったり、街角の高さ四、五尺、回り一寸ほどの鉄柱を建てたりする。大体ポストは、この二種である。そのやり方の概略として、それ用の小さな郵便印章の紙がある。これを英語でスタンプという。[2] ヴィクトリア英国女王の顔を描いた七、八分ほどの四角の紙である。この国章紙の値段一ペニー（一ペニーは一シリングの一二分の一で、わが約二〇〇文）以上一ギニーまで一〇三種類ある。

この使い方は、先ず、ロンドン市内外、英国三島、そして世界万国どこでもこの印章紙で送達する決まりである。そして、この送る書簡の軽重と距離の遠近により、印章紙の値段の高低がある。この軽重を計る器がある。通常の一書簡をロンドン近くの市外四方に送るのに前記の一ペニーのスタンプを使う。そして、重量が増えるに従い、スタンプも数や種類の値段が増す。これが概要である。また他国に送るのに、先ず、仏国パリに送る。その書簡、通常の軽量のものが国章の値段四ペンス（即ちわが八〇〇文ほど）である。インドに送るには、九ペニーのスタンプが要る。その重量が増えれば、値段が増えるのは以上のとおりである。世界万国どこでも送るには、皆この定めに従う。そして、送達を相互に交換するやり方である。

まず、書簡を他国やロンドン周囲四方に送るには、書簡の面にこのスタンプを張り付け、これを飛脚会社の箱穴に投げ込めば、その宛先にすぐ届く。この飛脚会社の箱穴と書いたものは、飛脚会社の店先に二個の四角い穴を開けて、ロンドン市中向けと諸地方と他国向けの二つを区別する記号があり、行き先に応じ、どちらかの穴に入れる。街頭に建てた円柱状のものの上に四角い穴を開け、国内、他国向けともに混ぜて入れる。

この書簡送達の回数を見ると大体一昼夜に四、五回である。その時間が大体、朝八時前後、昼一一時と一二時の間、夕五時と七時、さらに夜九時頃である。しかし、これはロンドン市内外のみであり、地方では、一昼夜二回という。また、隣国、仏国、西国などに送るのは朝夕二回である。今日昼から夕方に出したものは、その夜の汽車で送り出すので明朝仏国パリに届く。今夜から明朝までに出すものは明朝の汽車で送り、その夜仏の都に着く。双方のやり取りは同じである。また、アジア各国、インド、中国地方から日本に送る船便が月四回ある。英国サウザンプトン港から土曜日に出る。金曜には、仏国マルセイユ港から出る。出るところが異なるが行く先は同じであり、これはわが横浜港に行く飛脚船である。

重い書簡や大封筒を送るのに、一つの簡単なやり方がある。大封筒で重い書類や写真、図書など重い書物を送るには、その封筒の左右を切り[3]、あるいは細い糸で括り送るとロンドン市内外方面向けは、あの一ペンスのスタンプで足りる。また、仏国などに送るには二、三ペンスでよい。そこで通常軽い書簡を送るより二分の一から三分の一の値段で重量が一〇倍、二〇倍のもの、一〇冊、二〇冊の書物を送ることができる。しかし、この場合、堅く封をしてはいけない。封を切り離す。ただ、雑書、写真像、絵図などを送る簡易なやり方である。秘密の書簡には、この方法は使えない。重量を計り、その値段を払うことになる。

毎日の日誌、新聞を送るのも、また一ペニー銅銭である。紙の大小軽重を問わない。距離の遠近も関係ない。

ロンドン市中もパリも同じ値段である。これが新聞の郵送である。また書物の送付も一ペニーの銅銭で遠近に関係なくできる。これも一つのやり方である。

この書簡のやり取り、その軽重により、値段の高低があることは、前に述べた。そこで、書物の重量、その費用の多寡がわからなければ、飛脚会社の店舗のいわゆるポスト・オフィスで聞けばよい。そうすると飛脚会社が重量を計り、適当なスタンプを張る。このやり方を知らず、適切な値段を知らず、あるいは間違ったスタンプを張り、その書簡の重量に合わない時は、ポストメン（書簡送達の担当者）が届け先の家から不足の補償金をとり、それは不足額の五倍、一〇倍になるのが定めである。私は、ロンドン遊学中、他国に滞在の友人から書物が来て、この償金を払ったことがある。

欧州の書簡の送達には、その表書きに、届け先の国名、地名、家屋番号、その人の名称をしっかり書けば、遅滞の恐れはない。そこで他国に巨額の金額を送るのにこの書簡中にその会社の紙券を送り、届いた先の地で、その金高の紙幣を受け取る。このやり取りがもっとも速い。

この飛脚会社は、英国政府が全て管理するので年々利益を挙げ、巨額さは言い表わせないという。この書簡やり取りの値段は、一〇年前は、今の一〇倍であった。しかし、今は一〇分の一とした。これは、政府が年々巨大な利益を挙げるので追いおい値段を下げるためである。

私が思うに、この飛脚会社は、国土の重要事項であり、世界万国の市町村では、行っていない所がない。欧州諸国は、当然、南北米州の諸国、アフリカの諸地方、豪州、ニュージーランドの諸群島、アジア諸国、中国地方ですでに行われ、香港でもスタンプがある。しかし、わが皇国だけにこれがない。これは、早く実施しなければならないことの一つである。

郵便印章符、郵便印紙

私がロンドン遊学中に世界万国の印章「スタンプ」を集めた一二枚がある。これを参考に置く。

欧州　独国（普国、独各国、ゲルマン列国）、露国、スイス、西国、トルコ、蘭国、白国（人口五〇〇万人）、デンマーク、スウェーデン、葡国、サルジニア、シチリア、ギリシア。

アメリカ州北部　合衆国（切手貼り付け）、カナダ（英国領）

アメリカ州南部　西インド諸島（ジャマイカ）。

豪州、ニュージーランド（南豪州〈英領〉、ヴィクトリア〈英領〉、ニュージーランド〈英領〉、豪州東南の一大島）。

アフリカ州　喜望峰。

アジア州　インド、セイロン（赤道直下にある一島）、中国（香港）。

　ここに張り付けた欧米諸国の郵便券一〇五枚は、大正四年一月二〇日、正監（正元九男）に与えた。正監は、当時、諸国の郵券を収集することに熱心で、私がかつて欧州留学中に集め、『漫游日誌』に貼った、郵券を頻りに欲しがったためである。正監はこの時一七歳、四ヵ月で、東京府立第一中学校の五年卒業前であった（大正四年一月二一日誌す）。

英語新式の文字

英語が広く六大州に流布し、溢れている。英国本国の三島は、甚だ広いわけではない。しかし、世界万国の中で植民地等を五大州全てに洩れなく持っている。私は、かつて、英国人が自慢して、英国の領土に夜陰がないというのを聞いた。実に地球の全てにその領土を置き、昼夜太陽の光を受け続ける。これが英語の広く通用する理由である。

　英語の綴り字で無用の文字がある。全て万国の言葉には、その文字綴りの中にその言葉の発音に関係ない無用の文字がある。英語もまたそうだ。この文字は、その一語を書き記す時は、綴り字中に出てくるが、発音には全く役立たない文字である。英国人のある学者がかつてこれを改めようとして、別の文字を作り、新たに文字綴りをし、その無駄な分を省き、発音と字体を同じにした。[4] これが一派である。また別の一派は新たに異なる文字を作り、これを英語でフォノグラフィーといった。[5] この文字は異なる形で、全く符号の類である。これは、この一派の書体で言葉を符号に変え、書くのを簡易にするものである。そこで書くのが極めて簡単で速い。

二派の字体

その一体「the phonetic alphabet」（貼付　省略）
その二体　省略
その三体　枝、咳、戦、摑、笑、等（省略）
その二体
その字体は、このように数もとても多い。私がロンドンで遊学中に、ある英国人が頻りに私にこれを教えようとして、たびたび私に勧めた。しかし、私はこれを学ぶ意思がなく、その文字の奇異なことだけを僅かに見覚えた。多くの英国人がこの文字を手紙のやり取りで使うのを見た。英国でこの文字ができてから殆ど二〇年経った。しかし、これを学ぶ人はまれで、まだ世に広まっていない。いつかこれを改めることができるだろうと思う。

日曜日

英国人の風習は、正月元日といっても、かつてその職業を休む者がおらず、大晦日も元日も同様に平日と変わらない。しかし、日曜日となると大きく異なる。この日は一日中、かつて家業、職業を営む者がなく、町も村も揃って、門戸を閉め、一軒も店を開けて商いをする者がなく、その様子は日本の元日のようだ。この日は、ただ夕刻四時頃から、酒屋、煙草屋、菓子屋が僅かに表を開け、少し用を済ませる。

この日は、老若男女、児童、兄弟姉妹、皆お経入りの小さな本を抱えて、朝夕二回寺院に行き、その説教を受ける。この日、この二回の説教のある時間は、あの緊要の汽車も停止し、動かない。ただ、医者と薬局のようなものだけが例外である。これは、あのプロテスタント教の教えであり、英国でこの宗派が広く尊重されているのはこのとおりである。これを日曜日の休息という。

英国人が子弟を教育するのに、第一にこの宗派の教えによるようだ。子弟は家でも先生の家でもこの宗教を尊重し、深く教義を信じる。日々三、四回の食事で、食卓に着き、食べようとする時に、その場の長老があの経文を唱え、終わった後に、食事を始める。これが大体の英国人の風習である。私がしばらく住んでいたロング氏の場合も、四度の食事のたびに、一回もこの経文を欠いたことがなかった。これがプロテスタント教の決まりである。この宗派のもっとも凝り固まった者は、わが国の法華や一向宗の信者よりも甚だしい。毎月四、五回の日曜日ごとに、家内一同謹慎し、飲食の類もこの日は新たに作らず、新たに煮炊きもしない。ただ、冷たい食事をし、召使いたちを働かさない、ただ朝夕二回寺院に詣で て、経文を読むことでその日の務めとする。大体がこの状態であるが、人により程度の差がある。とても頑固に宗派を信仰する者もいる。

　私もよく考えると欧州人がその子弟を教育するのに、宗教については、この宗派による外はない。先ず、児童が六、七歳から親元を出て、小学校に入学させて、子をその教師に預け、鞭で褒めたり貶したり、その命に任せる。そして、一年のうち、暑さ、寒さの時期二度の休暇で二、三ヵ月の間親元に帰るほかは、常に在校して一〇年の歳月を過ごす。そして、この間、天地、万物、世界の諸般の状態、理論を学び、広くいろいろな人と交わり、あまねく外国の人と接し、その知識を開き、その才能を深く磨く。邪悪なことも見分け、それに対応する。さらに、欧州諸国の学科教育は、知識や才能を磨き、見識を広げるが、忠孝や節義をあまり教えない。そこで、人の才能が伸びるに応じ、その知恵を使い、行いを顧みず、悪行や邪《よこしま》なことを行う輩が後を絶たないことを心配して、この宗教を行うものと考えられる。人民に良いことを勧め、悪いことを叱る基とするのはわが国の仏教と同様である。しかし、欧州の学校で教える時には、君主と臣下、父と子の節義などはとても軽んじられ、殆どないに等しい。哀れである。

墳墓

　英国人の死者への葬儀は、極めて簡便である。その状況を見ると大抵通常の葬送は、ただ二台の馬車で済む。前に遺体を収めた車があり、後ろに葬送する主人の車が付く。そのあとに人々が続くが、これは知人友人である。欧州では、葬儀の道具に黒色を尊び、馬車、衣服、装飾など皆黒で、車を引く馬車も黒色である。わが国と全く反対である。[6] 大体普通の葬儀は、馬車二両か三両である。私はある時、一大葬列に出会った。その馬車の数、前後の行列の人数が多く、装いも美しく、旗も多く、鉦や太鼓の鳴り物もあった。ロンドンでは珍しい多人数の葬列であった。これは、軍務大臣の葬儀と聞いた。

私がある日、英国人の墓を見たが極めて簡素であった。ただ地上に、高さ三、四尺、幅一、二尺、厚さ寸ほどの石板に何か彫刻し、建てた。別に台石、花瓶、水盤等の物がない。これを寺院内の草原に数多く立てるだけである。しかし、身分の高い人の墓を見たことはまだない。わが国のような年回の法事などは、聞いたことがない。死後の祭祀がとても疎遠のようだ。私は以前、航海中、インド洋のシンガポール港に上陸し、馬車でその市街を動き回ったが、この市中も野外も中国人が住み、小店を開き、商売をしていた。その様子はとても汚く醜悪であった。しかし、道路や山岳の所々に墓があり、その様子を見ると、それぞれ高く土を盛り、または石を畳んで、前に石碑を建てる石面に大清皇邦云々君、云々公なども金文字や朱文字で彫刻してあった。その様子は、とても尊大で美しいものもあった。この地に住む中国人などの多くは、貧民で、家屋、衣服、体が汚い者でも先祖の死者の神霊をこのように祭っている。しかし、文明開化で世界に有名な英国人などは、先祖の死者の神霊を祭ることでは、遥かに中国人に劣る。これも教育の当然の結果というべく嘆かわしい。

欧州人は、死者の凶事のあったことを知らせるのに四辺が黒縁の紙に書き、同じく黒縁の封筒に入れて送る。これが普通である。しかし、死者の親族がわが国のように喪に服すことがない。しかし、死者の子弟たちは、一、二年の間、その帽子の上に黒いラシャを巻き、半ば被る。この間、地方に手紙を送る時は、先の黒縁の手紙を使う。これは、服喪を憚るためであろうか？　その他通常と変わったことはない。わが国のように、家の中に神仏の壇もなく、死者の戒名や位牌等を祭ることもこれまでにない。

寺院の状態

前に述べた、日曜日には、朝夕二回、寺院に詣で、その説教を受け、その経文を習うのが英国の風習である。私はある日、その日曜日の夜、英国人とともに、寺院に行き、その状態を見たが、その寺院の軒はとても高く、とても大きく、広い堂内に数百の座席を置き、左右に高い階楼を組み、座席を三、五名ずつ座るよう区割りし、それぞれの座席に着かせる。老若男女の区別は当然ない。その様子は、わが国の劇場の座席と同じである。堂内には数多くのガス灯が点き、その明るさは、昼のようだ。

そして、説教が始まろうとする時に、一連のミュージック（琴瑟《きんしつ》の音を出す楽器である）[7]を鳴らし、牧師始め、ここに座る皆が何かを歌い、暫く唱えるがこれがまた経文である。[8]終わってから牧師が声高に説教するが、なかなか長い。その後また、鳴り物を鳴らし、歌う。このようにすることが数回で、大体三時間である。その終わった後に皆帰路に就く。この堂内は、広いので入った人数は数百である。この堂内への出入口は僅かに二ヵ所のとても小さな門戸である。そこで、衆人の出入りに雑踏、混乱するはずだが、そうではない。それぞれ順番に出て、道を譲り合い、先を争わず、静かに歩き、混まない。礼を厚くし、謹慎する。皆全て、この寺院に入ってから、出るまで黙って、あえて声高に言わず、笑わず、謹慎がとても極まる。しかし、あの鳴り物で斉唱する時は、全く普通の歌唱舞踏を楽しむのと同じである。また、その次に牧師が説教する時は、頭を下げ、身を低くし、聴き入り、頭を挙げたり、上を向いたり、呟いたりする者が全くない。声を出す者もいない。老若男女、児童全て頭を下げ、沈黙して、座り、同じく説教を聴く。その教えがよく届くようだ。私は、この夜三時間堂内でその様子を観察したが、説教や経文の意味は、わからなかった。ただ、上を見るとこの堂内の戸や窓を全て閉め、中に数百人が座り、また、数百のガス灯が花や葉のように連なり照らす。そこで、空気の入れ替えができない空気中の酸素が皆人の呼吸と燃火のために減り、堂内中に炭酸ガスが生じ、三時間の終には堂内の空気が皆炭酸と窒素ガスとなった。私は、この空気中にあり、その窒素に触れ、目が眩みそうになった。その後ようやく抜け出して、戸外に出て初めて、新鮮な空気を吸った。後で英国人に聞くと、彼らは習慣になり、そう感じない、と答えた。私は、一人で密かに笑う。私だけがその空気に慣れていないことを。彼らは、あの原理を明らかにしながら、そのとおりにしない。さらに、窒素、炭酸を溜めてその不純な空気の中に安住していると。

この寺院の牧師、一年に約九〇〇ポンド（わが約四五〇〇両）受け取るという。

一つ寺を新たに建てるとその費用が約三万ポンド（即ち、一五万両）という。

この寺院は、かつて政府に関係しなかった。それぞれ市内の檀家に依存するという。

私がロンドン滞在中、ある日、新聞日誌を見ると、寺院に老若男女、児童幼児が座っている最中に、近隣で急に失火との知らせを聞き、皆が争って、寺院を出ようとし、この出入り口が狭く、人数が多く、その混乱で一五名が踏まれて死んだという。

市街の警官

英国の都市に警官がいる。英語で「ポリスメン」といい、市中の警備、非常時の予備に設けた役職である。ロンドン市や周辺農村の東西南北の角どこでもこの警官を見ないところがない。辺鄙なところでも約一、二町の間にその警官の一名、二名を見ないところはない。また、ロンドンのように町中の往来が激しく、迷い易い土地では、大体一町に一、二名多い時は三、五名を見ることがある。この警官は、市中に休憩する場所がなく、いつも街角を歩き回り、努めて絶え間なく巡回する。一番の役目は、市中で盗難、喧嘩、口論を直ちに取り押さえ、市中が雑踏すればその混雑を防ぎ、町や村を往来する人に道順を教え、あるいは道を間違え、方角がわからなくなった子供や女性を見れば、その家まで送ってやり、とても丁寧で、自国民、他国民を差別しない。また昼夜、市中や村里を歩き回り、その警備に努める。そして、この警官の服装、帽子等は、当然、普通人と違い、腰に太い二尺ほどの警棒を帯びる。これは、町や野原での乱暴な賊徒を取り締まる道具であると見え、この警官は、市や村の監視係であり、行き帰りの人民の要である。都市や地方に不可欠の大事なものである。

銀行

英国人の家事を見るとその財産の貧富に関係なく、その家の中に全ての金銀を貯め置くのではなく、皆これを市中の両替所に預け置く習慣である。そしてこの両替所が預かり証券[9]を渡す。そこで、毎日自宅内にある金貨はとても僅かで、実に小遣い銭だけである。もし金銀が入用であれば、この証券に金額と姓名とを記載し、両替所にもっていけば、すぐその金額を渡す。この両替所の預かり金に利息として一ヵ年に一ポンドに一シリング付ける決まりである。私は、ロンドン滞在中、毎月の収入金を受け取りに、たびたびこの両替所に行き、この状態を観察した。

また、英国に「ポスト・バンク」という（飛脚会社の両替所である）諸地方の飛脚会社の両替所がある。当然、政府が預かり、法律でもっぱら貧民のため置かれた。この法では、例えば、先ず一ヵ所の飛脚会社に一〇ポンド預けるとこの会社はその証券を渡す。これを持ち、英国中の市町村どこでも急に金銭が必要になれば、その地の飛脚会社に行き、必要な金銀を受け取る。東西南北どこの場所でも差し支えない。この預金に一ヵ年一ポンドに六ペンス（わが二朱）の利息の定めがある。この預金が二〇〇ポンドに達すれば、それを超える金額を預け主に返す。預け金を二〇〇ポンドに限るためである。

ロンドンの市中に「バンク」銀行（両替所）というものがとても多い。しかしこれは、皆民間企業で英国政府が預かるのではない。ただ、「ポスト・バンク」だけが政府が管理するという。

ロンドンに紙幣がある。その金額は、五ポンド以上七万ポンドまでという。[10]また、スコットランドとアイルランドでは、一ポンド以上の紙幣を置くという。

相続

英国人の相続というのは、もし父が死ねば、その母と子弟らがその家の金銀家財を皆分配してそれぞれの家にもっていく。しかし、長子がその家や土地を所有するのが決まりという。私がロンドン滞在中に見聞したところ、諸家庭ではこのようであった。英国の人民は、市町村で職業として商業に最も優れていることは万国に秀でるが、その国民の貧富の格差、優劣の差が異なることは避けがたいようである。しかし、ロンドン市の繁栄は実に万国に抜きん出ている。しかし、その住民には、巨万無数の財を積み、安逸、富貴その極限にある者がいる。家屋や庭園がとても広く、家族には貧乏人との違いを知らない者がいる。また、貧困、窮迫して朝暮れの煮焚きの煙も出せない者がいる。母子が手を取り合い、家ごとに物乞いし、姉妹の少女が道路で叫び、通行人の袖の下に蹲る者がいる。実際、富家豪商が軒を並べ、貧民窮子もまた肩を並べている。

婦人

欧州人が婦人を尊重し、敬い見る習慣は、わが国の習慣と全く相反する。その座席や飲食の際に、極めてほとんどの場合、婦女を優先して振る舞い、はなはだしい場合には、夫が妻のために奔走し、給仕するように見える。これは非常に極端な事例である。そして、英国人が妻と離婚するのは、法律上とても難しく、やむを得ない大きな理由がなければ、できない。そこで、英国政府にこの裁判所があり、夫がその妻を離婚する時は、その理由、経緯、正不正の詰問を受けるため、男女ともにこの裁判所に呼び出される決まりである。私がロンドン滞在中、ある日の新聞報道によれば、英国人某氏がその妻を離婚して、夫婦がこの裁判所に糾問を受けたが、その始まりは、その妻が英国王の太子と関係を持ったということで、ついにこの裁判所に英国王の太子を呼び出した。そして三名が対決して、判決されたが、その尋問は、わかりやすく厳格だったという。その事情の次第は省略する。

英国の法律は、とても公明正大で、身分の高い者を除かない。太子といっても免除しない。法律を曲げたことがない。その尋問の仕方も普通人と異ならなかったという。近代の珍しい話ではないか。そこでこの紙端に書いた。

橋梁税

前にロンドン市中を横断する川に前後一〇橋あると書いた。これは皆鉄橋、石橋で木板の橋が一つもない。この橋を架ける費用に巨万莫大の財を費やした。しかし、その建造の後、橋を往来する人民や馬車からその通行税をとり、元手を回収する。これが普通である。その通行税のやり方は、大体、一名の歩行者に半ペンス（わが約一〇〇文）をとる。これは往復のたびごとである。馬車は、一頭立ての小車に二ペンス、二頭立ての車に三、四ペンスという。馬車は往復のうち一回に税を納める。私は、ロンドン滞在中、ある日、この小車に乗り、新橋を越え、この税を出したことがある。この橋の造営は、全て政府が行い、民間は関わらない。しかし、市街の道路工事、往来の不便のため新たに街路を開くような時には、その街の家から分担した費用の資金を募り、造る。しかし、この新道を往来する馬車に課税して、これを蓄積して、その費用を回収した後、この税を止める。これも通常のことである。

英国の領土

英国の本国は「大ブリテン島」で、前に述べたイングランド、スコットランドとアイルランドの三島である。この三島の人口は、僅かに三一〇〇万人である。世界中に、その植民地を置き、地球全体の表面に全て手を述べたことは万国に抜きん出た。大体その植民地の島嶼《とうしょ》の大きなものを挙げれば、欧州内では、ジブラルタル港（西国の地）、マルタ島（地中海の一孤島）、ヘリゴランド（バルチック海の一孤島）で、アジア州では、ヒンドゥスタン、セイロン、インド、シンガポール、香港であり、アフリカでは、ケープ植民地（喜望峰）、ナタール植民地、モーリシャス、セイシェル島、セント・ヘレナ島（ナポレオン一世が配流され、死んだ島）、ギニア[11]とガンビアであり、米州では、カナダ（ノヴァ・スコシア、ニュー・ブランズウィック、ニュー・ファウンド・ランド）、バーミューダ島、ジャマイカ、レ・カイエ[12]、バルバドス、トリニティ[13]、アンティル諸島、ユカタン[14]、グィヤナ、マルビナス・フォークランドであり、オセアニア州では、ニュー・サウス・ウェールズ、ヴィクトリア、タスマニア、マカリー島（以上豪州）、ニュージーランド（チャタム島、オークランド）である。

英国の人口は、本国と植民地を合わせ、二億人に達するという。また、大きいものだ。

私は、ロンドン見聞略誌をここで終える。

私が欧州を旅行し、初めに英国に滞在したのは僅かに四ヵ月間である。そして、私は当然、英語を知らない。その国にいて、様々な状態の一つも聞いたり、尋ねたり、理解することができない。また迂闊というだけだ。時々、たまたま、仏語がわかる人に会い、僅かに質問し、その後自分で聞くだけだ。

その四ヵ月間の旅行中、朝夕に耳に触れ、口で試した習慣で僅かに一、二語を覚えた。一、二の文字を読むことができるようになった。終わり頃、その言葉が微かに耳に入るのを感じた。また、おかしい。微かにその言葉が耳に停まり、また少し舌が滑らかになる気がする時は、その地に留まっても、その味わいがあるのがわかり、その地に慣れ親しむに従い、心に一つ楽しさを感じる。また、おかしなものだ。天地、万国、所が変われば、その慣習も違う。私がよく知っているものは、彼らが知らず、彼らが尊ぶものを私は軽んじる。その間の事情を知るのは、また一つの楽しみである。

明治三庚午年二月

正元 ㊞

訳註

1 聖書を指す。
2 切手である。
3 開封郵便である。
4 発音記号を指すと思われる。
5 速記体である。
6 明治時代より前の喪服の色は、日本では白であった。
7 琴瑟は琴と大琴であり弦楽器であるが、ここでは楽器という意味で用いられていると思われる。
8 讃美歌のことである。
9 預金通帳である。
10 預金の下限と上限額を指すと思われる。
11 ギニアは、旧仏植民地であるが、植民地化は一八九一年である。
12 ハイチ（英国植民地になったことはない）の二都市。
13 現在のトリニダド・アンド・トバゴ。
14 メキシコ（英国植民地になったことはない）の一州。

訳者あとがき

私が中学生の頃、初めて読んだ『巴里籠城日誌』は、遠い昔の話と思えた。しかし、大学生の頃、連載が始まった大仏次郎氏の『パリ燃ゆ』で引用されたこと、家内の曽祖父、山口半六（建築家）もパリの中央工科大学校（エコル・サントラル）に留学したこと、私自身が仕事の関係でパリにしばらく住んだことから、これを読みこなしたいと思いつつ、先延ばしになっていた。曽孫の間で、現代語訳の話が出た時、私の拙いフランス語の知識が引用の政府発表や新聞報道との対比や検証に少しでも役立てばよいと考えた。特に、旧知のクリスティアン＝ポラック氏から、研究の参考資料となるような現代語訳には、徹底した調査や検証が必要との助言を頂いた。

そして、フランスの国立図書館のインターネットのサイトで当時の官報や多くの新聞（全てではないが）記事が閲覧できた。その結果、曽祖父の記述の幾つか誤りも分かったが、それ以上に、曽祖父の観察への理解が深まったと思う。特に、近代文明の利便性も理解しながら、兵器の発達による破壊の大きさや鉄道の大事故といった影も見ていた。これが日本でもっと理解されていたら、歴史も変わったかもしれない。私は、その思いから現代語訳を心がけ、曽祖父の思いを分かりやすく伝えたいと願い、拙い地図なども添えた。

拙い訳であるが読み返して、まだ戊辰戦争の残り火がある中、思い切って外国に出て、見聞を広めようとした曽祖父の気持ちには驚くものがある。

今のパリの地名には、この時代に因むものが多く残る。私の住んでいた通りの名のシャルル＝フロケは、当時のパリ市助役であった。「九月四日通り」もスダン敗戦後の第三共和国誕生の日である。現在も残る、パリ籠城の痕跡を実感する。普仏戦争は、フランスの没落、ドイツの勃興の象徴と言えるかもしれないが、その後、今日に至るまで、フランスの国際的な場での発言力は、依然、大きい。今日、再び、ドイツの発言力が増すとの見方があるが、フランスのしなやかに対応に期待したい。

本書の刊行は、高校と大学が一緒であった、故川上徹君のご令息高井隆氏が父上から引き継がれた出版社、同時代社に引き受けて頂いた。他の曽孫や親族関係者の皆様から色々と批判や示唆も頂いた。縁の大切さを改めて感じ、感謝する次第である。

『巴里籠城日誌』時系列表

巻	年月日	仏国内・独仏関係	その他国際関係	正元の行動と観察
1	1868 9.19		スペイン女王イサベラ2世退位・亡命	
漫	1869 9.5			横浜出港
漫	11.5			サザンプトン入港
				鉄道でロンドン着
漫	1870 3.3			ロンドン発、ドーヴァーからカレーに渡り、鉄道でパリ着、西郷従道、山県有朋らと同宿
漫	3.21			メノワル氏学校に入校
漫	4.27			ボネー氏学校に入校
1	5.21	帝位継承元老院決議の国民投票での承認		
漫	5.25			山県ロンドンに出発
漫	5.30			西郷に別れの挨拶
1	6.21	レオポルド・ホーエンソレルン親王、西王位継承に立候補		
1	7.6	ド・グラモン仏外務大臣の反対発表		
1	7.11	仏使節ベルリンへ		『巴里籠城日誌』書起し
		仏出陣準備		
1	7.12	レオポルド親王西王位辞退		
1	7.13	ヴィルヘルム王ベネディッティ仏大使引見		パリ市民騒がしく議論
1	7.14	エムス電報事件		パリ市民市街に充満
		ナポレオン動員命令		軍出発状況を記録
1	7.15	立法院動員令承認		
		仏独郵便電信不通		
		ナポレオン公訪伊		
1	7.16	仏艦隊出港		
1	7.18	ヴェルテル普大使帰国		
1	7.19	仏対普宣戦布告		
		英使節来訪		
1	7.23	ウージェニー皇后摂政に		
1	7.28	ナポレオンのパリ出発		
		墺露中立通告		
1	8.2	ザールブリュッケンの戦闘		
1	8.4	ヴィッサンブールの戦闘（A. ドゥエィ戦死）		
1	8.5	ヴィッサンブール敗戦報道パリ到着		パリ市民の混乱
		両替屋への襲撃		

1	8.6	取引所での仏軍勝利の虚報		パリ市民のぬか喜びの狂乱
		オリヴィエ大臣邸への市民の押しかけ		
1	8.7	フレシュヴィレ・ヴェルトの敗戦報道		若者たちの行進を見る
		フォルバック・スピシェルンの敗戦報道		
		摂政皇后の宣言		
1	8.8	ドイツ人追放令		
		国民衛兵召集		
1	8.9	立法院議論		立法院傍聴
		パリカオ組閣指名		
		立法院前に群集		
1	8.10	パリカオ内閣成立		立法院傍聴できず
		負傷者救済委員会婦人委員会の義援呼掛け		
		国民衛兵召集法公布		
		周囲警戒厳重		
1	8.11	政府公表情報への注意		
1	8.12	ナンシー以東の鉄道遮断		フランス銀行で紙幣を硬貨に交換
		ソーネ・ロワール県知事告示		
1	8.13	ナンシー占領		
		フランス海軍ドイツ沿岸封鎖		
1	8.14	ナポレオンのメッス退去		
		ボルニ・コロンベの戦闘		
1	8.16	マルス・ラ・トゥールの戦闘		
		トゥル包囲戦開始		
		ストラスブール包囲戦開始		
1	8.17	トロシュウ、パリ総督就任		
		オムニビュス社から馬を徴用		
1	8.18	サン・プリヴァの戦闘		
1	8.19	兵士へのトロシュウ総督宣言		
	8.20	メッス包囲戦開始		
1	8.21			城外（ブローニュの森）視察
1	8.24	放浪者等追放令		
		トロシュウ総督遊動国民衛兵への訓示		
1	8.25	パリ要塞防衛委員任命勅令		

2	8.28	ドイツ人退去の総督令		
2	8.29			パリ周辺の砲台視察
2	8.30	パリ総督の住居貸与依頼		
		ボーモンの戦闘		
2	8.31	独軍スダン包囲開始		
2	9.2	ナポレオン降伏・スダン開城		
2	9.4	スダン降伏パリに伝わる		レスピオー中佐と共和制移行についての対話
		帝政廃止		立法院に近づけず
		国防政府樹立宣言		市内の共和制歓迎の民衆の反応に違和感
		レセップス、皇后に面会		
		皇后ベルギーに出国		
		立法院解散、上院廃止		
2	9.7			新聞に講和条件予想掲載
2	9.8	国民議会選挙の国防政府令		夜、レスピオー中佐とパリ脱出者の住居の国民衛兵への提供を議論
2	9.9	セーヌ県内の私的通信禁止		
2	9.11	食肉公定価格復活		
2		国民衛兵への食料券配布		
		ジュネーヴ条約への注意喚起	ガリバルディ将軍の来仏報道	
2	9.12	食肉公定価格に関する脳省務大臣命令		ボネー校長との食料需給の対話
		ティエールの列強訪問出発		
		トゥールに政府派遣部設置	伊軍ローマ軍と戦闘	
2	9.13	国民衛兵閲兵式		状況視察
		スイス人等の救援活動		
2	9.14	パリ市内出入制限		
2	9.15		伊軍ローマ軍戦闘	レスピオー中佐とパリ包囲の兵力想定
2	9.16	グレ・ビゾワン、フーリションのトゥール派遣		
2	9.17	不在税徴収国防政府令		
		パリ包囲開始		
2	9.18			パリ周囲砲台視察
2	9.19	ファーヴル、フェリエールでビスマルクと会見		フェリエール会見を知る。
		デュクロ将軍普軍と戦闘		
2	9.20	ファーヴル、フェリエールでビスマルクと会見		
		国防政府領土不割譲宣言		
2	9.21	ロメンヴィル付近戦闘		牛乳市内からなくなる
				物価3倍に騰貴

2	9.22	政府フェリエール会談経緯報告		
		獣肉公定価格変更		
		パン公定価格導入		
		ポリテクニク生徒少尉任官		
2	9.23	ロメンヴィル、ヴィルジュイフ戦闘		獣肉価格10倍に騰貴
		気球第1号打上げ		
2	9.25	気球第2号打上げ		カンティニェール観察
2、3	9.26	ティエール列強再訪に出発		西部の砲台視察
		気球による郵送開始		
		獣肉販売国家管理		
3	9.27	トゥール派遣部フェリエール会談結果流布		
		開閉門時間変更		
3	9.28		ローマ、伊国に降伏の報パリで公表	食肉の価格高騰
3	9.29	食肉公定価格改定		市外南東と北東で激しい砲声
		ヴィルジュイフでの戦闘(ギレム将軍戦死)		
		トゥール派遣部国民衛兵への召集命令		
3	9.30	クレトイユ付近戦闘		
		ストラスブール、トゥル陥落		
3	10.1	銃配備の軍務大臣報告		
		制憲議会選挙延期		
3	10.2	ストラスブール陥落に関する国防政府令		
3	10.3	ギレム将軍廃兵院で葬儀		ヴェルサイユでの独軍の圧政を聞く
				食肉不足の様子
3	10.4	英女王から普王宛パリ救済嘆願		
3	10.7	ガンベッタ気球でパリ出発		
		国防政府同氏派遣命令		
		婦人の負傷者看護等陳情		
3	10.8	ガンベッタの無事確認		
		城壁上の通路通航制限令		
		ガリバルディのトゥール到着		
3	10.10	ティエールの墺国訪問	伊軍ローマ併合の報到達	ミルク、チーズ、バターなど欠乏
				食料価格の3,4倍騰貴
				零細露店の出現

3	10.11	市外東南の戦闘		慈善の仮食堂の出現
3	10.12			イヴリ、シャラントン要塞巡視
				パリ人口膨張の理由を知る
3	10.13	サン・クルー城焼失		
3	10.16	ガス灯 10 時半消灯要請		
3	10.17			レスピオー中佐の陣訪問
3	10.18	通行許可証発行手続き変更		
		シャトウダンの戦闘		
3	10.19	食肉配給切符制導入		
3	10.20			料理店肉類 1 人 1 皿制限
3	10.21	ビュザンヴァルの戦闘		
3	10.24		英海軍対中出兵の動き	
3	10.26	荷物を持ち市内に入る者の規制		
		ガス消費規制の市長命令		
3	10.28	バゼイヌ元帥降伏交渉の噂		
		メッス降伏、開城		
		運河等の魚の徴用令		
3	10.29	メッス降伏の発表		
		ティエール帰還		
		馬販売規制の農商務大臣令		
3	10.30	メッス落城公表		
3	10.31	一部国民衛兵の市庁舎占拠と政府要人幽閉		
		軍と国民衛兵による救出		
		市役員選挙の偽告示		
		ティエール、ヴェルサイユ訪問		
3	11.1	国防政府信任投票実施の発表		市庁舎厳戒を見る
		国民衛兵への統制強化		
		扇動指揮官の罷免		
4	11.2	ロシュフォール辞任		
4	11.3	国防政府信任投票		
4	11.4	信任投票結果発表		フランス人への批判
4	11.5	ティエール、ビスマルク会談決裂		
4	11.6	パリ防衛体制の発表		
4	11.7	パリ区長選挙結果発表		
4	11.8	国民衛兵への充当順序発表		
4	11.9	オルレアン戦闘		
4	11.11	食用に猫 25 万匹備蓄		猫 1 匹約 8 フラン

				為替 1 両 5 フラン
4	11.12	食糧価格の一覧記載		
4	11.13	未召集の 25 ～ 35 歳市民の国民衛兵への召集		
		戦死傷国民衛兵家族への扶助措置発表		
4	11.14	ガンベッタ報告の公表		
		城門閉門夕 5 時の通知		疫病流行
	11.16		伊王の子アオスタ公、西国王に選出	
4	11.17			国民の困窮を放置した政府の方針批判
				機械博覧会講義局で新式銃の講義を聴く
4	11.18	国民衛兵士官兵士の給与令		
4	11.19	ビスマルクの仏軍への情報提供者の処罰通知		
4	11.20	ガリバルディ、シャティヨンで独軍撃破		石油の灯火への使用
4	11.22			マイクロフィルムの説明
				ハムを初めて食べる
4	11.25	城門通過の原則禁止		
4	11.26			ハム隠匿者摘発のニュース
4	11.27			技能博物館見学
				公園散策の紳士淑女への批判
4	11.28	国民衛兵の妻への扶助		クラブに行く
4	11.29	シャンピニーの戦闘（～12.4）		レスピオー中佐から戦死傷者の報告
4	12.2	デュクロ将軍独軍攻撃を撃退		
4	12.3	ルノー将軍戦死		
		国防政府からとロシュウ将軍に感謝状		
4	12.4		この頃、露土間緊張	
4	12.5			レスピオー大佐来訪。ムーラン・ド・サケ要塞での戦闘状況を聴く。
4	12.6	モルトケ、トロシュウ間のオルレアン再占領をめぐる書簡往復		獣肉の不足、塩漬けの肉魚、犬猫鼠の食用
		バイエルン王ルドヴィッヒのザクセン王宛ヴィルヘルムの独皇帝推薦状		野菜、穀類不足。
		北独同盟議会議員のヴィルヘルム王への皇帝推戴決議		価格騰貴

		ヴィルヘルム王、ヴェルサイユで軍に命令		
4	12.7	ルノー将軍葬儀発表		モルトケ・トロシュウの応酬への評価
4	12.8			市中散策するが静か
4	12.9	独軍の偽伝書鳩便		
4	12.10	パン屋の一時閉店騒ぎ		
4	12.11	仏独捕虜交換		
		政府パン配給制否定声明		
		石炭、コークス徴用令		
4	12.13	この頃、派遣部ボルドー移転		
4	12.14	気球トゥールへ出発		石炭の家庭での使用禁止、木炭の代用
				鼠肉1匹1フラン余
	12.15	捕虜への手紙送付禁止		
4	12.16			パリの夜の寂寥の様子
4	12.18	セーヌ川の書状入りガラス瓶		
		ガンベッタからの伝書鳩便		
4		城門夜間閉鎖告示		
4	12.19			薄鼠色のパン
4	12.23	ブレイズ将軍戦死		
4	12.24	ボルドーでの外国籍船舶入港禁止		卵1個1フラン2サンティーム
				パリ包囲解除の困難性指摘
5	12.25	『パトリー』発刊禁止	この頃、独のルクセンブルク併合、露の土侵略の動き	
5、6	12.27	元旦儀礼自粛	この頃、独のルクセンブルク併合、露の土侵略の動き	
		空地への侵入への警告		
		ファーヴル宛仏軍の軍使権利侵害へのビスマルクの抗議		
5	12.28	パリ市への砲撃開始		
		兵士への毛布等提供呼掛け		
5	12.29	朝、アヴロン高地撤退		
		サン・ジェルマン鉄道橋破壊		
5	12.31	総督の督励宣言	西新国王即位式	市民、休戦期待拡大
5	1871　1.1			早期和平失敗の批判
6	1.2	トロシュウのビスマルク宛反論		
5	1.5	政府の抗戦継続宣言		

5	1.6	総督の降伏拒絶宣言		
5	1.7	『ヴェリテ』紙の同宣言批判		仏人への批判
5	1.8	貯蔵穀類申告令		
		2区住民への貸家要請		
5	1.9	環状鉄道、遊覧船運休		
		病院砲撃		
		ガンベッタの伝書鳩便到着		
5	1.10			正元の独軍の国際法無視への批判
5	1.11	トロシュウのモルトケ宛病院砲撃、軍使への発砲等の抗議	英国から露土問題国際会議招待状到来	8～9日の市内砲撃被害記録
			英国から露土問題国際会議招待状到来	前夜から風邪で臥床、爆発音、振動を感じる。
5	1.12	市内各区に馬の割当令		
5	1.13	被災寡婦、孤児に戦死者寡婦、孤児並み処遇		
		パン販売地域制限告示		
		中立国外交団からビスマルク宛避難確保要請		
6	1.16			5～13日の砲撃被害のまとめ
6	1.17	穀物隠匿者報告報奨告示		5～13日の砲撃被害のまとめ
				パン配給量減量
		ビスマルク、中立国外交団に反論の返書		豪商らの慈善飲食提供
6	1.19	第2次ビュザンヴァルの戦闘		
		隠匿穀物没収国防政府令		
6	1.21	スイス公使、ビスマルクに反論書		
6	1.22	フルーランス脱獄		13～20日の砲撃被害のまとめ
		一部国民衛兵市庁舎襲撃		事件後市庁舎に急行
		パリ軍司令官と大統領の職分離		
		ヴィノワ将軍パリ軍総司令官就任		
		クラブ禁止、閉鎖令		
		軍法会議の増設		
		『レヴェイユ』、『コンバ』発禁		
6	1.23			日本軍事視察団来仏を知る
6	1.26	ファーヴル、ヴェルサイユで休戦交渉		パリ市内の飢え、寒さによる困窮

		休戦交渉の政府声明		22～26日の砲撃被害のまとめ
		パリ包囲最後の日		1両が56フラン
		パンの質劣化		
		食料品の高騰		
6	1.27	午前0時発砲停止		隠匿物資の市場への放出
		トロシュウの政府、軍への休戦説明		
		ファーヴル、ヴェルサイユで休戦条約交渉		
		食料物価の急落		
6, 7	1.28	休戦協定の予告		
		ファーヴル、ヴェルサイユでビスマルクと交渉		
		遊覧船再開、鉄道修理開始		
		パリ退去の警視庁宛申請手続告示		
		国民議会選挙告示		
		城外要塞引渡		
		国民衛兵隊士官への軍事勲章授与		
7	1.31	食料手配等発表		城外要塞視察
	1.31	2閣僚のボルドー向け出発		
		捕虜交換		
		ル・フロー軍務大臣訓示	ガッダ・ローマ総督任命公表	
7	2.2	市内に羊1万5000頭輸送		
7	2.4			城外普軍陣地視察
7	2.5	独軍、占領地での命令		
7	2.6	ガンベッタ大臣辞職		
7	2.7	動物肉の自由取引開始		レスピオー大佐にボネー校長とともに昼食招待される
7	2.8	国民議会選挙投票		
7	2.10	パン配給制失効		
		パリの協力金2億フラン支払いのための借入許可		日本軍事視察団に面会
7	2.11			軍事視察団一行を市内案内
7	2.12			軍事視察団、留学生記念写真撮影
7	2.13	国民議会ボルドーで開会（ブノワ・ダジー仮議長）		

		ガリバルディ将軍、議員とヴォージュ軍司令官辞任	フリードリッヒ・カール総司令官就任	
7	2.15	選挙開票終了		
		ファーヴル、ヴェルサイユで休戦期間延長合意		
		ベルフォールについての追加休戦協定		
		国民衛兵とその妻への日当、援助金申請手続令		
7	2.17	国民議会議長等選出		
8	2.19	ティエール、大統領に選出		
8	2.20	内閣組閣		
8	2.21	休戦26日まで延長合意		
8	2.22			視察使に同行、ヴェルサイユ泊
8	2.23			視察使一行をサン・ドニまで送る
8	2.26	休戦期間延長と独軍パリ進駐の合意発表		
		ナント付近での列車事故		
8	2.27	政府の市民の冷静な対応要請		独軍進駐を群集が議論
8	2.28	新聞の一斉休刊宣言		
8	3.1	独軍パリ一部進駐		独軍進駐の様子を見る
		暫定講和条約批准		
8	3.3	独軍パリ退去		
		セーヌ左岸要塞の返還		
		ガス灯再点灯		
8	3.9	10月31日事件の軍法会議（翌日判決言渡し）		裁判傍聴
追	3.15	国民衛兵隊中央委員会組織		
追	3.18	モンマルトルでの軍と国民衛兵の衝突		
		政府パリからヴェルサイユに移転		
追	3.19	サン・クルー行き		写真撮影
追	3.21	独第3軍団のコミューン宛警告		
		ヴァンドーム広場での衝突		前島密を送別
				夜外出、市街歩き回る
追	3.23			夜外出、市街歩き回る
追	3.24			夜外出。異状なし
追	3.25			夜外出。騒がしい

追	3.26	コミューン選挙		ヴェルサイユ城外のレスピオー大佐の陣を訪問
追	3.27			市内の様子、バリケード造りを見る。
追	4.1			パリ発ベルギー・インゲルムンステルへ
追	4.4			インゲルムンステルから、カレー、ドーヴァーへ
	4.5			ドーヴァーからロンドンへ（前島密と同宿）
	5.10	フランクフルト確定講和条約		
	5.21	血の1週間の始まり		
追	5.23			ロンドン、ドーヴァー、カレー、アミアン着
追	5.24			アミアンからサン・ドニ
				パリ市内の黒煙を見る
追	5.25			サン・ドニで足止め
追	5.26			サン・ドニで足止め
追	5.27	パリの砲声止む		サン・ドニの学校泊
追	5.28	血の1週間終わる		パリの黒煙減る
追	5.29			パリの黒煙なおあり
追	5.30			婦女子のみパリ入り許す
				サン・ドニで足止め
追	5.31			サン・ドニで足止め
追	6.1			パリ入り
				西氏に会う。
				市内損壊、火災跡を見る
追	6.4			パリ市内歩き回る
追	6.28	財務大臣借入公募枠満たすことを国民議会に報告		
追	6.29	ロン・シャンでの閲兵式		
追	8.16			日本から仏留学許可届く
追	9.1	郵便料金値上げ		
追	9.2			日本政府の独国からのシャスポー銃購入を知る
追	10.4			ボンネー氏校を去り、ミルマン氏校へ
追	10.18			フランス語版『普仏戦争小史』日本へ発送

訳者略歴

横堀惠一（よこぼり・けいいち）

1940年、神戸市生まれ。東京大学法学士。ハーヴァード大学経営修士（MBA）。通商産業省（現経済産業省）勤務（経済協力開発機構国際エネルギー機関〈IEA〉と在仏大使館〈商務参事官〉での約9年のパリ勤務を含む）の後、世界エネルギー会議東京大会組織委員会専務理事、日本エネルギー経済研究所・アジア太平洋エネルギー研究センター所長、帝京大学法学部教授などを経て、現在弁護士。エネルギー・環境問題研究者。日仏経済交流会（パリクラブ）元副会長、日仏会館会員など。

校訂現代語訳

巴里籠城日誌

——維新期日本人が見た欧州

2016年12月8日　　初版第1刷発行

著　者　　渡正元

訳　者　　横堀惠一

発行者　　高井隆

発行所　　株式会社同時代社

〒101-0065　東京都千代田区西神田2-7-6

電話　03(3261)3149　FAX　03(3261)3237

組　版　　有限会社閏月社

印　刷　　中央精版印刷株式会社

ISBN978-4-88683-808-7